Ištvan Erši

VALCER SA STVARNOŠĆU

I0562513

Biblioteka

DIJALOG

Urednik
LJUBOMIR KLJAKIĆ

Recenzenti
MIODRAG RADOVIĆ
MIKLOŠ HORNJIK

Dizajn korica
MILOŠ MAJSTOROVIĆ

IŠTVAN ERŠI

VALCER SA
STVARNOŠĆU

*Izbor, prevod sa
mađarskog i predgovor*
SAVA BABIĆ

IZDAVAČKA RADNA ORGANIZACIJA „RAD"
BEOGRAD, 1989.

Predgovor

MORALNA SAVEST ZVANA IŠTVAN ERŠI

Pesnik, dramski pisac, novelist, kritičar, prevodilac i publicist Ištvan Erši (Eörsi István, 1931) danas je već veoma poznato književno ime; okušao se u svim književnim rodovima od lirske pesme do eseja i prevoda, jedino još nije napisao roman, ali je i parodirao pojedine žanrove. Gotovo da nema vrste umetnosti kojom se na neki način nije bavio, ali je ponajviše zaražen pozorištem, bio je dramaturg, pisac drama i njihov reditelj, jedino još nije mogao da bude upravnik sopstvenog pozorišta ili bar putujuće pozorišne trupe.

Rođen u Budimpešti, gde je i odrastao i stasao, nije mogao da ne ponese bar dečačko iskustvo iz pogubnih vremena drugog svetskog rata, pogotovo ako se zna za njegovo jevrejsko poreklo koje je umnožavalo životnu neizvesnost i u zemlji gde je integracija ponajdalje bila odmakla. Pripada onim generacijama Mađara koji su se formirali u ratu i neposredno posle oslobođenja, a to znači na otporu prema starom režimu i njegovim zabludama i na izgrađenoj svesti da je sve trebalo i čak moglo da se dogodi drukčije. Pojedina čvorišta nacionalnog razvitka — revolucija 1848—1849. godine i njen poraz, prvi svetski rat i ispresecanost nacionalnog bića državnim granicama, revolucije (čak dve!) 1919. godine i mađarska Komuna koja će živeti svega 133 dana — upućivala su nasuprot nacionalnom megalomanstvu na trezvenu saradnju sa susedima i na internacionalizam, čak kosmopolitizam, naročito kod mladih generacija. Živa svest o tome nalazila se u izuzetno velikim delima pojedinih pesnika, filozofa i nastojanjima da se zemlja i narod oslobode zabluda. Dovoljno je pomenuti Šandora Petefija koji je bio i suviše revolucionaran za vođe revolucije posle koje su usledili kompromisi, Endrea

5

Adija koji je bio „revolucionar bez revolucije", jer mu je pesničko delo bilo revolucija sama, pa Atile Jožefa koji je bio toliki pesnik da je u pesmu mogao sažeti ne samo jednu krišku nego celovit svet, čak zajedno sa svojim marksističkim pogledom, da i ne pominjemo generacije intelektualaca, umetnika, naučnika, filozofa, koje su stasale krajem prošlog i početkom ovoga veka, morale da se rasprše po svetu i, pod nepovoljnim uslovima, stvaraju značajna dela. To je ona tradicija na koju se mogla oslanjati i Eršijeva generacija, tradicija kojoj se konačno nudio neslućen procvat posle 1945. godine. Očevi i dedovi ne samo da nisu iskoristili svoje mogućnosti nego su dozvolili da se krene na suprotnu stranu od mogućeg razvoja; poraz za porazom, a posle poraza truli kompromisi. Sve se to mora odbaciti i krenuti novim putem. Sve počinje iz početka. Posle svih tih prošlih iskustava, mladim generacijama je izgledao neukaljan jedino put socijalističkog preobražaja i izgradnje novoga čoveka.

Ištvan Erši je kao student imao sreće da bude učenik Đerđa Lukača onih godina kada je veliki filozof upravo okončavao svoje prvo delovanje na univerzitetu (1946— —1951). Ono što mu je učitelj otkrio i u proučavanju društva i u analizama književnosti, konačno je opredelilo učenika za marksizam i socijalizam. Iako je stekao filozofsko obrazovanje, Erši se nije opredelio za filozofiju kao eventualno primarnu disciplinu svoga interesovanja, nego za stvaralaštvo u književnosti koje smatra prirodnim „stanjem" u kome pisac ima aktivan odnos u društvenom životu. Uklanjanje marksističkog filozofa s univerziteta, staljinistička praksa u Mađarskoj poraziće i otrezniti i Eršija, koji će, isto onako strasno kao što je naivno verovao u zasnivanje novog sveta, aktivno s drugim piscima učestvovati u pripremi i realizaciji događaja iz 1956. godine. Za njega i njegovu generaciju to je presudan događaj života, pokušaj ispravljanja razvoja, preuzimanje aktivne uloge i realizacija nepatvorenog marksističkog pogleda na svet. Mnoge docnije Eršijeve postupke, kao i njegova književna dela, moguće je tumačiti iz ove perspektive. Poraz narodnog bunta — Erši ga nikada ne naziva tako, niti kontrarevolucija kako je zvanično nazvan, nego uvek samo: revolucija — odveo je Eršija, kao i mnoge druge, na optuženičku klupu.

Četiri godine je u zatvoru zbog svoje delatnosti, ali i zbog doslednosti i nepopustljivosti (1956—1960). Ova stabilnost, karakteristična za Eršija, daje mu moralnu snagu i nenarušen integritet ličnosti, toliko neophodan istinskom umetniku. Za razliku od većine drugih ljudi, pa i pisaca koji su se prilagođavali postepeno, ulazili u kompromise, Erši je postao nepokolebljiva moralna savest koja i dalje svedoči svojim književnim delom, pa i svojim životom. Karakteristična je anegdota vezana za njegov izlazak iz zatvora posle odležane kazne. Dok Erši i ostali čekaju u prostoriji da budu pušteni na slobodu, Erši igra partiju šaha sa jednim od svojih drugara. Sve su formalnosti već obavljene, stražar im saopštava da mogu izaći na ulicu i poći kući. Erši kao slobodan čovek odbija, posle četiri godine provedene u zatvoru, da pođe kući pre nego što dovrši partiju šaha. I, komentariše Erši svoju situaciju, ipak nije bio dovoljno koncentrisan, tu partiju šaha je izgubio!

Posle izlaska iz zatvora razviće se u istinskog pisca i postajati sve poznatiji i značajniji tokom ovih dvadeset pet godina. S objavljivanjem je bilo mnogo teže, ali je Erši, paradoksalno, izborio za sebe gotovo poseban status pisca: njegovi tekstovi, kao i pojedine knjige, objavljuju se i u Mađarskoj, tako da se za njega ne može reći da je zabranjen pisac, ali se po listovima i časopisima objavljuju samo njegovi probrani tekstovi, a iz knjiga se izostavljaju takođe probrani tekstovi, kao što se njegova dela objavljuju samo u malim tiražima i ne mogu se dobiti po knjižarama. Drame mu se uglavnom ne izvode u pozorištima, iako je on do sada napisao petnaestak pozorišnih komada.

Bio je zaposlen kao dramaturg, ali je živeo od prevođenja. Preveo je na mađarski dva najznačajnija poznata dela svoga učitelja Đerđa Lukača Estetiku i Ontologiju. Nije to bio samo izvor prihoda za svakodnevnu egzistenciju, nego i njegov dug filozofu koji je pomagao Eršijevoj porodici dok je on bio na izdržavanju kazne. Ali Erši je rado prevodio i poeziju, a kao pozorišni čovek od nerva, da ne pominjemo poznavanje jezika i kultura, preveo je na mađarski i mnoge pozorišne komade. Njegova koncentracija gotovo zadivljuje. Dolazeći jednom sam kolima u Jugoslaviju, prevodio je Brehtove songove: pored sebe je imao tekst originala koji je čitao i mrmljao, zatim ga u sebi

7

prevodio, pa kad jednu strofu zgotovi, parkira kola kraj druma i zabeleži je, zatim dalje nastavi vožnju.

U jednom periodu, kada je došlo do izvesne demokratizacije društva, grupa istaknutih pozorišnih radnika, ne uspevši da bilo šta izmeni u tradicionalnoj igri peštanskih pozorišta, otišla je u provincijsko pozorište u Kapošvar. Preporodili su tamošnje pozorište toliko da je Pešta, koja ima poseban status u centralističkoj zemlji, dobila ozbiljnu konkurenciju. Bio je to istinski kulturni događaj koji je izazvao dalekosežne posledice u pozorišnom životu Mađarske. Erši je pošao s tom grupom i bio neka vrsta „teatarskog ideologa". Tada je u Kapošvaru bila postavljena na letnju scenu i komedija Ive Brešana Hamlet u Mrduši Donjoj, kojoj je Erši dopisao nekoliko efektnih pesama.

Erši je češće boravio i u inostranstvu, naročito poslednjih godina, ali ponajviše kao pozorišni čovek, dramaturg koji se obaveštavao o teatarskim događajima. Tako je više puta dolazio i kod nas, prvenstveno na Bitef, ali u dva maha i u Strugu; uvek s malim šatorom, nastavljajući da kampuje na moru. Jednom sam ga čuo da razmišlja kako bi trebalo da se nastani u Jugoslaviji: mogao bi i dalje pisati na mađarskom; tu su listovi, časopisi, pozorišta i televizija; mogućnost objavljivanja knjiga na mađarskom; a uz sve tu su socijalizam i demokratija!

Tog Ištvana Eršija, britkog logičara i ljubitelja izoštrenih paradoksa, nije bilo teško osloboditi naivne iluzije koja mu se u jednom trenutku nametnula kao moguće rešenje.

Jednom je, pak, zavapio da će ipak poginuti na barikadama, makar i u stotoj!

Kao stipendista Erši je 1985. duže boravio u Zapadnom Berlinu, objavljivao u listovima i časopisima Zapadne Nemačke, priređivao svoje pozorišne komade za tamošnja pozorišta, sam režirao. Jednom reči, bio je veoma uspešan pisac, ali ni jednog trenutka nije pomišljao, kao što su to neki očekivali, da ostane na Zapadu. Ali kada se vratio, opet je ostao bez radnog mesta, nije više ni dramaturg. Erši je gotovo već i navikao na takav status u svojoj zemlji. Međutim, situacija ga uopšte neće izbaciti iz ravnoteže: on je podjednako kritičan i prema svojoj zemlji (kada je u njoj) i prema ostalom svetu, njega zapravo interesuje celokupan svet, celo čovečanstvo.

Svojim stavom i svojim delom Erši je neka vrsta moralne savesti svoga doba: kritičan je i oštar prema postojećem socijalizmu koji je dospeo u ćorsokak, ali je za mogući socijalizam koji tek treba ostvariti.

Čitajući samo pojedinačne pesme Ištvana Eršija, rasturene po novinama i časopisima, kao i po njegovim zbirkama gde su bile umetnute među napise drugih žanrova — mogao se steći pogrešan utisak: ironična misao autora sklona je poigravanju i njegovu poeziju treba shvatiti kao uzgrednu delatnost koja ne daje značajna ostvarenja; nešto slično se moglo misliti i o njegovoj publicistici: aktuelna i britka, mesto joj je u novinama. Tek kada je Erši objavio celovitu knjigu esejističko-publicističkih tekstova, videlo se jasno koliko je to čvrsta knjiga, koliko ti tekstovi nisu trenutni proizvod, već i dalje deluju. I pojava izabranih pesama I. Eršija (1983) takođe je pokazala koliki on pesnik jeste, koliko je osoben glas: sam autor je iz tridesetogodišnje produkcije izabrao i hronološki poređao blizu tri stotine pesama.

Karakteristična je beleška uz tu knjigu izbranih pesama, i kao način mogućeg posmatranja sopstvenog dela (ne treba smetati s uma: Erši je ipak učenik Đerđa Lukača!) i kao upozorenje jednog ironičnog duha; zato tu belešku prenosimo u celini:

„Pravim se kao da biram svoje pesme. To znači da iznova iščitavam sve moje dostupne spise koji su ustrojeni u formi stihova, to jest nisu napisani od početka do kraja reda, nego uz užasno arčenje papira kada polovina ili trećina redova ostaje prazna.

Samo što jedva da imam mogućnosti za izbor. Jedan deo pesama je i bez mene prorešetalo istorijsko vreme; drugi deo je prorešetalo moje sopstveno vreme koje je proteklo od kada su pesme napisane. Odstojanje mi je otkrilo njihove slabosti koje su drugi očito videli ili mogli videti već na prvi pogled. A onda, izbor vrši i doba u kojem živimo: kao brižan baštovan potkresuje i suviše bodljikave grane kako ne bi bole raznoliku dečurliju koja se nevino igra rata. Od preostalih pesama izbor vršim ja. Odnosno birao bih — ali tokom rada otkrivam da i moja pristrasnost vrši izbor. Izvaljujem vrata, ali zamah i mene izbacuje. Kada se vratim, vidim da sam se odšunjao za sobom. Veoma ličim na sebe, već ne mogu ni da razlikujem nas dvojicu. Zajedno nastavljamo rad, ali s posuknulim raspoloženjem. Zatim bataljujemo posao. Neka ga nastavi čitalac, ako mu se ćefne."

E, pa taj čitalac, o kojem misli Erši, kojem se prohtelo da dalje birka, i to ne samo poeziju nego i sve ostalo ovoga autora — bio sam ja; a opet, kao i pred samim autorom (svedočanstvo je tu), i preda mnom se javlja gotovo istovetna situacija. Rešeto je već dobrim delom izvršilo izbor, samo što se ovde javlja i jedna nova okolnost (na koju Erši nije pomišljao): šta od ovih dela može da preskoči granice jedne kulture bez većih oštećenja? Ono što se meni čini da je izuzetno delo, pretpostavljam da će biti potrebno i čitaocima srpskog jezika (pod uslovom da je dobro i prevedeno). Dakle, opet kao i autor, ni ja nisam imao prilike da mnogo biram: uzeo sam ono što je posle svega preostalo, a naši čitaoci, ako im se ćefne, nek birkaju dalje za sebe.

Za dobrog poznavaoca raznovrsnog i raznorodnog dela Ištvana Eršija nije neočekivano, ali ovaj pisac ima mnogo više dela koja mirne duše mogu preći u novu kulturu nego što bi se moglo obuhvatiti jednom knjigom, ma kolikog obima ona bila. Eršija znam više od petnaest godina; čini mi se da mu znam temperament, da znam kako misli, čak uobražavam da mogu pretpostaviti kako će reagovati na neku pojavu u određenim okolnostima. Redovno su mi stizale njegove nove zbirke koje sam sa zadovoljstvom čitao i, kako sam znao da je to pisac kojim ću se baviti, beležio i izdvajao iz njih pojedina dela koja su mi se nametala u prvom čitanju. Ponešto sam i prevodio, ali u našim časopisnim uslovima nije se moglo očekivati da će urednici biti zainteresovani za pisca koga ne znaju, da i ne pominjemo da se kod nas uopšte i ne pomišlja da bi mera vrednosti mogao biti i sam prevodilac. Pa ipak, objavljeno je nekoliko pesama i proza („Rukovet", „Letopis MS", „Književna reč"), kao i zamašan razgovor s Đerđom Lukačem.

Ponekada me je i sam Erši upozoravao koji su, po njegovom mišljenju, njegovi najbolji tekstovi, a zanimljivo je kako se u tom pogledu često nismo saglašavali; još jedan dokaz koliko su, bar kad je reč o savremenicima, važniji nesvesni, neobjektivizirani kriterijumi od estetičkih koji tek potom dolaze do izražaja.

U međuvremenu pisac mi je slao i otiske pojedinačnih dela, većinom pesama, čiji je dovršen slog, iz ovih ili onih razloga, bivao izbačen iz časopisa ili knjige u poslednjem trenutku; kao i rukopise pojedinih pesama i drama koje nisu imale izgleda da budu ni objavljene niti izvedene. Za rukopisima drama su zatim obavezno sledile pošiljke s ispravkama pojedinih scena, izbacivanjima i dopisivanjima — a to traje sve do danas (možda i sada putuje poštom neka ispravka koja hita, jer bi htela da stigne i u ovu knjigu!). Otuda izgleda da se Eršijeva drama ne može prevesti, ona se mora neprekidno prevoditi.

Izbor za knjigu *Valcer sa stvarnošću,* dakle, vršen je na osnovu rukopisa i objavljenih knjiga; ako je, pak, prevod nastao na osnovu rukopisa, koji je kasnije mogao biti objavljen i u knjizi, nije se vodilo računa o eventualnim autorovim ispravkama u pesmama. Naslov knjige, kao i naslove pojedinih celina u njoj dao je prevodilac, oslanjajući se na samo delo i njegove intencije, ili, kako se to obično kaže, činio je ono što bi učinio, možda, i autor da su njegova dela nastajala na ovom jeziku i unutar ove kulture.

Prilikom izbora, pored izvesnih rukopisa, stajale su mi na raspolaganju sledeće knjige I. Eršija: *Lonci narancssárgában* (1976, zbirka raznih žanrova), *Történetek egy fazházban* (1978, zbirka raznih žanrova), *Ürügyeim* (1979, publicistika i esejistika), *A derűlátás esélyei* (1981, esejistika), *Jönnek a bájos tények* (1983, izabrane pesme), *A maradjhű-utcában* (1985, proza, poezija, publicistika).

U knjigu *Valcer sa stvarnošću* ušli su svi Eršijevi tekstovi koji su ranije bili prevedeni, sem obimnog teksta razgovora s Đ. Lukačem koji predstavlja zasebnu knjigu, zatim dela koja su ranije bila izdvojena s pomišlju da ih jednom treba prevesti, pa je sada bila prilika da se sistematski i prevedu.

Na žalost, zbog obima knjige, moralo se odustati od pojedinih dužih proznih dela, drama, eseja i veoma zanimljive publicistike (za koju bi bila potrebna cela nova knjiga), kao i od izvanrednog ciklusa pesama *Songovi za dramu o Antigoni* (prevodilac se nada da će se javiti još neka

11

prilika pa da se poduhvati prevoda ovih songova, kao i još nekih Eršijevih dela). Ali ni jednom nije došlo do odustajanja zato što bi delo bilo i suviše složeno i preteško za prevođenje! Čak obrnuto, teško prevodivo, složeno delo izaziva i privlači prevodioca: da li ga je uopšte moguće prevesti? da li moj jezik može da domaši jezik originala? da li je samo problem u jeziku ili na višoj i široj razini? Ako neko bude upoređivao originale i prevode pesama, lako će videti dva pristupa, a koji će biti korišćen zavisilo je od suštine samog dela: ili se prevodilac strogo držao takozvanih formalnih elemenata, zato što oni i nisu samo formalni, već zapravo suštinski elementi, ili je zanemarivao formalne elemente, zato što oni jesu samo formalni, zarad vernosti i efektnosti druge vrste.

Ciklus pesama *Dnevnik iz Jugoslavije u stihovima* nije ovde uvršten zato što je vezan za našu zemlju; uostalom, prevedena je samo polovina ciklusa, onaj deo koji je tematski ličan, (zapravo malo je i vezan za ovo tlo), samo manji deo koji daje fon tim pesmama. U oba slučaja, uveren sam, reč je, pre svega, o izuzetnim ostvarenjima.

Erši, i sam prevodilac, podsticao me je da se koristim većom slobodom i realizujem njegova dela i sa većim odstupanjem. U prinicipu, on je u pravu; praktično, prevodilac hoće da se drži originala, ne želi da ga relativizuje, mora da želi da ne odstupa, sem kada uvidi da mora izvršiti značajnije pomeranje, da bi zapravo bio što verniji originalu. Zato bi ovaj prevodilac voleo kada bi se moglo zaključiti da u bitnim elementima nije odstupao od originala, ali i da se krutosti i negipkosti ne primećuju na jeziku prevoda.

I sam pisac Erši je već objavio nekoliko knjiga u kojima je mešao žanrove, čak je dodavao katkada i svoje prevode; u ovom izboru, pak, zastupljeni su svi žanrovi Ištvana Eršija.

Sr. Kamenica, 13. jul 1986.   Sava BABIĆ

I
PORUKA ŽIVIMA

ČVOR

Merodavno proročanstvo obećavalo je da će Azijom zavladati onaj koji razdreši lukavo vezani čvor na kapiji grada Gordiona. A. V. — na čelu ogromne vojske — samosvesno je stigao na lice mesta, i ne sumnjajući da je proročanstvo unapred računalo na njega. Međutim, kada se suočio sa zadatkom, bez premišljanja je potegao sablju. Priznajmo: podsticajno delovanje gordionskog reza sabljom oseća se sve do dana današnjeg. Ovaj postupak verovatno je privlačan zbog neodložnog trijumfa. Ratnici su uz poklike „ura" slavili svog vojskovođu koji im je, ovaj put bez krvi, omogućio samo svojim prisustvom duha da dođu do nečuvenih osvajanja, do blaga i slave koji se današnjim rečima ne mogu ni opisati. A. V. je sa sumornim dostojanstvom primao dobro poznate gestove privrženosti i klanjanja, ali je u međuvremenu bivao obuzet tamnim, mutnim osećanjem. S patrljaka konopca, koji su visili razlabavljeni, pogled mu je odlutao na sumračni nebeski svod. Kasnije, dok je promatrao roblje — Gordion je bio čuven po kolarima i lepim ženama — u njemu je toliko narasla zlovolja da je sabljom posekao dva frigijska vojnika i mladu sveštenicu koju je još na vratima grada bio poštedeo. Zatim se povukao u svoj šator, i danima nikome nije dozvoljavao da izađe pred njega.

Ležao je u tami na počivaljci, sklopljenih očiju, i razmišljao o minulim zbivanjima. Između prednjih točkova bornih kola, remek-dela posvećenog Zevsu, bio je zategnut konopac, na njegovoj sredini isticao se čvor koji je i sam bio remek-delo. Običan majstor nije mogao izraditi ovu ljupku i nepreglednu gomilu petlji, to gusto i lako tkanje koje je svedočilo o prefinjenom osećanju za srazmere i čarobnjačkoj spretnosti ruku. A. V. ni naknadno nije mo-

15

gao da zamisli gde bi trebalo započeti poduhvat razvezivanja — konopci su se granali na sve strane i u blagom luku se vraćali u klupče. Ovaj konopac nigde kraja nema — bar je to osećanje obuzelo A. V. na kapiji Gordiona, a i kasnije, kada su pod šatorom prolazile ispred njega popodnevne slike. Morao je da prizna sebi da je nadahnuće, pod čijim dejstvom je razrešio zadatak, izviralo iz očajanja. Istina, kada je raspolutio čvor, ispunilo ga je veliko spokojstvo — blagosiljao je bogove što su mu dopustili da tamnim rečima proročanstva dadne individualno tumačenje. Ali mu se već u sledećem trenu stegnulo grlo — kao da je raspolutio lobanju koja se cereka. A povrh toga, kola, koja je zategnuti konopac zadržavao u mestu, počela su da se kotrljaju niz blagu padinu. Makedonski ratnici jedva su uspeli da zaustave i spasu od prevrtanja Zevsovo vlasništvo.

„Poraz — šaputao je pred sebe u tamu šatora — kakva sramota i kakav poraz." Halabuka veselja je dopirala do njega, pijana pesma i cika žena. „Zbog njih to činim — mislio je A. V. — zbog njih sam se do sada ponižavao." Spopalo ga je bedno osećanje, kao da je uzmaknuo s nekog megdana.

Poput otrovne strele zarilo se u srce A. V. saznanje da na zemlji živi čovek koji ga prezire i ismejava. Razume se, sve se to samo zbiva u njemu, s polusklopljenim očima i nepokretnim licem — ali time je sve ružnije, sve sramnije. Neko ga je pobedio, a to je tajna njih dvojice. A. V. beše obdaren i osetljiv čovek, ali nije raspolagao duhovnim treningom za podnošenje poraza. Izdao je naređenje da se nađe i izvede pred njega tvorac čvora.

Posle tri dana, koja su sporo prolazila poput puža, sluge gurnuše preda nj jednog onižeg čoveka širokih ramena. Seda kosa, iznad lica boje zemlje, prljavo klupče. Smesta se baci na zemlju kao džak, lice nabi u pesak, telo mu se grči i podrhtava. A. V. ustade s počivaljke i šutnu ga iza uva. „Smeješ mi se?" — upita tiho. Čovek podiže glavu, iz očiju zrači životinjski strah. — „Ustani!" — reče A. V., a čovek kleknu, zatim ga napusti snaga ili hrabrost i ostade tako četvoronoške pred gospodarem sveta, kao neki kudravi, prljavi pas.

16

„Zar sam se ja plašio od ove spodobe?" — upita u sebi
A. V. i ponovo se opruži na ležaljci. — „Da li bi iko primetio ako bih ga zgazio?" Liči mu na bezobličnu bubu koja
u svom užasu ispušta zanimljiv smrad. Više samo sledeći
svoju nameru, zapita ga čiji je sin i čime se bavi. Čovek
zamuckujući reče da je poreklom Atinjanin, otac mu je
bio brodograditelj, a on sam je majstor za lađe i matematičar, ali već dvadeset godina živi u Frigiji, a u Zevsovom
svetilištu u Gordionu brine se o javnoj čistoći. Nije govorio o razlogu seobe, samo je promrmljao nekoliko nedovršenih rečenica o plitkosti javnog raspoloženja u Atini
i o nenarušenoj prijemčivosti azijskih naroda. Zatim je
naglo zaćutao — verovatno se prestravio da je možda povredio ponos A. V. koji je vaspitan na grčkoj kulturi.
Vojskovođu obuze tiha dosada. Dobro je poznavao
propalu grčku — a naročito atinsku — inteligenciju. Zavlačili su se u burad, okupljali u sumnjive sekte, gutali uživanja, ili se odricali od njih, žele da preobrate poludivlja
plemena samo zato jer oni sami ne umeju da žive. Za vojni poziv su kukavice, za svakodnevni život su fini, a ne
umeju ni da razmišljaju, jer ne vide pred sobom ni cilja
niti pravca. A. V. ispruži ruku sa sabljom i odozdo progolica grlo čoveka koji beše nepokretno ukočen. „A gde si
naučio da vezuješ čvor?" — upita; odgovori mu krkljanje
i stenjanje. — „Šta misliš, da li bih mogao i pravilno da
razmrsim čvor?" — i privuče sebi sablju. „Sasvim sigurno,
gospodaru" — odgovori Atinjanin — „razmrsio bi ga bez
bilo kakvih teškoća ako bi ti se prohtelo." „U pravu si" —
reče A. V. — „onda snova postavi svoj čvor."
U šatoru zavlada tajac. Čovek u četvoronožnom položaju sada prvi put pogleda, za tren, A. V. u oči. Zatim se
opet zagleda preda se, u prašinu. „Ne mogu, gospodaru."
„Kako ne možeš?" „Takve stvari samo jednom polaze od
ruke." „Onda načini nešto slično — reče A. V. — preksutra
neka bude gotovo!" „Preksutra — prošapta čovek — ta
četiri godine sam gradio onaj čvor koji si presekao."
U A. V. ponovo oživе zamršeno i smućeno osećanje
koje ga je toliko mučilo poslednjih dana. — „Ustani!" —
reče a čovek se ovaj put pokori. Ličio je na bezobličnu
grudu zemlje, ili na gomoljastu lukovicu koju urođenici u
mnogim krajevima peku na vatri. I A. V. ustade, priđe čo-

veku, ali sada, nasuprot planu, ne udari ga nogom. „Dakle, po tebi ja ću s lakoćom razdrešiti ono što ti tokom četiri godine pleteš i vezuješ?" Atinjanin ne odgovori. „Strahuješ da neću moći da razdrešim i da ću te ubiti iz osvete?" Ni sada ne bi odgovora. „Ili držiš da ću ga zaista razdrešiti pa ću te nadmašiti ne samo sabljom, nego i svojim duhom?" Umesto odgovora Grk se zacereka. „Liči — pomisli uznemireno A. V. — liči na čvor, načinio je svoj autoportret." — „Ili strahuješ — upita glasno — da ću i drugi put preseći čvor?" — „Strahujem od svega" — reče čovek — „a strahujem i od svega što je suprotno tome. Ali ne treba da prezam da ćeš me nadmašit svojim duhom. Ta već i sada blistaš neizrecivo visoko nada mnom." — „Podruguješ se" — utvrdi A. V. „Kako bih se usudio? Jednostavno sam postao samo svestan da tvoj metod drešenja daleko prevazilazi moje majstorstvo u vezivanju." A. V. se užasnu. „Načini čvor koji će biti lukaviji od svih dosadašnjih, a ja ću ga razdrešiti na tvoje oči." Čovek uzdišući zaklima glavom. A. V. se savlada uz veliki napor i umiljatim tonom poče da podstiče sagovornika: „Napred, prijatelju, odvoj za to mnogo vremena. Dok ne završiš, moj si gost."

Atinjanin tada ispruži iz dronjaka desnu ruku, a A. V. ugleda pred sobom pet krvavih, prljavih patrljaka. „Sada više nema smisla da se mučim izradom čvorova" — reče Atinjanin i zagleda se u svoj grozni dlan.

DVA DOGAĐAJA IZ MITA O AJNŠTAJNU

RAZGOVOR U TRPEZARIJI

Direktor Ureda za pronalaske u Bernu — nemamo tu sreću da znamo njegovo ime, označimo ga gospodin H. — nervozno je dobovao prstima po stolu. „Stolnjak je izmrljan" — utvrdi i pokaza na jednu tačku čaršava. „Ti si ga umrljao juče kada si prolio supu, zar se ne sećaš?" — upita gospođa H. On tresnu po stolu: „Valjda sam toliko zaslužio da ga sutradan izmeniš!" Od siline udarca sto se potrese i tanjir gospodina H. opet napusti nešto supe. Njihov trinaestogodišnji sin prasnu u smeh; H. skoči i određenim pokretom istera dete iz trpezarije.

Nemo su dalje jeli. Iznad trpezarijskog stola crneo se olujni oblak. Pri drugom zalogaju H. spusti viljušku i nož. „Ova govedina je neslana" — utvrdi. Ispostavilo se da je sluškinja potpuno zaboravila so. H. je neodložno hteo da se vrati u kancelariju, supruga ga je jedva zadržala. Sama je otišla po so i lično je donela.

— Šta ti je? — upita.

— S ovim mladima se ne može izaći nakraj. Potpuno su poludeli.

— Šta se opet dogodilo? — upita ona. H. odmahnu, pozvoni, a služavka je već nosila na lepoj tacni marcipanske minjone. To malo oraspoloži gospodina H.

— Raste jedna generacija — reče — jedna cela generacija koja neće da radi. Oblače se kao maškare, škrabaju lopte i kvadrate i misle da su sledbenici Mikelanđela. Zaludeo ih je ovaj dvadeseti vek. Samo je devet njegovih godina minulo, i već je više ludosti načinjeno nego ranije za sto godina.

— Šta ti smetaju odjednom ludi slikari? Neće valjda kod tebe da patentiraju svoje mazarije?

H. se smejao. Jako je voleo njen humor. Sedeći uz minjone od marcipana koji su nestajali, odjednom je osetio da postupa nerazborito što se nervira zbog sitnica. Počeo je da objašnjava prijatnijim tonom:

— Radi kod mene jedan mladić, sedam godina je stručni referent. Sada mu je dvadeset šest godina, pa tako i ti možeš izračunati s tvojim velikim matematičkim talentom s koliko godina je došao kod mene.

Oboje su se smejali šali.

— Izabrao sam upravo njega zato što je izgledao skroman, jednostavan. Završio je visoku stručnu školu u Cirihu, i to kao prosečan učenik. To mi je pobudilo poverenje u njega. Odlikaši više žele i brzo klisnu, slabi učenici eventualno ne odgovaraju zahtevima struke. Prosečni učenici većinom uredno obavljaju posao. Ovaj se i oženio, rodilo mu se dete, pa sam tako bio siguran da mi neće zadavati briga. Uredno je obavljao i posao. Treba da ocenjuje prispele pronalaske sa stanovišta fizike.

— Treba?

— Što mi ne dozvoljavaš da nešto ispričam do kraja? — upita nezadovoljno H. Zapali cigaru i uvređena izraza se zagleda u prazan tanjir. Izvinjavajući se, žena stavi svoju ruku preko njegove.

— Jednom rečju, bio je dobar radnik?

— Pouzdan i skroman, mada se nije pretrzao od preterane revnosti. Ali to se danas i ne može očekivati od jednog mladog čoveka. Jednu jedinu zamerku mogu pomenuti u vezi s njim: katkada je dolazio u kancelariju nepodnošljivo odeven, bez okovratnika i kravate. Jednom sam ga morao poslati kući, jer su, kako da kažem, na njemu nedostojala izvesna neophodna dugmad. Na pantalonama.

Žena se nasmeja, ali ne progovori.

— Prve uznemiravajuće vesti čuo sam o njemu pre nekoliko godina. Zamisli, objavio je naučnu studiju.

Žena pljesnu rukama.

— Studiju? — upita iščuđavajući se. — Čemu će mu? Pa imao je redovan posao, zar ne?

— Upravo to je ono — reče H. — Ko hoće da piše studije, eno mu univerzitetske karijere. Ko, pak, obavlja službenički posao, neka ne razbacuje svoju snagu. Mislio sam, govoriću s njim, ali bi bilo čudno. Ja, direktor, s jednim ovakvim podređenim ... A konačno, strogo uzevši, to je njegova privatna stvar. Mada...

H. stiša glas, zamišljeno otresajući pepeo s cigare u porcelansku pepeljaru.

— ... Mada sam već tada morao posumnjati. Dr Majer, koji za nas čita stručne listove, pričao mi je, i pred ostalima, da je moj službenik uklonio eter iz vasione, i da se zakačio i za samog Njutna...

— Šta? — negodujući upita gospođa H.

— Baš tako. Zar nije fantastično? Ali to još nije sve. Prema dr Majeru, on hoće da dokaže da su istovremene stvari raznovremene, i da se svetlost sastoji od delova...

— Ipak je trebalo da govoriš s njim.

— Držao sam da dr Majer, čuveni šaljivdžija, možda tera šegu. Smejao sam se zajedno s ostalima, i utvrdio sam da dok on pošteno ocenjuje pronalaske, može tvrditi i da je svetlost od graška.

Opet su se smejali.

— Potom sam čuo da je neku svoju žvrljotinu poslao nekom univerzitetu, ali mu je profesor vratio zajedno s poraznim mišljenjem. Mislio sam, to će dobro doći mladiću, bar će se malo smiriti. Nisam raspoložen da neprekidno priučavam nove ljude!

H. tresnu po stolu.

— Nemoj se nervirati — reče žena. — Videćeš, smiriće se.

— Danas mi je saopštio da daje otkaz i odlazi u Cirih za docenta. Šta veliš na to?

— Svinjarija — reče gospođa H. — Svinjarija. — Potom zamislivši se dodade: — A možda će mu tamo biti bolje?

On se zavali i čudeći se pogleda ženu. „Mozga nema više nego kad sam je uzeo" — pomisli.

— Valjda nećeš poverovati u tu priču? — upita. — Pa zar nisi čula da su mu jednom već vratili njegove budalaštine? Jednostavno hoće da me prevari. Sigurno je

21

dobio ponudu od neke konkurentske firme, ili su mu mnogi neuspesi udarili na mozak.

— To je verovatnije — reče gospođa H. — A kako se zove taj nesrećnik? H. ugasi ciragu. Javi se posle duge pauze:

— Eto, gle, pa nije zar da sam mu zaboravio ime?

VOŽNJA AUTOMOBILOM PO HOLIVUDU

Godine 1931. kada je A. A. drugi put posetio Ameriku, na stanici u Los Anđelesu dočekao ga je sam Čarli. A. A. je to primio kao veliku čast, jer je znao da Čarli ni za jednog državnika ne bi učinio takav gest. Provozali su se naokolo ulicama Holivuda — Čarli je lično vozio — i primali počast mase koja se gurala. Čarli svojim čarlijevskim cerekanjem, A. A., pak, sa zanosom je promatrao senzaciju koju su izazvali. Mislio je:

„Ako se ne osvrćem na neprijatni deo stvari, na galamu i neprestanu gužvu, onda bi zapravo trebalo da se radujem ovom slavlju. U njemu je izraženo kako masa poštuje nauku koju ne razume. No, ako poštuje, onda će moći i razumeti. Što da ne? Jer najnerazumljivije je na svetu ono što je razumljivo. Možda me upravo ovo ubeđenje čini popularnim. Taman. Masa misli da sam ja prorok, vrač koji unapred govori šta će biti. Tome bi opet trebalo da se radujem. Najveći broj naučnika izmišlja teoriju za već postojeća iskustva, otuda su takve teorije važeće samo dotle dok im se nova iskustva ne suprotstave. Međutim, ja sam najpre izradio svoju teoriju, a eksperimenti su je tek potom dokazali. Masa to doživljava na taj način da se stvarnost upravljala prema mojim rečima. Naravno, to je glupost; a opet dobro je ako poštuju snagu mišljenja koje se odvaja od opšteg shvatanja."

Pogleda Čarlija i nastavi svoju misao:

„Naravno, ni Čarli me ne razume više od ovih ovde oko nas. To je Čarlijeva snaga: istovetan je s njima. To je tajna njegovog genija što u svom čilom malom telu koncentriše ogromnu duhovnu i duševnu energiju mase. Ako bolje pogledam, liči na mene: samo bi trebalo malo izmeniti njegovu frizuru i brkove. Pa i inače ličimo po mnogo čemu. Moj naučni rad podstiče neodoljiva želja da shvatim tajnu prirode; od toga je potpuno nezavisna moja ljubav prema istini i moja težnja da pomognem kako bi se popravilo stanje čovečanstva. U ovom svom poslednjem svojstvu srodan sam ovom lakrdijašu, samo što je on, naravno, mnogo više isprednjačio na ovom području." Za to vreme Čarli je ovako razmišljao: „Liči na mene ovaj čova — sjajno bih ga umeo odigrati. Nosi takve pantalone kao ja u mojim prvim filmovima. I kladim se da nema ni kaiš, ni tregere. Kad ustane, pantalone skliznu. Mora biti božanstveno kad ih neprekidno grabi." Čarli bi najradije isprobao te pokrete, ali sedeo je za volanom. Tako je nastavio da razmišlja: „Izgleda da je valjan momak. Smem se kladiti da i ne zna gde je. Ali se nadam da nije zaboravio pored koga sedi." Namignuo je A. A., a ovaj njemu. Čarlijevo raspoloženje je šiknulo. „Zajedno ćemo provesti dobro veče. Neće mi objašnjavati svoje teorije, nije takav. Okrenut je sebi. Navodno, tek u trećoj godini je progovorio. Sigurno je dotad razmišljao i nije želeo da ga drugi uznemiravaju. I ja sam u nemim filomovima najbolji. Šta bi bilo kad bismo nešto zajedno snimili? Sjajan biznins — šteta što neće prihvatiti. Kakvu bismo sjajnu urnebesnu antimilitarističku paradu načinili. Što da ne? Upravo je u današnjim novinama izjavio da oni koji sa zadovoljstvom marširaju uz muziku greškom su dobili veliki mozak, njima bi dovoljna bila i kičmena moždina. U tome se slažemo, od toga bi se moglo nešto napraviti. Večeras ću mu prikazati Šarla vojnika, i gledaću kako se smeje. Tema vojnik neće zastareti, uskoro će celo čovečanstvo marširati. Ali ne on. Ni ja." Čarli prijateljski potapša A. A. po kolenu, nasmešiše se jedan drugom. Masa im prepreči put, opkoli automobil, razlegalo se ura i poklici.

— Vidite — reče glasno Čarli — meni aplaudiraju jer me svi razumeju, a vama, pak, zato što vas niko ne razume.

— Upravo sam i ja to pomislio — konstatovao je zadovoljno A. A.

23

ŠALA

17. februara 1952. godine, uveče u osam, oglasi se zvonce na ulazu u stan, u starom Budimu, kod trideset-dvogodišnjeg, neoženjenog istoričara umetnosti, Dežea Satmarija. Na vratima, koja se oprezno otvoriše, pojavi se muškarac u kožnom kaputu, s naočarima, i umesto pozdrava i predstavljanja upita:

— Sami ste, druže Satmari?

Istoričar umetnosti klimnu glavom koja se okrugla uzdizala iznad njegovog ogromnog tela poput neke premale kupole na vrhu sjajno sagrađene bazilike.

Satmari je stanovao sam u dvosobnom stanu koji je nasledio od oca. Kako je pretila opasnost da mu bude oduzeta jedna soba, prijavio je da s njime stanuje i jedna daleka rođaka, ali ta starija žena je veoma retko dolazila kako bi je video kućepazitelj, a i tada bi noći provodila u sobici za poslugu pored kuhinje.

Posetilac odmah uđe u radnu sobu, zastade na sredini, pogleda naokolo i s priznanjem coknu jezikom.

— Imate mnogo lepih knjiga — reče — i koliko albuma!

— Moja stručna oprema — odgovori Satmari — sredstva za proizvodnju, moglo bi se reći.

— Sa zadovoljstvom primećujem da ste poklonili pažnju i svojoj političkoj spremi. — Posetilac pokaza na tomove Staljinovih dela. — Ali da li ih možete dohvatiti? Da nisu previsoko?

— *Odabrana dela* su tu nadohvat ruke — Satmari podiže sa stočića dvotomni izbor iz Staljinovih dela.

— Sva dela moraju biti nadohvat ruke — reče posetilac. — Izbor pre svega nije načinjen za istoričare umet-

24

nosti, a vi uopšte ne možete znati kada treba da potražite kod Staljina odgovor na svoje specijalne probleme. Satmari klimnu glavom. „Šta li hoće ovaj tip?" — pomisli brižno. Stajali su nasred sobe, glava naherenih prema tavanici.

— Da sednemo?

Satmari je jedan trenutak planirao da zauzme mesto za pisaćim stolom — beše to veliki kolonijalni sto, a na staklenoj ploči albumi, knjige, gomila rukopisa — a da posetioca smesti na stolicu nasuprot stola. To bi mu obezbedilo povoljnu poziciju, ali, s druge strane, moglo bi se okvalifikovati i kao znak negostoljubivosti. Nepouzdanim pokretom pokaza prema zgodnoj maloj garnituri.

— Ja sam Kovač — reče posetilac. — Da se legitimišem?

Satmari odmahnu glavom, zatim izvadi iz džepa cigarete „radnik".

— Zapadne cigarete štedite za drugu vrstu gostiju?

— Ma ne, ma ne, jedino nisam znao da i vi volite da pušite zapadne cigarete. — Iz fioke pisaćeg stola izvadi kutiju „stuyvesant". — Dobio sam ih od jednog Engleza, istoričara umetnosti, koji je bio kod nas na simpozijumu o slikaru Munkačiju.

— Znam.

U intimno osvetljenoj sobi zavlada tišina. Obojica su pušili, drug Kovač je skinuo naočare i brižljivo ih obrisao.

— Inače ja nisam od toga organa, nego od onoga — reče.

— Razumem.

— Šta razumete?

Tišina.

— Vidite, druže Satmari, za početak vam predlažem da vi ništa ne razumete. Inače ne bismo morali da vas degradiramo na nivo kandidata. Još biste uvek mogli da radite u ministarstvu. Samo što ste vi jedan običan modernista!

— Dozvolite da primetim da sam ja već izvršio samokritiku.

— Samokritika ne može biti kampanjska, stalno je treba praktikovati. To pogotovo važi za takve kao što ste

25

vi, druže Satmari. Recite mi, da li vas uopšte mogu oslovljavati sa druže?

— Kako da ne. Razume se.

— Kratko rečeno, ja sam član Komisije za evidenciju i kontrolu kadrova koja je pod nadzorom Centralne uprave. Rad ovog organa je tajan, i ako se izbrbljate, povredićete državnu tajnu i morate računati na određen postupak. Jednim širokim pokretom Satmari je odagnao od sebe svaku senku sumnje. Posetilac ponovo pogleda naokolo pa nezadovoljno odmahnu glavom.

— Zar ne biste upalili luster? Ili mislite da sam došao spreman kao da sam vaša verenica?

Soba je pod osvetljenjem delovala još otmenije. Njih dvojicu su okruživale knjige u staklenim ormanima i na policama. U vitrini, iza garniture, pehari i vaze. Luster od kristala više je bio umetnički predmet nego izvor svetlosti. Drug Kovač, mršav i visok, ostavljao je utisak izrazitog siromaštva dok je šetao ispred ormana s knjigama i još jednom odmeravao Satmarijeva sredstva za proizvodnju.

— A Pikasa ste sakrili, zar ne? — upita posle duge pauze. — I Đakometija i ostalo buržoasko đubre?

— Već sam ih odavno škartirao.

— Sigurno?

Satmari je maramicom brisao oznojeno lice.

— Sigurno? — upita ponovo drug Kovač.

— Nešto sam od njih zadržao kako bih ih u svojim delima mogao koristiti kao zastrašujuće primere.

— A gde su oni sada?

— Pozadi u ormanima.

Drug Kovač je dobovao prstima po stolu.

— I u podrumu, u sanducima — dodade Satmari.

— Sklanjate ispred nas tu prljavštinu, zar ne?

— Ma ne, naprotiv. Ja ih skrivam ispred svojih posetilaca, jer je među njima mnogo učenika. A svi oni još nisu naoružani protiv dekadencije.

— Ali vi ste naoružani, zar ne? Saznali smo da krišom uživate u tom škartu.

— Kleveta, druže Kovač.

— Vadite ih uveče kada mislite da ste sami.

Niz Satmarijeva leđa prostruja jeza. „Kako to kada mislim — pomisli — pa zar kada sam sâm ni onda nisam sam?"

— Dogodi se ponekad, veoma retko — priznade konačno — ali ne zbog uživanja, nego što treba da pišem protiv njih.

— Saznali smo da izrazito uživate.

Satmari je nemo odmahivao shvojom malenom glavom. Kovač tresnu pesnicom o sto.

— Pokazujete ih i svojoj verenici!

— Nije istina! — uzviknu Satmari. Užasnut je gledao svoga posetioca koji je opet brisao naočare.

— Dakle, lažem?

— Ma ne, samo eventualno vaši informatori...

— Naši informatori lažu? Napregnite svoju memoriju! Vi niste tip čoveka koji će zaboraviti da je pokazivao Matisa.

— Zaista kao da sam joj jednom pokazao jednu Matisovu mazariju, ali samo zato da bi...

— Dobro, dobro. Njoj pokazujte šta hoćete.

Drug Kovač se podrugljivo nasmeši, potom priđe pisaćem stolu i uze uramljenu fotografiju.

— Ona?

Satmari klimnu glavom.

— Veoma zgodna. Ima na njoj šta da se uhvati, zar ne?

Satmari zažmiri kao neko ko ne čuje dobro.

— Šta, ne hvatate je?

Tišina.

— Pa... muškarci smo.

— Da ili ne?

— Da.

— Dakle, hvatate je. A ovamo još niste venčani.

— Zar je zabranjeno?

— Ja postavljam pitanja. A za kada planirate venčanje?

— Dogodine bismo želeli, kada mi verenica položi državni ispit.

— Kažite mi, druže Satmari, pitam vas onako usput, kako je vaša verenica dospela na fakultet?

27

Satmari nervozno zagladi kosu načešljanu na ćelu. Glavu mu je ravnomerno, u jednom sloju pokrivala kosa, gotovo je bila zalepljena na vlažnu površinu.

— Šta je otac vaše verenice?

— Pokojnik.

— Slušajte, nemojte da se izmotavate! Šta je bio pre oslobođenja?

— Pa... ovaj... imao je malu tekstilnu fabriku.

— I za vas je to tek tako?

— Ali on je stradao. Završio je u gasnoj komori. I inače je u to vreme moja verenica bila devojčica.

— Krv nije voda — reče drug Kovač. — Nadam se da verujete narodnim poslovicama?

Satmari klimnu glavom. Tek posle duge pauze je proslovio.

— Da li biste popili nešto, druže Kovač? Imam malo ruma.

— A francuski konjak se stidite da iznesete?

— Nemam ga.

— No no.

Satmari načini očajan pokret.

— U redu, donesite rum.

Dok je Satmari u drugoj prostoriji stavljao rum i čašice na srebrni poslužavnik, koji je posle kratkog premišljanja zamenio poslužavnikom od alpake, posetilac je seo za pisaći sto i počeo da pabirči po rasutim rukopisima. Kad je domaćin ušao, pokazao mu je mesto s druge strane pisaćeg stola, i upitao i ne pogledavši ga:

— Vi ste onu kapitalističku gusku ubacili na fakultet koristeći se delokrugom ministarstva, zar ne?

— Maturirala je kao odlikaš.

— I drugi su maturirali kao odlikaši...

Satmari nali rum i jednu čašicu odgura pred posetioca koji ispi piće i tromo, kao da govori samo za sebe, završi misao.

— Naravno, nema svaka klasno tuđa devica koja odlično maturira ovakve prvoklasne sise.

Satmari licnu piće i poče da razbija glavu kakve li je to papire ostavio na stolu. Sreća je što upravo piše studiju o sovjetskoj izložbi.

Drug Kovač odgurnu u stranu hartije, neke popadaše na pod. — Šta vi sve ne drljate — mrmljao je nezado-voljno — „htenje sveta", „subjektivni totalitet", „privid suštine" — slušajte, Satmari, ovako zavrnuto piše onaj koji hoće da prikrije svoje misli. Vas srce vuče Pikasu i drugim nadrimajstorima, o njima i možete pisati ovako, jer su i oni sami izvitopereni, ali *Pismo s fronta* sa svojim vedrim tonovima, Satmari, nije totalitet ni đavolje seme, nego majstorski izraz narodnog osećanja, pravi pravcati socijalistički realizam.

Satmari zadrhta. „E, Deže. više nisi ni drug, sada će se ponovo oglasiti zvono i uslediće drugi čin." Osećaj ne-pravičnosti ščepa ga za grlo, ovakav postupak odista nije zaslužio. „Batinati me valjda neće — pomisli — bar ne odmah."

— Šta ste zanemeli? — upita drug Kovač. — Što ble-nete u mene? Bolje naspite ruma. Ovo ovde se može iz-meniti, zar ne?

— Ma ne treba — reče brzo Satmari — ta to su tek beleške. Ostatak buržoaske navike, samo ovako mogu da. fiksiram svoje misli. Ali studiju ću napisati narodnim jezikom.

— Tako valja. I ja mislim da se ovo može ispraviti. Ovo može.

Satmari odluči da ga ne zapita šta se ne može ispra-viti. Posmatra svoj zaobljeni stomačić i očekuje novi uda-rac satare. Udarac, međutim, kasni i Satmari uznemireno primećuje zavijanje u stomaku. Beše siguran da neće sme-ti da ode do vecea, ali je znao, po predznacima, da će usle-diti nemilosrdan proliv. Zbog toga je odustao od svojih taktičkih zamisli i pokušao da ubrza razgovor.

— A šta je to, druže Kovač, molim vas, što se ne može ispraviti?

— To vaše vereništvo nama se veoma ne dopada. Veoma će vam mnogo naškoditi u svakom pogledu. Neće-mo da se mešamo u vaše stvari, Satmari, ali šta će vam ta; Gabika?

— Ja volim svoju verenicu — reče debeljko zagladiv-ši kosu — a tokom godina sam je i prevaspitao, časnu reč. Postala je skroz-naskroz borbena komunistkinja, veoma. razvijena...

29

— Da je razvijena, vidim — drug Kovač pogleda fotografiju — veoma razvijena. Ali da je ova kapitalistička krava komunista...
— Teorijski to je moguće, i da navedem opštepoznati primer, i sam Engels je...
Drug Kovač tresnu pesnicom o sto.
— Nečuveno! — viknu. — S Engelsom smete da upoređujete ovu buržoasku muzaru! Smesta zamolite Engelsa sa oproštaj, dok ne izgubim strpljenje!
Satmari se borio s prvim naletom proliva. S prenapetom dijafragmom, poluglasno je mucao:
— Molim oproštenje za pomen Engelsa.
— U redu. Dakle, vi hoćete da se oženite tom devojkom?
— Hteo bih.
— Imate li odnose?
Satmari ćuti. Oseća da bi ovo pitanje trebalo odbiti, a ovamo proliv ga muči.
— Moram li na to odgovoriti?
— Nije neophodno. Vi možete da sakrijete pred partijom ono što hoćete.
— Ali ovo nije političko pitanje.
— Nije? Nije političko pitanje s kime se jedan kandidat, negdašnji državni funkcioner i partijac valjuška po postelji? Šta nama garantuje da joj ne brbljate o državnim tajnama?
— Ništa joj ja ne izbrbljam.
— Ali već ste se uselili u damicu, zar ne?
Satmari ćuti.
— Kada prvi put?
— Pre više od tri godine.
— Dakle kada ste je prošvercovali na fakultet. Time vam je platila.
Satmarija spopade grč koji je bio jači od svih ranijih. Uhvati se za stomak, lice mu se iskrivi.
— Nije vam dobro?
— Moram da izađem — prostenja Satmari, ali malo posle vakta.
— Pa što ne izađete onda? Kod svoje ste kuće, zar ne? I promenite veš, imamo vremena.

Kada se Satmari ponovo vratio u sobu, Kovač je opet sedeo u fotelji, razgledao je album s fotografijama. Na fotografijama Satmari i Gabi na Balatonu. Gabi pliva. Gabi se sunča. Na Satmarijevim kosmatim grudima blista voda, Satmari izlazi iz vode a u naručju nosi Gabi. Drug Kovač gleda sliku po sliku i u međuvremenu postavlja brza pitanja.

— Dakle, više od tri godine?
— Da.
— Koliko puta nedeljno?
— Menja se.
— Ipak?
— Prosečno dvaput, triput.
— A prigodom koliko puta?
— Kako to prigodom?
— Ne morate da odgovorite.
— Jedan i po puta. Odnosno bivalo je i jednom, ali i dva puta...
— Više nije išlo?
— Samo s vremena na vreme. Oboje smo veoma opterećeni poslom.
— A radite li i otpozadi?
— Pa... dešava se.
— Uživa li vaša verenica?
— Pa...
— Tiho ili glasno?
— I tako i tako.
— Situacija teža nego što sam mislio.

Satmariju ovaj put grč sevnu u glavu.
— Ali zašto? Zašto?
Drug Kovač se zavali.
— Izađite mirno još jednom. Obavite to komotno.
— A ako bih prekinuo s njom? Učiniću to ako partija želi. Samo mi je potrebno malo vremena da to izvedem.
— Vremena više nemate — reče posetilac. — Nekad beše, nema više, poštovani Satmari.

Ostavši sam, debeljko se sručio u fotelju, sedeo je i sedeo, kao da je izvan vremena. U ponoć je zazvonio telefon, užas se vratio u jednom trenu. Posegao je za slušalicom, ali ju je podigao tek posle trećeg zvona.
— Ovde Kovač. Da li ste isprali gaće?

— Još nisam.

— Smesta to uradite. A sada predajem telefon ruko-
vodiocu poduhvata.

Satmari začu najpre šapat, zatim kašljanje, pa nera-
zumljiv govor.

— Ovde sam — vikao je — da, ja sam, Deže Satmari,
slušam vaša naređenja.

— Stoko jedna! — odjeknu jasno, razumljivo.

— To sam ja, Deže Satmari.

— Pa zar mi ne prepoznaješ glas, đubre jedno? Ovde
Fizi, Ivan Fizi, tvoj drug iz detinjstva. A Kovač je, ako
hoćeš da znaš, Janoš Fekete, slikar čiju si izložbu preklani
lično zabranio pod optužbom da je modernistička. Na tebi
sam ućario flašu ruma, vole jedan. A kada bismo ispričali
Gabiki kakva si balega?

U telo Dežea Satmarija se povrati život. „Samo šala!
— pomisli ushićeno — samo neukusna šala!" Tresnu slu-
šalicu i isključi telefon. Život je opet izgledao jednosta-
van. Ovi mangupi jedino su sposobni za cinično kreveljе-
nje, a on će, pak, da radi, i, jeste, oženiće se Gabikom,
jer bez nje ne može da živi. Satmariju se pričini da je pred
njim zaobljena figura devojke, obuze ga tiha žudnja, i
tako obučen zaspa u fotelji.

PORUKA ŽIVIMA

Morao sam mu se nasmejati kada sam otvorio vrata. Ranije sam ga video samo u robijaškom odelu, nosio ga je s ukrućenim dostojanstvom. Pre nego što je dopao zatvora u vreme dok je još bio oficir, ušlo mu je u krv kako treba nositi državnu uniformu. Gotovo je bio neugodno čist čak i za vreme pražnjenja kibli, košulja mu je bila zaslepljujuće bela, a na njegovom telu elegantno se zatezala letnja odeća na štrafte ili zimsko sukno. Među prvima je mogao da bira iz zaliha, jer je bio dodeljen da radi u magazinu. A sada, pak, na njemu je otrcan sivi mantil, iznošena košulja na kockice, tamnoplava kravata, deformisane cipele. Avgustovska vrućina dobro mu je nakvasila lice. Već u predsoblju je počeo da govori.

— Nemoj da se ljutiš što sam ti banuo, radim tu na pošti, odeljenje za pakete, nedavno sam s jedne pošiljke prepisao tvoju adresu, navratih da mi pomogneš, molim te.

— Kakva te to nevolja muči?

— Nevolje su mnoge, o većini i ne vredi govoriti. Na primer, umreću. Ne preostaje mi još ni pola godine. Videćeš, neću doživeti ni hiljadu devetsko šezdeset treću.

Seo je, naglo ustao, počeo da šeta gore-dole po sobi. Doneo sam mu limunadu s ledom. Mahinalno ju je iskapio, a ja sam posmatrao kako mu za tren oka kapljice znoja izbijaju na porama.

— Umreću, tu mi ne možeš pomoći. I kako će glupa biti moja smrt. Istruleću, stari moj. A zašto? Jer sam pogrickao jednu travku. Na njoj je bila nekakva gljiva, uvukla se u limfne žlezde ili već ne znam gde, krv mi se raspada. Ubiće me travka. Nema veze.

Nogom je oborio stolicu, zatim ju je podigao i seo na nju. Sedeo je nasred sobe, usamljen, jedak. A ja nisam znao da li da mu verujem. Možda je samo žrtva glupe šale; ili hipohondar; ili želi mene da prede. Beše tako debeo, tako energičan. Oprezno sam ga slušao. Odjednom tek glava mu klonu i bez ikakvog prelaza poče ujednačeno da diše u snu. Pridem svom pisaćem stolu i nastavim da radim. Posle pola sata on se s nemirom rasani i nastavi po sobi zadihanu šetnju.

— Prekinuo si kod travke.

— Travke? — upita. — Ma pusti. Nemoj da se praviš kao da te zanima. Imam devedeset dva kilograma, a ovamo će me uništiti neka travčica. I ja bih se cerekao da sam na tvom mestu.

Ponovo sede na usamljenu stolicu, okrete se prema meni i obrati mi se naredbodavnim tonom: — Pitaj!

— Zar se osećaš kao da si na saslušanju?

Moj posetilac poče da se cereka. Glavu položi između dva mesnata dlana i nekoliko minuta je hripao, tresao se, štucao, već sam se pobojao da će se preobraziti u kapljice i načiniti baricu nasred sobe.

— Saslušanje — graktao je — sjajno, stari moj, saslušanje.

Zatim se neočekivano smiri i nastavi da bulji u mene.

— Da li si video olizanu šerpu? Čašu od jogurta koja je do poslednje zerice ogrebana? E, ja sam takav.

Pride zidu, nasloni se nosem, a ruke prekrštene na ledima. Čekam da se okrene.

— Šta da te pitam?

— Za ženu.

— Već si se oženio. Čestitam.

Priskoči stolu, dograbi čašu od limunade kao da hoće da je zavitla na mene. Zatim je tresnu o sto, dno čaše se odvoji, iz dlana poče da kaplje krv. Zbunjeno sam posmatrao kako kaplje na pod.

— Da donesem maramicu?

— Žao ti poda, a? Ili te boli što će isteći moja loša krv zaražena gljivom?

Moj gost brižljivo previ svoju ruku, a u međuvremenu mi bezbojnim glasom saopšti da je svojevremeno zakopao državni pištolj sa šest šaržera, u malenoj kutiji s mnogo masti. Otuda može na meni da izbuši trideset rupica,

34

preciznije dvadeset devet, jer će poslednji metak sačuvati za sebe. Zatim je previjenu ruku zavukao u džep sakoa, dopadljivim pokretom poznatim iz filmova. Najviše može izgubiti godinu dana života, reče, a ja, kako izgledam savršeno zdrav, trideset ili četrdeset godina. Počeo sam da naslućujem šta ga je dovelo. Za sedatįve, za čist veš i naročito za prokrijumčarene olovke svojevremeno sam pisao ljubavne pesme njegovoj verenici, studentkinji medicine.

— Zašto ono hoćeš da me smakneš? Opet poče da juri gore-dole po sobi. — Ništa ne shvataš — prodera se — užasno sporo kopčaš. Otvori taj prozor! — Otvoren je — odgovorih. Nasred sobe se ukoči u stavu mirno. — Sigurno ću poludeti — prošapta. — To je od gljiva. Napale su mi i mozak.

Verenicu je osvojio još dok je bio kapetan; između oficira i lekarke nema društvene razlike. U zatvoru, međutim, počelo ga je mučiti šta će biti kad nestane čar uniforme, udobnost službenog stana, one privilegije koje su mogle da nadoknade intelektualnu nadmoć devojke? Šta da radi pored mlade lekarke bez zanata i bez stana? I pesme sam mu zato pisao da bi popravio svoj neravnopravan položaj.

— U čemu ti mogu pomoći? Pritrča mi i zgrabi me za ruku. — Znao sam da me nećeš razočarati — poče da brblja — znao sam, znao. Shvati, reč je o pola godine, samo bednih pola godine. Mogu da ti donesem i lekarsko uverenje.

Ja sam ćutao. On kleknu pred mene i sklopi ruke.

— Piši nove pesme mojoj ženi. Učini mi to, molim te, za tebe to nije ništa.

— Donesi tu stolicu i sedi! Dahćući je seo na stolicu, dahćući je pričao svoju priču. Verenica je svima čitala moje pesme — užasno je bila ponosna. „Moj Jožef — govorila je — nije književnik, pa ipak tako lepo izražava svoja osećanja." A on bi se baškario u pojedinim stanovima i primao čestitanja. Svi su hteli da saznaju gde je to naučio da rimuje i otkuda uzima pesničke slike i izraze — tada bi se skromno i samosvesno smeškao. Ovakvi uspesi nisu bili nevažni u odluci njegove verenice što je požurivala svadbu čim je dobila posao lekara u bolnici, dok je on bio i ostao pomoćni radnik. Prve bračne noći morao je da sedne na ivicu postelje i da pročita pesme, tek posle toga je mogao leći pored svoje žene. Kasnije je zapazio da ako žena teško dolazi do užitka, treba samo da joj šapne na uvo jedan stih, „Od pedlja topli osmeh Margite" ili „Grudi njene ko dve zverke male", i onda bi sve išlo kao podmazano; U poslednje vreme, međutim, sumnja nagriza njihovu vezu. Ne sumnja žena u autorstvo, ma ne, takav hohštapleraj žena i ne pretpostavlja. Čak i on sam ne bi bio u stanju da je uveri kako je neko drugi autor. Ali što je zamukla njegova muza? Žena još ponekada pročita pesme društvu, ali tada obično doda: „Ovo je moj muž pisao još onda kada nismo živeli zajedno." Ili: „Onda me je muž još voleo, istina tek smo bili vereni."

Zaćutao je, njegove ribolike oči su buljile u mene.

— Što ne prepišeš koju pesmu iz antologije ljubavne lirike?

— Jer prepoznaje naš stil. Ima tanan sluh za liriku.

Opet je ruku zavukao u džep. Malo se zavalio na stolici i merkao me ispod oka.

— Izvuci ruku iz džepa — rekoh posle duge pauze — nema tamo nikakvog pištolja.

On se samo smeška zagonetno.

— Možda još negde imaš zakopan pištolj, u masti. Ali tvoj džep, pre nego što si u njega zavukao ruku, bio je ravan kao Panonska nizija.

Oklevajući izvuče desnicu.

— Jutros mi je žena rekla, kad me ispraćala na posao, dok ne bude nova pesma, neće biti ni ljubavi.

— A šta ako ne umreš posle pola godine? — pitam.

— Umesto tebe da do kraja života klepam ljubavne drndelajke, kao neki Sirano II?

— Obećavam ti da ću umreti.

— A čime ćeš mi platiti? Trenutno, naime, nemam potrebe za čistim rubljem, niti za olovkama.

Posetilac ustade, olabavi kravatu, čak je malko i umaza krvlju previjene ruke, pa svečano izjavi:

— Znao sam da to ne radiš besplatno. Došao sam s gotovim predlogom. Za pesmu ću ti platiti dobrom temom. Ti si pisac, dakle, ne znaš šta se zbiva s ljudima. A ja opet patim od detinjstva. Video sam više mrtvaca nego ti knjiga. Već kao dečak za vreme opsade Pešte, zatim u vojsci na strelištu kada... a kasnije pogotovu. Slušaj. Imam prvorazrednu temu. Ispričaću ti je za jednu pesmu. Zatim me tri meseca nećeš videti.

— Da ćujem.

— Pre nego što sam stigao do vas, u levi krak, obavljao sam poslove kod osuđenika na smrt. Tamo sam doživeo mnoge stvari, mnogo sam mozgao. Na primer, čuo sam užasno mnogo poslednjih poruka. to je gotovo bila obaveza. Momci su, kada su već odlazili hodnikom, izvikivali svoja imena i raznolika ohrabrenja za preostale, imali su vremena da smisle poruke. Bez obzira na to voleo sam svoj posao, jer je hrana za nas domaće bila veoma dobra, a i skupljalo se mnogo zanimljivog sveta. Beše tamo i nekoliko žena, uglavnom kurvi koje su bile umešane u ubistva i oružane ucene. Najčuvenija među njima beše Mancika Gitara, s Rakocijevog trga, koja je učestvovala u smaknuću nekoliko budžovana. Naravno, osuđena je na smrt, a potom je mesecima ostala u samici. Korišćena je kao svedok, jer je potvrđivala sve što je od nje traženo. Ne zato što se nadala pomilovanju, nego jednostavno nije mogla da kaže ne. To je bila njena priroda koja je proizlazila iz vrste zanata. E — i evo teme koja traži pisca — čujemo mi da sutradan vode i Manciku. Uveče pre zaključavanja čujem neki šum iz njene samice. Prikradem se — u hodniku upravo nema stražara — pomerim poklopac špijunke, kad na prični leži Mancika, do pojasa gola, podignute noge drži rukama razmaknute i šapće: „Pogledaj, momče, poslednji put je pogledaj!" — Beše to poslednja poruka Mancike Gitare živima.

Moj posetilac se beše zaneo svojim sećanjem. Levo oko je zatvorio a desnim zažmurio kao da proviruje kroz špijunku. Cmoknuo je jezikom, zacerekao se, zatim se stresao i okrenuo prema meni.

— Kada mi je ovo danas palo na pamet, veoma sam se rastužio, jer ja neću znati ništa da poručim živima, kada dođe onaj čas.

37

Zatim je, više za sebe, dodao: — Možda zbog toga što nemam svoj zanat. Odmahnu rukom, naže se preko stola i upilji u mene.

— No, šta veliš?

— Nisi ti bolestan — odgovorih. — A pesmu ti neću napisati, jer tvoja priča nije za objavljivanje.

On ustade i odgega se. Od tada je minulo šesnaest godina; više ga nisam video, niti sam čuo za njega. Ne znam da li je živ, ni da li ga je žena napustila, ali mu dugujem jednu pesmu zbog teme koja me od tada progoni.

U LUDNICI

1.

Priču započinjem pismom koje mi je iz Pariza prispelo ovde, u ludnicu. Piše mi ga negdanja moja ljubav, T., koja se pre godinu dana nije vratila iz Francuske kako se, prema mojoj pretpostavci, ne bismo uzeli:

„Iz različitih izvora čujem, a sada sam već i čitala u malim vestima da si počinio neko tajanstveno krivično delo, zatim si se prijavio državnom tužiocu, pa su te konačno zatvorili u žutu kuću, ne treba ni da ti govorim koliko sam se potresla, ti si najnormalniji čovek koga sam ja srela u životu (možda je ta tvoja preterana normalnost abnormalna), nadam se da nisi zbog mene počinio neku budalaštinu, umiri me što pre ako možeš, jer suvišna težina ove misli mučno opterećuje moju i inače labilnu ravnotežu. Ali da li mi odatle možeš pisati? I da li ćeš ovo pismo dobiti? Sebično se i jako bojim za tebe. Moj psiholog, gospođa Štajn tako je odmahivala svojom finom glavicom da joj se gotovo odlomila s vrata kada sam joj sopštila nepouzdane vesti, tvrdi da grižom savesti hoću da platim svoju slobodu koja se krije u disidentstvu (odnosno da s³¹ izabrala slobodu od tebe), a ti sada, osetivši to, svojim šalama pothranjuješ moje opasne težnje. Ako je tako, molim te, ne čini to. I inače uveče ležem s dvostrukom nadom: a) da ću uspeti da zaspim, b) da se više neću probuditi. Ne treba ni da kažem da mi već i prva nada bude osujećena, katkada ludim od nesanice.

Naravno, ne mogu odagnati ni pretpostavku da ti zbog mene imaš grižu savesti, zbog toga što sam emigrirala, preciznije zato što nisi umeo dovoljno brzo i nemilosrdno da raskineš sa svojom ženom, da napustiš decu, dalje nisi mogao da se odvikneš od poligamije, koja izvire iz tvoje ličnosti, a koju pothranjuje i patnja zatvorskih godina, dok sam ja, kao posledica toga, bila prisiljena, nasuprot svojim boljim željama, da ostanem bez domovine, sa slomom živaca, upućena na psihologa, na savršeno beznadežnu, suludu ljubav, koja me je tako spopala dan pre planiranog povratka kući, kao neki srčani napad ili proliv, samo zato, sada već znam, da bi bilo neutralisano privlačenje kojim me mamiš kući. Mislim da se maješ oko ovakvih pitanja, šta da se poriče, s izvesnim pravom, a samooptužba te može srozati u raznolike dodatne radnje, u iskupljenje sveta i klovneraj, što je u naše doba isto, zato svečano izjavljujem da nisam ostala ovde u prvom redu zbog tvojih grehova, s njima bih se izmirila (što je, naravno, bruka), nego što želim biti slikarka, želim da putujem kada se meni sviđa, neka preda mnom budu otvoreni širom svi muzeji i galerije sveta, hoću da eksperimentišem bez kastinske pripadnosti i bez svesti o getu, hoću da sednem na trotoar ako mi se ćefne, a evo i ove neočekivane stipendije, ne iskoristiti je bilo bi suludo, ne zbog novca, već zato što sada dve godine mogu da činim šta me je volja, a onda, tu je i moja ljubav prema Parizu, on ne leže s namernikom, mora se stanovati u njemu da bi se podao. I sada moram da priznam ono najteže, dragi, ispitala sam svoju savest šta bi učinila ako bi mi rekli da ti možeš izaći iz te šaljive kuće ako se ja vratim, moram reći, čak i ako bih izludela zbog tvoje sudbine, ni onda se ne bih vratila, jer bih ti se osvetila zbog takve žrtve, kao što bi se i ti svetio što bi zbog mene napustio porodicu, cilj moga pisma je, dakle, samo da ne podstičeš moju samooptužbu, a ni svoju, i ne iščekuj od mene više pomoći nego što može pružiti iz daljine savršeno beskorisna ljubav, a sada poljubi negovateljicu umesto mene (ako je dovoljno lepa), opraštam se, kasna je noć, uzela sam već uobičajeno sredstvo za uspavljivanje i viski, duplu dozu od oboga, moli se za mene kako bih mogla zaspati."

2.

U Institut sam bio doveden mesec dana pre prijema gornjeg pisma. Uvedoše me u lekarsku sobu, kada sam ušao, psihijatar je ustao iza pisaćeg stola i pružio mi ruku.

— Zašto ste ovde? — upita, ponovo sede i poče da lista moje propratne hartije. Obrisa veliko, oznojeno čelo, potom se zagleda u vlažan dlan.

— Jer sam doveden — odgovorih. Psihijatar zavrte glavom. — Dobrovoljno me ne biste posetili? — upita. — Zar ne mislite da je to za mene uvredljivo? Prijateljski mi se smeška, u meni se javi tupa neprilika: ovaj tip kao da podseća na mene.

— A zašto ste dovedeni? — upita posle duge pauze.

Pogledam kroz prozor iznad njegove glave. Vidim jesenje drveće, opalo lišće disciplinovano čeka vetar na ivici pometenih staza, vetar koji bi mu udahnuo život. Trava se klonulo sunča pod popodnevnim kosim osvetljenjem.

— Iz hartija se vidi zašto sam doveden. Ne bih da vas gnjavim podacima koji vam stoje na raspolaganju.

Psihijatar ustade, priđe prozoru. I on je posmatrao park i ćutao. Jednom stazom je koračala riđokosa žena u belom mantilu: posmatrali smo je pomno zagledani, psihijatar kod prozora, ja tri koraka iza njega, naslonjen na sto.

— Koja zajednička svojstva zapažate između žene i drveta ispod kojeg ona prolazi?

— Ni jedno nije moje.

— Molim vas, hoću pozitivno određenje.

— Oboje su živi. Za sada.

Psihijatar se okrete i oštro me odmeri. — Dr Hauman. Neće nam biti lako, i jednome i drugome. Hoćete li odgovoriti na nekoliko pitanja?

Skide sako. Leva ruka mu tanja i malo spuštenija.

— Odgovoriću ako mogu — kažem. — Samo me, molim vas, nemojte ispitivati šta je razlika između merdevina i stepeništa. To je omiljeni šlager stručnjaka za mozak u ćuzi, dosadno pitanje.

— Znači kažnjenik.

— Znate to.

— Opšte obrazovanje?

— Nalazi se u spisima.

— Vi ste pisac, zar ne? Na žalost, ne znam vaše ime. Mi lekari, ne stižemo da čitamo, sem stručnu literaturu. I *Sport*, ako je sve u redu. Šta gledate?

— I ja se znojim. Ali ovoliko...

Dr Hauman izvuče iz džepa ogromnu maramicu i poče da se briše.

Ja sam u međuvremenu posmatrao pisaći sto, tačnije blistavu fotografiju na sredini, koja je prikazivala bolno lepo lice žene raspuštene kose.

— Umirite me: niste veoma čuveni, zar ne?

— Pa i nisam previše.

— Onda je u redu. Ne moram se stideti. Šta gledate?

— Riđokosa dama se vraća. Rado bih joj pomogao da skine mantil, jer je očito da je i njoj toplo.

— Pomoći ćete joj drugi put. Za sve će biti vremena. Ime joj je Virag, studira psihologiju na večernjem kursu, kod mene je na praksi. Muž joj je moj kolega, genijalan, ali lud. Izuzetno loš brak, kapu dole. Ova žena...

Prekide rečenicu, ispitivački me odmeri: — Ne treba da odete do klozeta?

— Javiću se već.

— Vi me sada sumnjičite da sam zbog toga ovako raspričan da bih stekao vaše poverenje. E, ova sumnja je potpuno osnovana. Stručno gledište mi sugerira da načinim nekoliko koraka prema vama. Treba da vas mamim na mogućnost intelektualnog partnerstva. Treba da poverujete da niste mnogo pametniji od mene. Čini mi se da to nije lak posao, ali imamo vremena.

— Koliko?

Dr Hauman se nasmeši. I ja se oraspoložih.

— Ne verujem, naime, da imate pravo da me neograničeno zadržite, ali se ja izričito radujem ako bih dugo mogao ovde da ostanem. Najpre zbog razloga lične prirode. Drugo, jer sam već odavno želeo da opišem jednu ovakvu ustanovu. Treće, jer će tako moj slučaj, pre ili kasnije, dobiti potrebnu javnost.

— Kakav slučaj?

— Pa znate.

Dr Hauman poče da vrti glavom. — Bojim se da hoćete da me nasamarite.

U tom trenutku zajauka telefon, dr Hauman ga je gledao s gađenjem, kao nekog smrvljenog pacova. Posle duge pauze uze slušalicu. Nekoliko trenutaka potom zaurla:

— Šta mislite vi, ko sam ja? Ako vam treba brz rezultat, pošaljite ga u salu za seciranje! Tamo se brzo radi!

Potom odmače daleko od uva slušalicu iz koje je kuljao glas.

3.

Prepisujem ovde nekoliko svojih dnevničkih zapisa iz prve sedmice boravka u Institutu:

„Revnosno sam podvrgnut pregledima — zubi, stomak, krvna slika, stolica, mokraća, nazdravlje im bilo. Skrozirali su me od glave do pete. Ispitivanje refleksa. Čestitaju mi uz odmahivanje glave, ne dopada im se moje zdravlje. I u zatvoru su se zbog toga gnušali od mene, čak i tamnički drugovi. U društvima s hijerarhijom zdravlje onih koji zauzimaju niže stepene izgleda kao nepravedna prednost. Otkud meni pravo da bolje varim nego moj narednik, moj lekar ili sekretar Saveza književnika? A uz to danas je zdravlje i intelektualno sumnjivo: bez sifilisa, šizofrenije ili bar nekog izdašnog mehanizma strepnje gotovo je nepristojno baviti se umetnošću.“

„Soba poput ćelije. Ni pacijenata, ni psihologa. Na moju molbu danas mi je donet radio i televizor. Novine i knjige dobijam već od prvog dana. Osećam se kao negdanji državni zarobljenici. ,Pa zar niste?' — pita me mladi očni lekar kome saopštavam svoj utisak, zatim mi namigne i šaljivo stavlja prst na usta.“

„Budući da bilo kada mogu da ščepaju ove beleške, moram biti oprezan. Zaslužujem da ni sada ne izdam sebe — kada je od mene to očekivano u srećnim časovima, podsmešljiva polovina moga bića izdvajala se od mene, uzletala iznad mene i u pozi Marsijanca se snebivala nad mangupom — nada mnom — koji je u znoju lica svojega pokušavao da bude srećan u najobičnijem smislu reči dostojnom najveće zavisti. Bogme, sa strane sam posmatrao sebe, samopredavanje beše ponovno samopreuzimanje, po meni i T. je od toga mnogo propatila. Kakva bezbrižna situacija što ne treba da se trudim, jer me spolja posmatraju. Rasterećuju me od mene samoga.“

„Da li bi usledio moj potez i da me T. nije napustila? Sreća — vrhovni cilj naših instinkata — zatupljuje, zaglupljuje, podstiče na kompromise. Vladajuće klase koje

43

su svesne svojih interesa onim nižim nude sledeću pogodbu: „Ja tebi sreću, ti meni vlast.' Mora veoma glup biti onaj koji odbacuje ovakvu pogodbu. Ili veoma pametan. Jer tek mnogo posle sklopljenog sporazuma se ispostavlja da smo, odričući se vlasti, ispustili iz svojih ruku i vlast nad samim sobom. Centralne kontrole oslobođena su tek mala privatna područja, ograđena metafizičkom tarabom, pod osvetljenjem zvezda pripremljenih za ovu svrhu."

„T. je jednom primetila da sam se umešao u politiku na religioznoj osnovi: privio sam se uz nju kao vernik uz Boga. Potom je dodala da sam, naravno, blasfemni vernik, razočarano ogovaram ono u šta sam stavio svoj život. Nisam raspravljao o tome·sa njom, čak mi se dopalo poređenje. Sada, međutim, iz daljine i sa sigurnog mesta, ipak te pitam, draga T., ako mi je politika toliko sve i svja, zašto nisam otišao u političare? Jer je područje političara svet postojećih alternativa, a mene to ne zadovoljava. „Moja alternativa nije od ovoga sveta' — mogao bih reći pobožno da bi odgovaralo tvom poređenju, ali čak ni to nije istina. Priznajem, čak i nemam realne alternative, očajan sam — ali, naravno, na svoj optimistički način, inače se ne bih pridržavao tako beznadežnih šala kao i sada. Da li sam ja prvi očajni optimista na svetu? Ili sam prosto šeprtljavi moralista koji se u nedostatku metafizičkih obaveza za iskupljenje okreće prema politici, ali politika nije moralna praksa, nego zastupništvo interesa, videći moju ljubav, okreće mi leđa ili mi daje znak da uđem. Pa ipak..."

„ 'Pa ipak...' — to je najmađarskija ili najistočnoevropskiju poslednja reč. Ispunjava me gnušanjem pa ipak — *pa ipak!* — i ushićenjem."

4.

Kada sam drugi put zauzeo mesto s druge strane pisaćeg stola dr Haumana, na jednom uglu stola stajao je stubić knjiga koje sam ja napisao. Iz knjiga su virili papirići kao znak da sam bio predmet dubokih analiza. Fotografija lepe žene, pak, beše nestala, tek kasnije sam je primetio, bila je zaklonjena u polici. „Spuštena na pola koplja" — pomislim. Psihijatar pokaza palcem prema mojim delima.

— Kao što vidite, sjajno sam ispunio svoje vreme.

— I ja. Čak i bolje, jer ja sam čitao Kafku.

— Ne izigravajte skromnost, ne stoji vam dobro.

Otvori jednu knjigu i odmah poče da čita:

— „Protiv staračkih bolesti najbolje sredstvo uopšte je život bez uživanja. Duga eksperimentisanja potvrđuju da čovek može duže da se sačuva ako nema nikakve radosti." — Zavaljuje se u stolici. Veoma dobro — kaže s uživanjem — život nije vrednost sam po sebi, nismo teolozi. — Poče da trlja ruke. — Raširiću to među kolegama, popucaće. — Sklopi knjigu i odmeri me. — Nego slušajte, vi ste u zastrašujuće dobrom stanju. Dugo ćete se očuvati, dopalo vam se to ili ne. — Podiže dosje s rezultatima ispitivanja. — Neverovatno — reče. — Zar vas nije stid kao čoveka od duha?

— Da li me to pitate kao psihijatar ili eventuaino kao...

Dr Haumanu se namršti čelo.

— Kao bogalj. Zašto ste stali?

Dr Hauman je suvo izložio da ga u studentskim danima dečja paraliza nije načinila bogaljem, sada bi mi eventualno mogao preturati po stomaku, a ne po duši, jer se bio opredelio za hirurga. Kljastost ga je dovela u položaj koji mu čini čast što je moj duhovni partner, moglo bi se reći saradnik u stvari od opšteg značaja.

Ne reagujem. On se zavali u stolicu i blago upita:

— No? Hoćemo li?

Zbunjeno širim obe ruke. Zapravo šta hoće? Svoje delo i motive već sam priznao u pismu koje sam uputio državnom tužiocu, čiji prepis očito blista među hartijama u mom dosjeu.

Dr Hauman mirno pali cigaretu. Dugo razmišlja, očito ne želi da me povredi. Zatim objašnjava da svaki neurotičar može imati predstavu o nasilju, a mnogi potuljeni bolesnici brkaju svoje fantazije sa stvarnošću; ali kad je neko toliko bez ikakve neuroze, a ipak upadne u ovakvu nemoguću situaciju, onda se njegov upadljivi slučaj društvene devijacije već dodiruje s patologijom. Granice su i ovde labilne, isto kao i na području seksa između normalnosti i

45

perverzije. Prosečan čovek smatra perverznim ono što on ne čini, čak i ako žudi za tim. Devijantnim, pak, smatra onoga koji se manje od njega prilagođava realnim moćima života.

Psihijatar otresa u pepeljaru valjčić pepela koji se u međuvremenu obrazovao između njegovih prstiju, ali kako ja ne odgovaram, nastavlja svoje izlaganje. Ovakve predrasude nauka danas više ne deli s malograđanima. Takozvana perverzija i devijacija su većinom sposobnost samoiživljavanja raznostrane ukupnosti ličnosti. Pretvara se u bolest samo onda ako se izvrgne u isključivost. Na primer, ako se ljubavna sposobnost ostvaruje samo izbegavanjem smeštanja jednog polnog organa u drugi, ili u slučaju devijacije ako se pokaže kao isključiv duševni pritisak način delovanja koji odudara od društvenih normi. Kao primer za to naveo je imaginarnog pripadnika Crvenih brigada. Dok krade ministre ili diže u vazduh mostove, još nije bezuslovno bolesna osoba; ali čim ovakvi postupci izostanu i osobu ispune prazninom i nezadovoljstvom, pouzdano možemo govoriti o patologiji.

Trijumfalno me pogleda, položaj tela u iščekivanju, ali ja se ne osećam kao zec koji bi trebalo da iskoči iz žbuna. Ponudi me cigaretom, ja odmahnem glavom.

— Čemu se smešite? — upita.

— Stara uspomena. Istražni oficir me je svojevremeno mitio da ću moći zapaliti ako potpišem zapisnik. „Ma koliko bih rado zapalio — rekao sam — ono što nije istina, neću potpisati." Naravno, ni onda nisam bio pušač, samo mi je došlo kao naručeno što me time ucenjuje.

— A čime bih vas ja mogao ucenjivati?

— Obećajte mi da ćete mi srediti privatni život.

— Voleli biste da govorite o svom privatnom životu? Već drugi put na njega ciljate.

— Samo posle vas, gospodine.

Dr Hauman ustaje, prilazi prozoru i pogleda u park. Maljave podlaktice različite debljine, kriva, široka ramena, povijena glava — beše u njemu nešto dostojno sažaljenja. Odgovori i ne osvrnuvši se:

— Još ću vas uhvatiti za reč.

5.

Jednog lepog popodneva doleluja kod mene u sobu riđokosa. Ovaj put ne beše u belom mantilu, nego u bordo haljini s popriličnim dekolteom. „Ja sam gospođa Verthajm" — reče i sede za moj pisaći sto, pokazujući mi mesto s druge strane stola. Tada sam već stanovao u jednoj lekarskoj sobi kako bih mogao mirno raditi ako mi se prohte. Divan, pisaći sto, polica za knjige, radio, televizor — čak sam dopremio i nešto svojih knjiga — Frojda, Dostojevskog, malo literature o Čaplinu, pa onda pesme, mnogo pesama.
— Kako se osećate, Ištvane?
— Ne mogu da vam odgovorim dok mi ne kažete kako da vas oslovljavam, gospođo?
— Kažite mi Virag.
— Dobro se osećam, Virag.
— Imate sve? Mislim: ono što je moguće?
Saopšti mi: radićemo testove, testove Sondija i Roršaha, kako bi se dobila malo jasnija slika moje ličnosti. U mom slučaju, naravno, to izgleda suvišno, jer se u mojim knjigama vidi moj karakter, samo što umetnik predstavlja sebe uvek u lepšim bojama, i ona je jednom u mladosti (tu načini pauzu) imala slikara udvarača, pa njegovi autoportreti su ga toliko nadmašivali da se ona istinski u njih malko i zaljubila, a kada je umetnik požnjeo ono kod nje što mu je delo posejalo, od toga vajde nije bilo. Mora da prizna da na osnovu mojih knjiga, koje joj je stavio na raspolaganje dr Hauman, i ja sam prilično privlačan, muževan muškarac, i ona se iskreno nada da testovi neće poremetiti taj povoljan utisak, time, naravno, ne želi da ojača u meni želju za podudarnošću, naprotiv, samo ćemo dobro obaviti posao onda ako na pitanja iz testa odgovorim bez bilo kakvog premišljanja, to bi samo po sebi bilo dobar oslonac i izazvalo bi povoljno delovanje.
Dok je govorila, Virag se nagnula napred i dozvolila da vidim više od njenih grudi nego što je bilo dobro u mojim okolnostima. Neprekidno sam zijao, pa sklanjao pogled, što nije umaklo njenoj pažnji. Nasmešila se i nagnula mi se još bliže.
— Znate li koliko profesor Hauman saoseća s vama?

Slegoh ramenima.

— Po mom mužu, vi ste pod velikim pritiskom: hoće ili da se pokažu konkretni rezultati, ili da se proglasite za umno bolesnog. Znate li moga muža? Užasno pametan čovek i genijalan lekar, ali lud. Zamislite, prisiljava me na takve stvari kao da sam ja njegova kurva.

— A šta vam je odgovorio dr Hauman?

— Rekao je da će postupiti po lekarskoj savesti. Kroz otvoren prozor po sobi se razli jesenji park. Sumrak započinje svoj večiti teatar. Marljivo sam odgovarao na glupa pitanja testova, u međuvremenu sam bacao pogled na ženu, na riđi slap kose koji je padao na bordo haljinu, i na skrivene, čvrste grudi, potiljkom sam osećao divan iza sebe. Kako je padao mrak, oko nas je rasla tišina — kao da smo nas dvoje ostali sami u celoj zgradi. Tri sata sam se trudio da dam hitre, određene i apsurdne odgovore. Kada sam sve okončao, ona je brzo pregledala listove, odmahivala glavom, i nasmešila se:

— Za podrobniju ocenu se još mora pričekati, ali već na prvi pogled mogu reći da vama nedostaje svaka homoseksualna sklonost.

Ja uzdahnem. — Vidite, to ste mogli ispitati i mnogo jednostavnije.

Ona mi šaljivo pripreti prstom: — Pazite, još ću vas uhvatiti za reč.

6.

„Draga T., stiglo mi je tvoje pismo, ma koliko bilo iznenađujuće, očito da žele da proučavaju našu korespondenciju, uvek sam poštovao žudnju za znanjem, međutim, ovo ti šaljem zaobilaznim putem, posredstvom crvenokose Virag koja se brine o mojoj duši i koja je u stanju opadanja latica.

Pre svega krivica. Mudar savet: ne pothranjuj je. Ni mene neće rastrgnuti crvi samooptužbe. Od rođenja rastemo u senci greha. Vaspitavaju nas da, razumljivo, samo po sebi prihvatimo najveću perverziju, osobito ono „Ne sme se ono što je dobro" — mi se, draga T., možemo izvući iz ovoga škripca ako prihvatimo sebe. Ti se nisi vratila kući,

jer ti je to diktirao tobožnji ili stvarni interes — gde tu
ostaje prostor za samooptužbu? Čak i iz bola koji si mi
prouzrokovala potiče neka korist. Ne mislim samo na to da
sam od tuge smršao devet kila i na taj način postao lep
kao san na svoj sredovečan, ćelav način, nego i na to da se
opet osećam slobodnim, u mojim odlukama — još će o tome
biti reči — više me ne ograničava osećanje odgovornosti za
tebe. A sada da pređem s krivice na glavnu temu, na zločin.
Jeste, postao sam zločinac, ukrao sam Čaplinov kovčeg i
prošvercovao ga u moju malu domovinu uz pomoć doku-
menata kojima se dozvoljava prenos posmrtnih ostataka
strica Tonija preminulog takođe u Švajcarskoj. Zahvalju-
jući korektnom poštovanju dokumenata od strane carinika
i hiljadugodišnjem tabuu zabrane preturanja mrtvaca, glat-
ko sam prevezao preko granice čelični kovčeg od nekoliko
tona, kamionom u kojem se i danas nalazi pod ciradom.
Zamisli, usred bela dana sam priterao kamion do rake, di-
zalicom podigao užasan teret, a niko ni da me upita šta
to radim.
    Duhovnim očima vidim kako malko prekorno i veoma
radoznalo mreškaš čelo, a od toga ti se pomere i naočare
pa ljesnu, potom se interesuješ za moje motive, dok ti je
glava malo nakrivljena. Počinjem od poslednje kapi od
koje se prepunila čaša. Jednu godinu dana sam se svako
veče — nerazumljivi su razlozi — često osećao usamljenim,
tada bih jurnuo na ulicu, sa ciljem da sjajnim lažima os-
vajam žene, ili prosto zato što sam se nadao da mogu iza
sebe ostaviti i svoju kožu zajedno sa zidovima sobe. Tako
sam se susreo, jedne lepe aprilske noći, sa filmskim reži-
serom Belom Balogom koji me je pozvao kod sebe na do-
maće kobasice i čvarke. Na žalost, dok smo grickali, zijali
smo u ekran gde smo, pored ostalog, videli Bokasu, svrg-
nutog cara iz srednje Afrike, zatim njegove frižidere u ko-
jima su bile zalihe ljudskog mesa. Ja, naime, ne vidim ve-
liku razliku u tome da li diktatori vešaju, streljaju ili jedu
svoje protivnike, protivnicima je uglavnom svejedno, ali
me je ipak uzmutilo neobično povezivanje drevnog kani-
balizma i frižiderske civilizacije. Odgurnuo sam tanjir sa
čvarcima i upitao Baloga ima li konzervi. Naročito su me
zanimale srednjoafričke konzerve, naime, mi održavamo

trgovinske odnose s tom zemljom; pa onda francuske konzerve, jer su Francuzi održavali Bokasu da ne potone. Palo mi je na um da i mi katkada živimo na ljudskom mesu. Tada sam već imao u rukama pasoš i neophodne papire za prenos kovčega; samo sam čekao kamion koji je prijatelj prijatelja moga prijatelja pokušavao da čarobnim štapićem dovede u vozno stanje kako bi na donekle nepropisan način zaradio dobre pare od iznajmljivanja. Videći ljudsko meso, rodila se u meni ideja i smesta sam i upitao Baloga: ,Šta veliš, da ukradem Čaplinov kovčeg?' Balog se cerekao: ,Uradi to, drugar, a ja ću onda da napravim od toga film.' Sećaš li se, draga T., koliko smo tugovali kada je umro Pikaso? Kao da je zajedno s njim pala u grob i mogućnost neprekidnog, stvaralačkog preporoda. Čaplin je, pak, nosio sa sobom onu našu sposobnost da se smejemo onome što je nepodnošljivo. Izgledalo je kao da od dvadesetih godina užasni rat deli svet: na jednoj strani institucije koje služe ugnjetavanju, a na drugoj Čaplin. Ova borba je dugo izgledala nerešena, odnosno institucije bez humora su odnosile spoljnu pobedu, a filmski komičari bez vlasti su, pak, doživljavali unutarnji trijumf. Sećaš li se koliko sam u bioskopu navijao za Čaplina? Po meni, i time smo mu pomagali, ali kako danas mnogi navijaju i za ustanove, mogli smo biti zadovoljni nerešenim ishodom. Čaplinovom smrću, međutim, stvar se preokrenula. Naoružana obezhumornost nas je potpuno potisnula, zbrisala nas je s terena u doslovnom značenju reči. Već odavno premišljam o nekom očajničkom postupku, ali ni jedna valjana misao mi nije padala na um, možda me je paralisala vezanost za tebe, toliko sam žudeo da živimo zajedno da nisam hteo da skačem u raku, ni Čaplinovu, ni svoju, i tek se sada u meni rodio — zahvaljujući Bokasi — spasonosni zadatak koji je u tvojim razmerama zaista lažna delatnost, inače je istinsko delo.

Gotovo vidim kako ti se u glavi, dok klimaš. javlja misao da sam možda ja zaista izvitoperen, šta mogu ja, ozloglašeni materijalista, očekivati od ovog opasnog postupka, ili, možda, u novije vreme verujem u čudotvornost svetih mošti? Znaš, draga T., ja sam prosto mislio da predmeti — ako i nisu mošti — imaju neku moć. Uzdižući se do simbola, zrače svojim duhom, mogu skrenuti pažnju na otkrivene nedostatke čije otklanjanje je naš egzistencijalni interes. Predmet koga sam se dočepao doći će do svog duhovnog života, pretvoriće se u ličnost, i opet će podeliti čovečanstvo — Čaplin će iz kovčega nastaviti svoju borbu svetskih razmera. Igram u filmu koji je sam Majstor režirao. Pokrenuće se ljudska mašinerija istinoljubive komike. Razviće se ogroman aparat protiv kradljivca leša i leša samog. Kradljivac će se predati kako bi mogao podneti svoje skromne uslove: za predaju kovčega traži samo pet minuta od dragocenog vremena televizije da bi neposredno pred javnošću izložio svoje politčke poglede. Leš u kamionu, ispod cirade i poklopca kovčega, konturom svog legendarnog šešira pozdravlja kradljivca leša.

I sada se opraštam, draga T., drugom prilikom o osećanjima, ovo pismo, naravno, možeš prevesti gospođi Štajn s labudolikim vratom, neka klima svojom glavom koja liči na cvet zvončića, ne znam zašto, ali je zamišljam s punđom, s tajanstvenim smeškom u uglu tankih usana, ako bi ti dala na znanje da se ja ovom ispovešću želim ponovo ugnezditi kod tebe u svoju poziciju nadmoćnog ja (koju trenutno zauzima ona), ni onda nemoj propustiti da joj predaš moj rukoljub, i naravno i tebe (bih) ljubim, zbogom.''

7.

Nekoliko dnevničkih beležaka:
,,Hauman je sve žući i sve krivlji; fotografija žene već je uklonjena i s police. Bolan gubitak: beše sreća malo da se zvirne. Od vremena posle T. prvi put: ljubavni simptomi, a uz to izaziva ih žena s dve dimenzije. Raspuštena kosa, oko očiju i usta neskrivena patnja, a sve to smešteno u klasičnu lepotu. Moja simpatija bi možda značila kraj razdoblja T? Ili simptom mog opšteg kurvarstva: u meni ne može da se nastani vernost, jer su mi sve potrebne?''
,,Delić iz današnje besede dr Haumana: ,. . . Ako biste hteli da dokažete da je i najbezumnija zamisao smislenija od svakodnevnog života, onda bih vam ja aplaudirao, ali, naravno, tiho, da niko ne čuje. Samo što se vi nadate da izvučete praktične rezultate iz zamisli kojoj je najviše

božanstvo prestiž. Već bih vas i zbog toga mogao proglasiti ludim.' Nije glup čovek."

„Danas, nedelja, u 11 sati me je posetio psihijatar. Prvi put je u mojoj sobi, pre svega je obratio pažnju na knjige, prelistao Čaplinovu autobiografiju, zatim je otvorio pesme Atile Jožefa. ,Što greh nemam kad ga imam' — citirao je zadovoljno. zatim me je uz lukavo namigivanje upitao: ,Vi biste to radije obrnuli, zar ne? Što greh imam kad ga nemam?' Seo je za moj pisaći sto i saopštio da ćemo danas praznovati božji dan i nećemo raditi, zatim je iz torbe izvadio šah i pozvao me je na jednu partiju. I dobio je dvočasovnu partiju. S očiglednim uživanjem me je posmatrao kako teško savlađujem bes. Ne prihvata revanš, rekao je, jer treba da učestvuje u jednoj lažnoj kompoziciji koja se zove ,nedeljni ručak'."

„Fotografija je opet na stolu, skrivena iza slike koja predstavlja Ajnštajna; ali ivicom proviruje. Smesta sam je primetio."

„Maglovito, kaljavo oktobarsko jutro; iznenada mi se čini uzaludnim ceo poduhvat. Navraćao je Balog, dobio je novac i dozvolu da u okviru serije *Čudaci i manijaci* načini o meni dokumentaran film; međutim, dr Hauman nije dao dozvolu. Naime, policija je upozorila ukoliko me proceni sposobnim za film, time me proglašava normalnim, a u tom slučaju će me smesta strpati u zatvor. Rekao sam mu da ništa ne mari. Odmahivao je riđom glavom: ,Ako želite da budete mučenik, učinite to, molim vas, na sopstveni račun.' I pozvao me na jednu partiju."

„Danas sam primio razglednicu od negdašnjeg druga iz zatvora. Tekst glasi: ,Drugaru moj, pa zar živimo časove humora?' "

„Po dr Haumanu, razuman čovek treba da usmeri pogled na jedinku. Svaka jedinka može da ponudi dovoljno problema za ceo život; a i cela vrsta se preko nje može proučavati. Jedinka je konkretna stvarnost. U očima političara, naprotiv, jedinka je gola apstrakcija, izbledeli podatak uz nešto što i ne postoji. Neprekidno mi savetuje da se okanim politike i da negujem svoj talenat. Danas sam, konačno, uspeo da mu dam efektan odgovor. Upitao sam ga šta bi rekao ako bih svoju takozvanu političku delatnost radio samo zbog duševnog spasa jedne određene jedinke. A ko bi bila ta srećna jedinka, pitao je. Ustao sam i nemo se poklonio."

„Danas je dr Hauman, bez ikakvog prelaza, saopštio da otkako je pročitao moje pismo napisano T. i on sam veruje u moju povest. Pročitao je i pismo T., koje je manje- -više stiglo u otvorenoj koverti, a moje mu je pokazala riđa Virag. Moli me da se ne uznemiravam i da nc tvrdim kako ja ne bih pročitao njegovu prepisku. Meni je lako da ostanem pošten, jer sam moralista, odnosno osećam odgovornost samo prema čovečanstvu. Ali on mora da leči jedinke. Moje je pismo privatnim kanalom otposlao na adresu. Istvoremeno mi saopštava da među spisima nema odkumenta o dozvoli prenosa tela strica Tonija. Nada se da posedujem prepis, jer bez tog dokumenta me u bilo koje vreme mogu strpati u zatvor. Zatim je obrisao oznojeno čelo i čestitao mi na ‚dalekoj pametnoj devojci'; savetovao mi da zbog nje mnogo ne tugujem — čoveku se ne može oduzeti samo ono što je već minulo."

„U današnjim jutarnjim novinama čitam da se Ištvan Kaška, 48 godina, moler, spalio umotan u čaršav. Pretpostavljeni uzrok čina: porodični razdor. Pre više od dvadeset godina Kaška mi je bio drug u zatvorskoj ćeliji. Sa ženom je stupio u brak na njen šesnaesti rođendan, uz starateljsku dozvolu. Mnogo je maštao o njoj, šaljivo, ali sa željom koja je dolazila iz dubine. Njegovu omiljenu devizu, koju sam prvi put čuo onda kada se vratio u ćeliju s presudom od deset godina, uzeo sam za osnovu svoje životne filozofije: ‚Sve je sranje, čak i sranje.' Zar nije divna? Pa čak ni jedna ovakva prevrela mudrost nas ne može spasti od očaja."

8.

Kada sam stupio u sobu dr Haumana, smesta sam zapazio u kakvom je on groznom stanju. Sedeo je za stolom u sakou, levo oko je bio pokrio rukom, desno se, pak, beše skupilo u jednu tačku. Pogleda me njime, zatim se napravi kao da još nešto mora da pribeleži. Ruka mu je podrhtavala.

— Je li ovo naš deseti razgovor? — upita posle duge pauze. — Ili jedanaesti?

— Ne brojim ih. — Uzdahnu, ostavi pero, priđe lavabou, proguta nekoliko dražeja, ponovo seda za sto. Opet prekriva rukom levo oko, užasno patnički izraz lica. Konstatovao sam da nema nigde fotografije žene, čak je i Ajnštajn nestao. „Šta gledate?' — pita i odmahuje rukom. Zatim počinje da govori razvučenim glasom i pognute glave. Partnerska jednakost zahteva da i on konačno nešto oda od svojih ljubavnih patnji. Da bi preduhitrio moje sažaljenje, umiruje me: ne može sebe nazvati neuspešnim, naprotiv. Kada je posle paralize ostao životno sposoban bogalj, izvrtao je mnogo žena kako bi sebe uverio: nema nikakvih problema. Međutim, te stvari su se većinom i suviše komplikovale, s jedne strane, jer je stanovao s majkom udovicom, koja je ispoljavala prema njegovim partnerkama ljubomornu plahovitost, s druge, jer je svojim neverstvom povređivao i podsticao na osvetu one žene koje su mu bile ili mogle biti važne. Tri puta se i ženio, neće da me zamara detaljima, već i zbog toga jer sve dosadašnje patnje i poraze potiskuje mu u srcu ono iskušavanje snage na koje ga prisiljava ljubav prema četvrtoj ženi.

Zaćuti, pogleda me, opet klimne glavom. Mora da prikupi snagu pre nego što nastavi. To lice već dobro poznaje, ne jednom je video kako ga opčinjava. Po zanimanju je kostimograf. Zajedno žive već šest godina. Divna žena. Pametna. Dobrog ukusa, ne uzimajući u obzir izbor muža. A uz to raspolaže i moralnim osnovama. Pobožna. Ali ne bilo kako: ispunjena je nekim panteističkim obožavanjem prirode. Svaki njen organ je sat koji radi usmeren prema zvezdama. Zavidi i drveću. Njega ni u najzaljubljenijem trenutku nikad nije pogledala kao što gleda bor. U toj veri u prirodu nalazi se i neko osećanje besmrtnosti, mit večitog preporađanja i vaskrsavanja, ukratko obožava prirodu koju ispunjava ne ravnodušnost, nego patnja i uživanje. Podstiče je želja za poistovećenjem, hoće da se stopi u jedno sa svim onim čime mami neiscrpna energija prirodnog postojanja.

Ponovo zaćuti i odmahne rukom, prevrne pred sobom čašu sode. Skoči, s negodovanjem posmatra mokre pantalone i u međuvremenu, kao da objašnjava, kaže:

— Ime joj je Noemi.

— Ispričajte mi do kraja.

Dr Hauman uzdahnu, kao da još uvek oplakuje svoje pantalone, pa mi saopštava da se Noemi juče preselila kod jednog glumca. Uopšte uzev, zaljubljena je u glumce, valjda zato što i njih smatra delom prirode. Neprekidno se menjaju, preporađaju, poistovećuju, to im je zanat. Noemi se čini kao da svoje telo pozajmljuju tajanstvenim silama koje drugačije ne mogu da se pojave. I tako se i ona maša ovih tela kako bi i nju prožele ove sile. Pritiskujući opet rukom levo oko i ne obraćajući pažnju na desno, skupljeno u jednu tačku, iz kojega su navirale suze, dr Hauman je naveo kako su njih dvoje jednom plivali u moru, noću, goli — po njemu, Noemi se isto tako može osloboditi ovakvih ljubavi. Odjednom joj je bilo hladno, ili joj so ulazi u usta, malo joj je ili previše talasa — i onda želi na obalu. I otpliva do obale.

Seda na mokru stolicu i ponavlja: „Ispliva pre ili kasnije" — i nasmeši mi se. Obično se teši time što je i obala deo prirode. Istina, tamo se osloboditi nije moguće, pa ipak. Pozvao me je da obratim pažnju: može li se i on smatrati delom prirode? Možda priroda ne može biti malko bolesna? Samo što priroda ne zna za mozganje.

Ustaje, prilazi prozoru, korača s olakšanjem.

— Gle, eno šeta se crvena Virag, kao u vreme našeg prvog razgovora. Od srca vam je preporučujem. Šta mislite, treba li da odjedrim od Noemi? Osećam veliku želju da odjedrim, samo što bih posle toga bio lošiji. Što, naravno, nije velika nevolja. Ali bih bio prazan.

Virag je pogledala prema prozoru, jer je dr Hauman mahao smešeći se. Bio je veoma zabavan s mokrom mrljom na dupetu. Zatim je seo za sto.

— Imam divnu ljubavnicu — reče. — Bila je atletičarka, sada je keramičarka. Mogao bih da se odselim kod nje. Tako voli da se valjuška sa mnom, kao niko do sada. I uvek zna na šta mislim.

Opet odmahnu rukom.

— Vidite, to je život, a ne ono što vi radite. Ako već moramo da patimo, bar i da uživamo. A vi hoćete da natrćite politiku, koja ne samo da je prevrtljiva nego ima i triper.

Izvadi šah i postavi figure.

— Sada smo kvit — reče. — Ako imate prepis nestale potvrde, ja ću je sledeće nedelje poslati T. Prethodno ću napraviti rezervnu kopiju. U redu? Rukovali smo se. Iz ormana je izvadio flašu viskija i dve čaše. „Da popijemo — reče — da popijemo zato što me je minula glavobolja. I pripremite se za glavnu zamku."

9.

Vreme je prolazilo bez događanja. Sve su više smrvljeni bivali listovi pometeni na ivici staza, ujutru već trava pokrivena injem. Pisao sam pozorišni komad: dečak leži u drvenoj kući, pod crvenim svetlosnim snopom grejalice i u pauzama ljubavi sluša ispovesti žene. Priče oživljavaju, patetično, pa potom — kako se bližimo prema sadašnjici — bivaju sa sve manje iluzija.

Iako praktično ispitivanja miruju, sem ako partije šaha s dr Haumanom ne smatram lekarskim pretragama, Virag pokatkad doleluja do mene, na pragu zabaci slap riđe kose, „Kako smo?", upita obučena u dekoltovanu bluzu ili — što je još uzbudljivije — u beli radni mantil koji se pripija uz njeno rublje. Zabavlja me književnim ogovaranjima — pokupila ih je od prijatelja književnog istoričara, „veoma ozbiljnog čoveka koji može da nareda sve naslove Krudijevih novela hronološkim redom", ispituje o T., ili o mojim ranijim suprugama, ali najradije se žali na svog muža. „Juče me je dva sata držao zaključanu u špajzu." „Gola sam morala da mu serviram večeru. Tako sam morala da postavim sto, serviram jelo i da ga poslužim, dok je on bio udubljen u neki stručni časopis, nije me ni primetio." „Noćas je provalio kod mene — već godinu dana spavamo odvojeno — usta mi zapušio malim jastukom, legao na mene, a kad sam se počela koprcati, vidite šta je uradio!" — i strgnuvši mantil pokaza mi ljubičastoplavo rame i leđa. Na moje pitanje što se ne razvede, davala je ševrdave odgovore: „Onda bi potpuno poludeo", ili: „Šta bi on sam" i „Mogao bi me još i ubiti."

Ne mogu reći da su ova zbivanja učinila da Virag u mojim očima postane naročito privlačna, ali kako je prolazilo vreme, sve su se žešće javljale prirodne ljudske potrebe, a uz to dobro bi mi došlo nešto erotike i za čulne partije erotske atmosfere moje drame. Prikazao sam joj redom trikove zavođenja koje sam znao, ali ona mi se samo smejala, „Šta bi rekla T. da vas sad čuje?", i „Muža bih još i prevarila, ali istoričar književnosti je jedan veoma fin čovek." Jednom prilikom je ipak uletela u jedno pomamno ljubljenje, raspusno mi grickajući usne, vrhovima prstiju mi milujući potiljak, „Šta mislite, da li sam zaista crvenokosa ili se samo farbam?", privila se uz mene, ali kada je osetila moju žudnju, odgurnula me je uz trijumfalan smeh, „Oho — vikala je — oho, o tome nije bilo reči, poslaću vam jednu devojku iz kuhinje" — i ostavila me na cedilu. Više od jedne sedmice se nije pojavljivala, a kada me je opet posetila jedne večeri, ćaskala je sa mnom o nevažnim temama na upadljivo kom-il-fo način, beše u solidnom kostimu, sedela je s prekrštenim nogama poput gimnazijalke. I ja sam bio pristojan, nisam započinjao novu opsadu, sve mi je čemerno bilo. Kada je pošla, ravnodušno kao da govori o vremenu, rekla je: „Ovde ne može, jer je vaša soba pod kontrolom, ali dođite za mnom, sve sam pripremila." Kretali smo se po hodnicima na prstima, nigde nikoga, u ovom delu Instituta nije bilo bolesničkih soba, ona me je neprekidno upozoravala stavljajući prst na usta, konačno smo ušli u neki odeljak bez prozora, gde je nekada stajao pribor za čišćenje ili za kuhinjske potrebe, na podu gumeni madrac, u uglu, na moju veliku radost, grejalica sa crvenim svetlosnim snopom, bacila se na naduvanu postelju, i ja sam se brzo stvorio pored nje, skidanje se odvijalo lagano i na rate, jer se odupirala, a od gaćica se konačno nije htela odvojiti, „Ni Just neće saznati da li farbam kosu" — vikala je, sada sam je ja stišavao, zatim sam panično primetio da nas još jedan glas smiruje, ispuštao je gumeni madrac, iako su čepovi bili u redu, tražio sam rupu, a ona se zvučno cerekala, „Istovremeno jurcate za dvema rupama", i već smo doticali pod, ona se i dalje kikotala nogu priljubljenih jednu uz drugu, mene je odjednom obuzelo neko loše predosećanje, neodređena sumnja, skočio sam i kao od majke rođen otvorio vrata, naspram mene stajao je dr Verthajm, iskreveljena lica, dahćući i debeo, „Pardon", rekao je, rukama sam se zaklonio, stajali smo dugo jedan naspram drugog, Virag je počela da vrišti, dośao sam sebi, dograbio odelo i onako go otrčao u svoju sobu.

10.

Odlomak iz pisma T.:

„... U današnjem *Mondu* čitam da je policija uhvatila onu dvojicu nesrećnih Poljaka emigranata koji su ukrali Čaplinovo telo. Iz njihovog priznanja se vidi da su očekivali otkup od udovice, što svedoči o njihovoj velikoj naivnosti, jer je udovica već sutradan posle nestanka kovčega razglasila celom svetu da neće dati ni prebijene pare, a, i inače, dobro mi znamo ovu vrstu udovica. Moram da priznam kako sam u prvi mah grdno bila ljuta na tebe zato što si i mene nasamario, ali sam potom uvidela da je tvoj poduhvat ovako valjda još odvažniji: prihvatio si rizik bez pustolovne slave tog čina, pa iako je tvoj poraz potpun, jer si tamo u žutoj kući poklopljen svakovrsnim sumnjama i već nemaš šanse da iskamčiš neke ustupke, ali si postavio jedno pitanje koje je hiljadu puta važnije od krađe leša, konkretno vredi li iskočiti iz voza koji tutnji u pogrešnom pravcu, ili, drukčije rečeno, vredi li još u ovom svetu tragati za Arhimedovom tačkom oslonca — ako se uhvatiš za ovo pitanje, još ćeš daleko dogurati, ali ovaj moj podsticaj nemoj shvatiti kao savet, jer možeš i stradati, dobro znaš..."

11.

Iz pisma T. sam razumeo zašto već deset dana ne izlazim pred psihijatra: očito je i on obavešten o priznanju dvojice Poljaka, i uvredio se što sam ga prevario. Poslao sam mu poruku, zvao ga na privatni telefon, uzalud, nije imao ni trenutak slobodnog vremena. Konačno sam ga pismom zamolio da tek onda veruje novinskoj vesti o kojoj je reč ako bude preneta pored slike kovčega. Očito je Interpol hteo da očisti mrlju sa svoga prestiža. Interesuje me kakvim su pretnjama ili obećanjima izvukli priznanja od žokera-krivaca.

Posle dva dana opet sam sedeo naspram dr Haumana za zelenim stolom, ovog puta ne u njegovoj radnoj sobi, nego u nekoj prostoriji za posete. Psihijatar je nervozno dobovao prstima po stolu, nije me ni pogledao, saopštio mi je da ima za mene dobre vesti, donosi ultimatum, a pre nego što pređe na pojedinosti, zapitaće me još da li odista tvrdim da novinska vest koja je u svetu izazvala senzaciju ne odgovara istini i da je leš u mom posedu. Na moj potvrdan odgovor stavio je svoju ruku na moju, tako je potvrdio da mu je užasan kamen sa srca pao, ne bi voleo da se u mene razočarao. Čini mu se da nas je u poslednje vreme spajalo uzajamno poverenje, da ga prekinem ako nije tako. Dakle, ako imam poverenja u njega, da mu odam gde je kovčeg. Pozvao me je u ovu prostoriju, jer njegova soba u novije vreme, misli, pogodna je, istina, za razgovore u četiri oka, ali ne u četiri uva. On će da uskoči u kola i proveri moju tvrdnju. Ako bude sve u redu, u što sada više i ne sumnja, onda ja sutra, u večernjem dnevniku, mogu da govorim pet minuta šta mi se prohte. I on sam će biti prisutan zajedno s predstavnikom vlasti. Posle moga govora — još uvek pred televizijskim auditorijem — on će saopštiti predstavniku vlasti gde se leš nalazi, a ja ću opet zauzeti svoje mesto u društvu.

Vrata se otvoriše, uđe neka stara čistačica s kablom, metlom i krpom. Kad nas vide, ustuknu mrgodna. Napolju ispusti kabao, zveket se razleže po kamenom hodniku. Ovaj zvuk izazva u meni uspomene: stari tresak koji se probija u ćeliju s kamenih hodnika i gvozdenih trepni. Postadoh zlovoljan kao bolesno živinče.

Ako ne prihvatam ultimatum, nastavlja dr Hauman, ni tada me ne može više zadržati u Institutu. Naime, u tom slučaju ću ili preći u nadležnost sudije ili biti podvrgnut prinudnom lečenju — oba rešenja su opravdana, budući da sam na abnormalan način prestupio granice zakona. On to ne pominje kao prigovor, ta i bezuslovno poštovanje zakona može poprimiti patološku formu. ovaj put želi samo da mi osvetli drugi krak raskršća — jer sam stigao na raskršće, nema dvojbe. Ne može da prećuti da je on pokušao da izbori za mene povoljnije uslove. Tražio je da se moj nastup odloži za dve sedmice, jer bi tako radio-program unapred mogao da me najavi; ili ako to nije moguće, da on pogleda emisiju izvan kuće, pre nego što preda adresu. Umesto odgovora optužen je za bezrazložno nepoverenje; njegov partner za pregovore ni inače nije mogao prekoračiti ovlašćenja. Jedno je izvesno, odbijanje ponude krije u sebi samo opasnost, bez mogućih prednosti. Pa i pored svega da ne žurim s odlukom. Uspeo je da mi obezbedi vreme od tri sata za razmišljanje. Prekinuo sam bujicu reči dr Haumana: preterano strahuje, ponuda je očito povoljna, nije mi potrebno vreme za razmišljanje. Na ceduljče sam mu nažvrljao željenu adresu mesta, rukovali smo se, zatim sam izašao iz prostorije. U hodniku sam briznuo u plač.

12.

21. novembar 1982.

Draga T.,
u zbivanjima je najužasnije što im dođe kraj. Naravno, to nije veliko otkriće: i mi smo ga doživeli, poslednji put u maloj mansardi, Ri l'Peletje, kada sam, posle okončanja mog slučaja, preklane, mogao da otputujem za Pariz. Sećaš se: ležali smo odeveni u postelji i razgovarali do zore, a ja sam pomislio kako bismo opet mogli pripasti jedno drugom, što da ne, ali bili smo odeveni — prosto sam osećao da je neizvodljiv divni ritual svlačenja, jer je do konca stiglo jedno zbivanje između nas, a ono što ga je preživelo — ljubav, razumevanje, ironija, sudbinska povezanost sirotana itd. — to se ne može svući.

Zbivanje sa Čaplinom, međutim, tek je juče zaista dokrajčeno u jednoj krčmi, u Ferencvarošu. Čim sam upao, za jednim stolom u uglu primetio sam psihijatra s veoma vitkom, gotovo mladom ženom. Prilično se izmenio: kosa mu se proredila, a pustio je kovrdžavu bradu. Očigledno je u jadnom stanju: uflekan mantil, sedi slomljeno na stolici, zija u sto, i žena čudno zagledana preda se. Dr Hauman pije rakiju, ona koka-kolu. Sednem pokraj njih.

Primeti me tek mnogo kasnije, ali tada mu krv junru u lice, ruka mu se steže u pesnicu, prože ga pomamna živost. Pomislim da hoće da me udari. „Gospodine Erši — viknu — ptičice, pokisli ti perje." Žena smirujuće stavi svoju ruku na bolesnu ruku dr Haumana, ali on je se otrese kao nekog otpatka. „Vi, naravno, i dalje pišete i blistate kao da se ništa nije zbilo." Slegoh ramenima. On me upita kako sam mogao preživeti sramotu što sam održao govor pred praznim kamerama, dok je u susednom studiju neometano tekao večernji dnevnik. Rekoh mu ono što ti već znaš: računao sam s tom mogućnošću da će me nasamariti, ali pošto sam konačno shvatio da me nikako neće pustiti pred javnost, hteo sam od izgubljenog juneta bar da spasem uže. I prazne kamere neko opslužuje, operateri, urednici, spikeri — njima sam namenio svoju besedu, jer istina, ako ne može da se valja koritom reke, i u malenim izvorima se može probijati od čoveka do čoveka. Odmahnu rukom, uz podrugljiv osmeh koji ranije nisam primetio: zaista sam ptičica. Ti ljudi, spikeri, tehničko osoblje i svi u toj prostoriji, svi sem nas dvojice, bili su članovi bezbednosti. Njima sam upućivao svoju istinu. Oštro se zasmeja, a vitka žena, koja je već često morala da sluša o ovim zbivanjima, promuca, na svoju nesreću, da su i oni ljudi. Hauman dreknu: „Je li? Onda marš!" Ženi se iskriviše usne, uzmače podalje na klupi, dalje je psihijatar nije uzimao u obzir. Dograbi me za kragnu i unoseći mi se u lice zapita me, kada sam se posle tri meseca oslobodio onog specijalnog sanatorijuma, u koji su me odveli posle njegovog, što ga nisam posetio. Uzalud mu govorim da sam ga tražio više puta, ali njegov Institut je odbio da mi da obaveštenje, a crvena Virag me je tako neprijateljski odbila da sam bio uveren kako se on krije od mene. Dr Hauman je klimao glavom: veoma razume moju taktičnost, očito nisam želeo da se suočim sa svojom žrtvom. Naime, on nije mogao podneti što je srozan na sredstvo zabune. Kada je konstatavao da je kamion nestao, a posle jedne sedmice telo komičara se našlo u inostranstvu, dao je otkaz, napustio je i fakultet i povukao se u privatnu praksu. Ali para je uzalud padala, ubrzo je digao od svega ruke. Da leči neurozu u malom kada je svet proizvodi naveliko? Da ga ispunjava ponos zato što mu je uspelo da nekoliko nesrećnika učini pogodnim kako bi podneli više udaraca? Kako on nije takva ptičica, izvukao je nekoliko zaključaka, i otišao u invalidsku — to je bio jedini rezultat moje čaplinijade, pa čestita mi. Iskapi rakiju pa ustade (ustade i žena na drugom kraju stola), zatim ponovo sede (sede i ona) i naruči još jednu rakiju. Istine radi mora priznati, reče, da je izvukao i korist iz ove odvratne povesti. Noemi se veoma dopalo što je njen muž smeo da okrene leđa karijeri, to je upisala na račun njegove moralne osetljivosti, i tada mu se smesta vratila. Proživeli su dve lepe godine, udobno je klizio sve niže i niže, jer ga je Noemi držala za ruku. Samo što prirodu, čak i kad je prožima duša, ne može trajno uhlebiti moral, mora i nehotice da sledi svoje unutarnje zakone, promenljivost koja se vrti u krug, odnosno pre mesec dana Noemi se ponovo odselila, opet jednom glumcu, sjajnom, „ja se, pak, tešim ovim strašilom za ptice, ona je uveče u kafani skromna, noću u krevetu marljiva, a svakog jutra hoće da skoči kroz prozor." Žena gotovo da zabija svoju tanku glavicu u čašu s koka-kolom, prikrivajući svom snagom svoj plač.

Ne mogu reći, draga T., da me nije porazio ovaj tužni preokret na kraju zbivanja... Sutradan potražim Baloga, filmskog režisera. Baloga interesuje cela storija, čiji je on svedok i učesnik od samog početka, po njemu, treba sve to da napišem najpre u obliku novele, a onda će on pokušati da pribavi dozvolu i novac, ali mi iskreno priznaje da danas za to jedva ima šanse. Ali kada bi postojala novela, to bi naknadno ipak dalo nekakav smisao šali sa Čaplinom, kaže Balog. Kako da ne, draga T., kad bih mogao da je objavim, ali danas, iskreno govoreći, ni za to nema šanse. Moram, dakle, da naučim da uživam u šali samoj po sebi, da oko nje izgradim filozofiju kule od slonovače, „šala zbog šale" kako se ne bismo dosađivali, a ne da obraćamo pažnju na sve glasniji šum koji nam se primiče u domaćim papučama...

Pardon, draga T., umalo ne završih ovo pismo nekom svinjarijom, što bi bilo velika greška, jer ako je u povestima najužasnije što se okončavaju, onda je još užasnije ako se užasno okončavaju. „Keep smiling" — kažu Englezi, odnosno nasmeši se pa imaš li ili nemaš razloga, ja sam to naučio pre četvrt veka u zatvorskom dvorištu, tako se prilepio za mene smešak i od tada me ne napušta, tim smeškom se opraštam od tebe, a njime pozdravljam iz daljine i nepoznatu gospođu Štajn, tvoga psihologa s labudovim vratom, smeši se i ti, draga T., sa smeškom joj pregrizi vrat, i počni konačno da crtaš, jer ako se dobro sećam, zbog toga si emigrirala, nacrtaj golem čelični kovčeg, u njemu se cereka mrtvac, na njemu se cereka živi, zatim uzmi drugi papir, ovde neka se u kovčegu cereka živi, a na kovčegu mrtvac, potpiši datum, a svako neka misli šta hoće, ili — nova mogućnost — baci olovku, sedi u prvi avion, pozvoni kod mene, i poljubi me, i sedi pored mene na postelju, zakopčana do grla, kako bismo zajedno procerekali nekoliko sati ili godina.

U AUTOBUSU

Sedim u autobusu, putujem za Njujork. Očajnička kiša šiba predeo. Ne želim da gledam kroz prozor. „Očajnička kiša" — uobičajena antropomorfizacija prirode — „. . . šiba predeo" — još je i gore. Ali zašto li to već dvadeseti put mrmljam sebi u bradu? Noge su mi do kolena teške kao olovo. Jezik mi je otekao zbog žeđi. Trebalo je više da spavam, s Klarom ili bez nje, svejedno. Ako čovek odspava samo dva sata, onda pre podne neka ne pljušti kiša. Jer tada može samo da pljušti očajnički. Klaru je budilnik razbudio u sedam, preklinjala me je cvileći da putujem nekim kasnijim autobusom. A onda me je ipak dovezla na autobusku stanicu, usput je pridremala na prvom crvenom semaforu. Sada je ponovo u postelji, danas ima slobodan dan.

Ispred mene sedi žena žućkastog lica, oko šezdeset godina. Kratko podšišana, proseda, čelo visoko, mantil pocepan. Ušla je posle mene, i kako je dolazila prema meni, obuzeo me je užas. Kao da je vaskrsla moja baka po majci, uvećana novim strahotama, uplašio sam se da će ih smesta podeliti sa mnom. Trosnula je u sedište ispred mene i raspalila monolog bez kraja i konca. Uznemireno priča, pa ipak monotono. Razumem tek poneki odlomak rečenice: „What does he think?" „Twenty bucks, are you crazy?" „Monster." Rukom veoma energično seče vazduh iznad svoje glave. Ne oseća se smrad vetrova. Jedan mladić mi se saučesnički nasmeši. Kukavički mu uzvraćam osmeh, iako skroz-naskroz osećam, čak i nogama teškim kao olovo, da ovde nema mesta nadmoćnosti. Pogledam kroz prozor, vidim ogoljeno drveće, kiša je uminula. Autobus usporava, žena ispred mene počinje da tapka nogama. Sad će iskočiti iz svoje kože, uzleteti na plafon i tamo nastaviti svoj osamljenički monolog. Jučerašnji dan je prošao u znaku neverovatnih susreta. Ako svoj život uporedimo s nekim drevnim gradom, koji je sagrađen na istom mestu, samo nam iskopavanja donekle mogu otkriti sve starije i starije slojeve, onda nam čudno mora izgledati ako stanovnici različitih slojeva, među kojima dremaju vekovečnosti i koje od današnje površine zemlje odvajaju mrtvo kamenje i nataloženi pesak — jednog dana nenadano pomole glave iz tla i značajno nas pozdrave.

Juče sam u pola tri stigao u Boston, tačnije u Kembridž, da bih održao predavanje o pozorišnom životu Mađarske u Institutu za Istočnu Evropu Harvardskog univerziteta. Predavanje je bilo zakazano za četiri. Lutao sam među istovetnim zgradama, zagledao brojeve kuća, o ramenu mi putna torba, u srcu uznemirenje, kako li ću uspeti da se probijem kroz džunglu američkog jezika svojim skromnim predavanjem. Iz jedne kapije stupa preda me oniži čovek s naočarima, u ruci mu kišobran (iako juče nije padala kiša), mantil mu se gotovo vuče po zemlji, na glavi mu bujna kosa, proseda, kovrdžava, teško ukrotiva.

— Borši? — pita.

— Ne poričem.

— Kuda ćeš?

Odmerim ga: poznata mi je njuška.

— Zar ne tražiš Institut za Istočnu Evropu?

— Sotono jedna! — odvratim. — Otkud znaš?

— Evo Instituta. Zar ne znaš da čitaš? Stigao si.

— Nisam video tablu.

— Uvek si bio loš posmatrač. Imamo još više od jednog sata. Hajde da negde popijemo poštenu kafu.

Usput ne razgovaramo. Koliko knjižara i koliko mladog sveta na ulici. Ulazimo i italijanski restoran. Sedamo za neosvetljen sto, konobarica pali dve sveće.

— Pročitao sam u univerzitetskoj štampi da ćeš počastvovati Harvard. Moj posinak studira fiziku, izgleda da je izvanredan talenat.

Iskapi rakiju; ja pijem kafu.

— Teško je započeti razgovor posle toliko godina — kaže. — A možemo i da ćutimo, što da ne. Pa ćutimo, jebstvenički.

— Gere! — viknem. — Časnu reč, tek sam te sada prepoznao. Po toj tvojoj čarobnoj uzrečici. Pa zar si živ?

— Što da ne budem?

— Čuo sam da si ubijen na granici kada si hteo da prebegneš.

Čovečuljak zagnjuri lice među dlanove. Naravno, to je on. Isto tako je svojevremeno sedeo na ivici gvozdenog kreveta, satima, nepokretno. Kosa mu je onda još bila crna, i sasvim kratka, kao što je bio propis. Onda beše mršav, sada je zaobljen. I ja sam se u međuvremenu zaokruglio. Posmatram poznate prste, dva kažiprsta dobuju po čelu, naočari su pred nama na stolu.

— Gere — ponavljam — nemoj da se ljutiš, poblesavio sam. Uskoro ni sebe neću prepoznati, u ogledalu.

Proviruje iza prstiju. Znam i to. Sada će prosloviti i reći nešto neprijatno.

— Uvek si i bio blesav. Ni tamo me nisi prepoznavao, bar tri puta sam ti se predstavljao tokom šetnji. Nikoga ne prepoznaješ, jer te niko ne interesuje, jedino sopstvena ličnost.

— No no — bunim se. — Nemoj da preteruješ. Ti me, na primer, veoma interesuješ. Stari, klima li se mali?

Nezadovoljno odmahuje glavom. Nemam razloga za nadmenost. Istina, on nije postao pisac u Mađarskoj, ali je nezavisan čovek u datim granicama. Druga žena mu je zastupnik za kompjutere, a on ima prodavnicu metalne robe. „Prodajem i noževe — kaže — fantastičnih oštrica." A pored toga nije batalio ni pisanje. Piše engleski, s jedne strane, da bi ga i porodica razumela, s druge, ne želi da održava veze s mađarskim emigrantskim krugovima. Lane je objavio dve novele, nije to ni loš časopis. A sada treba već da pođemo, jer će uskoro četiri. Šta mislim da li da dođe na moje predavanje?

— Ma dođi — kažem — ali moraš da znaš kako užasno govorim engleski.

— Znači neću te ometati? — pita. — Ne strahuješ da... — Ućuti, plati, ustaje i prvi put se nasmeši. — Ako nemaš nešto bolje, spavaćeš kod mene.

— U redu.

— Mojoj ženi ćemo reći da smo školski drugovi.
Pred ulazom u Institut pruža mi ruku. — Moram da skoknem do ćoška da telefoniram — veli. — Pazi šta ćeš govoriti. Mađarska ambasada katkada šalje svoje ljude na ovakve skupove. Ulazim s malim odocnjenjem. Mladi profesor mi drmusa ruku s olakšanjem. Na predavanje se okupilo tridesetak slušalaca, što je krupna stvar. Uglavnom Poljaci i Česi, ali ima i nekoliko Mađara. Čak i dva Rumuna. Već me očekuju u prostoriji seminara. Posle početnih zamuckivanja predavanje je uspešnije nego što sam se nadao. Otkrivam kako izaziva dobro delovanje ako ne prikrivam svoje teškoće nego preterujem s njima. Očigledno vodim bitku s rečima, u krajnjoj nevolji unosim i celo svoje telo, imitiram razmišljanje, ostavljam na cedilu neupotrebljive patrljke govora i rečenicu započinjem iz početka, na drugom mestu. Američka publika ceni ovakve napore, konačno ovde je svako doseljenik, ili on sam, ili njegovi roditelji, ili njihovi preci, svi su oni morali da se izvlače iz sličnih zamki. Smeh slušalaca diktira saosećanje, a ja još i zaigram na tu kartu smeha. Samo me jednom prekida lepa crnka kada akademiju nazivam „high school": „High school is in Hungarian gimnazium, but you are speking about the Academy of Dramatic Art." Zahvaljujem se na ispravci, i dok dalje govorim, odlučujem da ću posle predavanja osloviti ovu ženu. Međutim, ona me preduhitri, čestita mi i kaže da se ni malo nisam izmenio. Kao što sam negda jurišao na dečake starije i jače od mene, i sada sam jurnuo na američki jezik. Za to je potrebno takvo samopouzdanje s kakvim ona, na žalost, nikada nije raspolagala, kao što se i ja očito sećam iz onih starih lepih vremena. Pogledam je. Pojavljuje se i Gere, dolazi iz susedne sobe. „Otkud da se seća — kaže — ta nema ni pojma ko ste vi." Ona mi se nasmeje. „Je l' da nije istina?" U ovakvim situacijama je preporučljivo da se povlačenje izvrši unapred. „Ako Tibor Deri nije prepoznao sopstvenu ženu, onda se i meni može dogoditi..." „Žena ti nisam bila — ustanovljava — čak ni dragana, ako sada o tome razmišljaš..." Započinjem da brbljam kako bih dobic u

vremenu. Pričam da sam jednu nepoznatu ženu zapitao za vreme plesa da li smo već spavali zajedno, a ona mi je odgovorila da još nismo. Crnka se uozbilji: „Da sam na tvom mestu ne bih se hvalisala takvom ženom." Tajac. Krajnje je vreme da pogodim s kime razgovaram. I neohtično mi pritiče u pomoć Gere, jer počinje da govori. Predavanje je slušao iz biblioteke, vrata su bila otvorena. Nije hteo da uđe kako me ne bi ometao. Poznanici uvek stižu u nezgodan čas ako čovek ne vlada sasvim situacijom. Mora da prizna da sam posvedočio o velikom prisustvu duha. Večeras, ako mi se prohte, možemo da preslušamo moja naprezanja, jer je snimio predavanje. Tako sam protrčavao kroz zamke engleskog jezika... „Mauzi — kažem joj — do đavola, kako si ostala tako mlada?" „Uskoro ću u pedesetu — odgovara — i molim te, nemoj me zvati Mauzi, uvek sam prezirala to ime." „Svi smo te tako zvali." „Grozno. Ime mi je Klara." „Izgledaš kao da ti je trideset pet, časna reč"

Mladi profesor mi zahvali na predavanju, mnogo je naučio. Zadivljujuće je verziran u mađarsku književnost samizdata, pominje imena, adrese. I on, i njegova supruga, računaju da ću spavati kod njih, i večeras bi bila prilika za razgovor koji je za njega veoma važan. Upravo piše doktorsku disertaciju „Recepcija Hegela u istočnoevropskim komunističkim zemljama" i nada se da će od mene dobiti značajne informacije. Gere promuca da me je i on pozvao na konak, mada ne zna da li ću se ja radije odazvati na neki treći poziv. „Naravno, i ja te pozivam — kaže Klara — imam veliku kuću, možeš da biraš između četiri spavaće sobe." Profesor izražava žaljenje, on ne može da konkuriše ovoj ponudi, i supruga će biti tužna, ali on će, ako nemam ništa protiv, nadoknaditi to što večeras propušta, naime, sledeće srede dolazi u Njujork i onda će me potražiti. „Evo moga telefona — kaže Gere — pozovi me, svakako želim da govorim s tobom." Klimne glavom, okrene se i već odlazi, mantil mu se gotovo vuče po zemlji, korača kočoperno kao petao.

Sedokosa žena ispred mene počinje da vrišti „Ugasite ga, smesta ga ugasite", jedan mladi crnac iz prednjeg dela autobusa se osvrće, stišava radio. „Sasvim! — vrišti žena

— zar ne čuješ, đavole!" „Zašto sam ja đavo?" — pita crnac i isključuje radio, žena ne odgovara, obe noge podiže na susedno sedište. „Zašto sam ja đavo?" — pita opet crnac, žena opet odmahuje rukom, što smiruje mladića koji počinje da se cereka.

Sklapam oči i vidim kako Gere dolazi prema meni kroz autobus. Zastaje u ravni sedišta ispred moga mesta i obraća se sedokosoj ženi da makne noge sa sedišta, jer on hoće da sedne. Žena i ne obraća pažnju na njega, opet tera svoj monolog, Gere je pogleda strogo, naočari mu bljesnu, nagne se napred. Sada nije u mantilu, nego u zelenom džemperu skoro do kolena i u briče čakširama. „Pusti ħ na miru — kažem mu — evo, ima mesta i pored mene." „Vraćam se iz lova — veli on — ponovo sam primljen u lovačko društvo." Seda na noge žene, ona počinje da šmrca, ponavlja „Milost, milost." Gere se osvrne. „Ovako treba postupati s ludacima — kaže — ako ih ne pritisneš, obezobraze se." Potom pripreti ženi: „Umukni, ili ću te izbaciti kroz prozor!" „Milost, milost" — mrmlja ona. „Premnogo je ludaka — konstatuje Gere — ne mogu svima sesti na noge. Ali ovu ovde ću srediti." „Pusti je na miru — kažem — to je moja baka. Ima izliv krvi na mozgu, zato se guši i mrmlja. Misli da joj je sin umro u logoru od gladi, zato se ponaša nenormalno, progledajmo joj kroz prste." „Ovde se nikome ne prašta — odgovara Gere — moram je izbaciti kroz prozor." „Ne možeš je izbaciti, pada kiša." Žena bez prestanka cvili. Gere ustaje, otvara prozor. Potom hvata ženu ispod pazuha. Ona liči na lutku, iako još cvili. „Pomozi mi" — kaže Gere, sedim ukočen. „Pomozi mi, veoma je teška." Napreže se, znoji, njena glava već viri kroz prozor u kišu. „Ne mogu sam" — dašće Gere i iz unutrašnjeg džepa izvlači ogromni nož. Užasan potres: budim se.

Autobus stoji na auto-putu. Ispred nas dugačak niz automobila. Šofer izlazi. Kamion oborio motociklistu, policija vrši uviđaj. Ispred mene sedokosa žena besno topće nogama, mlatara rukama kroz vazduh. Kada nastavljamo dalje, posle četvrt sata, vidim pokriveno telo pored druma, prosto čujem kako kiša dobuje po šatorskom krilu. Desetak metara dalje olupina motocikla. Jednom sam već vi-

69

deo mrtvo telo pokriveno šatorskim krilom, i tada je padala kiša. Moja žena i ja smo se vozili na pozorišnu predstavu u unutrašnjosti... Odavno smo se već razveli, ali ona je još bila zdrava, sasvim zdrava. Mrtvac je ležao na sred puta i jedva je bio pokriven, po licu mu je udarala kiša. Beše to lep mladić, crnokos, s istaknutim jagodicama, pažljivo je gledao u visine. Oboje nas je podsećao na našeg streljanog prijatelja koga smo poslednje njegove slobodne noći uzalud nagovarali da pobegne. U to vreme se skrivao u jednoj bolnici. Na posteljama i između njih, po hodnicima ranjenici, još nedavno su pucali jedni na druge, sada im se meša krv. On, međutim, nije bio ranjen, iako se borio protiv tenkova, sve dok se moglo. Već šest dana ne spava, lekarka mu daje injekcije kako bi bez prestanka mogao da produkuje letke u podrumu bolnice, letke protiv ogromne armije, protiv sila naše zemlje, protiv moralnog i političkog poretka. Moja žena ga preklinje, ja, njegov saradnik iz podruma, ironišem, znam da ću se i ja uskoro naći iza rešetaka. Njega će, međutim, obesiti, već su mu na tragu, posmatram, vidim. „Bolje sada da umrem, na vrhuncu svoga života — kaže — neću s vama da pristanem na ono mnoštvo malih prljavih kompromisa." I već hita u podrum da nahrani štamparsku mašinu. Moja žena i ja spavamo na operacionom stolu, sumnjiva erotika propasti, ona ne ume da se preda, plače na postelji od veštačke kože koja zaudara. Da je naša akcija spasavanja uspela, možda bih se susreo u Bostonu i s prijateljem, sedeo bi posivele kose i poguren pored Klare, rukovao bi se s Gereom... Nemoguća misao. Nikada ne bi pristajao među studente Instituta za istočnu Evropu. Podrugljivo bi se smeškao, ako bi još imao usta. „Spretan si bio, stari, i rekao si nešto i nisi rekao." On srećom — da, srećom — nije prisutan. Nekolicina nas još ćaskamo jedno vreme, potom Klara zamoli da krenemo, jer očekuje telefonski poziv. Zatim će me opet dovesti u grad. Boston Dauntaun, pokazaće mi nekoliko zanimljivih mesta.

„Ko ti je taj čovek?" — pita me. Vozimo se u njenom „volvu", svira prijatan džez, a ja nisam raspoložen da pričam o Gereu, radije skrećem razgovor na nju. U Bostonu živi od 1958. godine. Udovica je sedam godina, ali brak se već ranije raspao. Smrt ju je potresla, već i zbog kćeri koja je izgubila oca, ali iskreno govoreći, osetila je i izvesno olakšanje. Ne zato što je muž loše postupao s njom. Uvek je bio učtiv, za rođendan bi je iznenadio cvećem. Katkada bi se izgubio na nekoliko dana — tek posle smrti se ispostavilo da je imao još jedan stan. Bio je hirurg, dete jevrejskih doseljenika iz Nemačke. Jednom je ona, Klara, namerno ispustila za vreme doručka pun poslužavnik porcelanskih posuda. Muž joj ni pogled s novina nije podigao, ni jedna crta lica mu se nije mrdnula.

Probijajući se kroz odbrambene linije sigurnosnih brava i sistema signalizacije, ulazimo u kuću na ivici šume. U dnevnoj sobi pijemo po čašu konjaka. „Prostrana je poput teniskog igrališta" — pomišljam u sebi. Po zidovima Dali, Miro, Rotko. „Daleko si dogurala." Ona sleže ramenima. „Ovih trideset godina nije bilo mačji kašalj." Obuzima me razdraženost. Šta ću ja s nepoznatom ženom u ogromnoj kući? Njena kći, kao što sam usput saznao, negde u Kanadi studira nemačku književnost. Osećam da sam pao u ropstvo. Odjednom mislim da je Klarina mlada spoljašnjost neumesna. Nasmešim joj se. „Želiš li da se istuširaš?" — pita me.

Kad se vratim u dnevnu sobu, ona još uvek sedi za stolom, u ruci joj prazna čaša od konjaka. Oglasi se telefon, ona pritrči, zatim mi razočarano daje znak da ga preuzmem. „Saznao sam broj dame — kaže Gere — pošto me ti ni onako ne bi pozvao. Neophodno mi je da se susretnemo. Samo bih ti oduzeo pola sata." „Čekam te — odvratim — dođi po mene."

„Ne, nije mi prijatelj — kažem Klari — sapatnik iz zatvora, zajedno smo odležali posle 1956." „Znam da si odležao — užasno je bilo?" „Bilo je prijatno — odgovaram. — Nismo morali da radimo, ipak smo dobijali da jedemo. Nismo morali ni da mislimo, sem ako je neko jako hteo. Većinom su nas držali u dobrom društvu, mada sam, na žalost, morao da oskudevam u neprisustvu drugih." „Nadam se da si docnije nadoknadio propušteno." „Ništa se ne može nadoknaditi — kažem. — Sve se može zameniti, ali to nije isto." Klara se zamisli. „Više ne znam dovoljno jezik, ne razumem u čemu je razlika."

Prvi put primećujem njeno tužno lice i iznenada se javlja preda mnom devojče koje sam voleo. Ona četrnaest, ja devetnaest. Tri sedmice smo se ljubili polunagi kod nas na divanu. Potom me je napustila zbog dečaka koji je bio mlađi od mene, koji ju je oslobodio nevinosti. Nekoliko meseci me je mučila ljubomora, i pouzdana svest da sam bio vo. Docnije je stiglo pismo od nje, s molbom da je posetim. Spremačica mi je otvorila vrata. U holu je večerao krupan, debeo čovek s kapicom na glavi. On je ustao, bio je visok kao kula. „Vragolić" — pruži mi ruku. „Gle ti vraga" — izlete mi. On me odmeri kao da nije dobro čuo. Počeo sam da mucam. „Kći mi nije kod kuće" — prekinuo me je i opet seo. Stupčio sam bar ceo sat ispred kuće. Tek godinama docnije sam saznao da je bila kod kuće, dve prostorije dalje, samo nije čula zvono. :„O čemu razmišljaš?" — i primače mi se. „Sad sam tek ugledao tvoje davno lice." Uzdahnu. „U stvari, zbog tebe sam emigrirala." „Kako to?" Ne odgovara, izlazi, vraća se u elegantnoj tamnocrvenoj haljini. Seda, ovaj put naspram mene, s druge strane stola prekrivenog staklom. Tek sada primećujem da ima dva prstena. Hvatam je za ruku. Na jednom prstenu ugravirana Davidova zvezda, u drugom blista zeleni kamen. „Kada sam čula da si zatvoren, otišla sam do tvoje žene. Ona me nije volela, smatrala me je za razmaženu građanku. Nasuprot vama, ja nikada nisam verovala u učenja o iskupljenju sveta, zbog toga se nisam ni razočarala u njih, a opet sam uvek pokušavala da se lepo odevam, iz političkog protesta koristila sam kolonjsku vodu. Kada sam banula kod nje, upravo je kuvala deci, posadila me je na hoklicu i trudila se da pokaže odlučnost na licu. Rekla mi je da porodica još nije uspostavila s tobom kontakt, ali se sigurno dobro osećaš, i ako te ne tuku, onda ona misli da ti uživaš u novoj situaciji kao u nekoj avanturi. Saopštila sam joj kako mislim da emigriram, jer ne želim da živim u zemlji u kojoj zatvaraju ljude slične tebi. Prestala je da meša zapršku i upozorila me da svoj kukavičluk ne upisujem na tvoj konto. Ako hoću da klisnem, samo napred, mogu da iskoristim što su granice otvorene, tamo će me očito prigrliti bogati rođaci, ni inače nisam osećala nikakvu odgovornost za ono što se zbiva u ovoj zemlji. Apsolutno

72

priznaje svakom pravo da živi prema sopstvenim zakonima, ali onda svako mora i da prihvati svoje zakone i neka ne koristi druge kao trambulinu za svoje skokove. Upotrebila je tu sliku trambuline, časna reč. A ja sam još uvek sedela na hoklici, zapanjena bujicom njenih reči. Spremna da će me na kraju još i klepiti varjačom. Zatim sam primetila da plače. Brišimo sve, rekla sam joj, zaboravimo sve. Trebalo je još 1945. da emigriram, onoga dana kada se moj otac od stotinu kilograma vratio iz koncentracionog logora sa 47 kila i srkao čorbu kod hauzmajstorke koja je ranije bila fašistički doušnik. Kašika je podrhtavala i prosipala se čorba iz nje, iz nosa su mu curele sline, iz očiju suze, na moje oči je počeo da cvili, a hauzmajstorka ga je morala uzeti u naručje na stepeništu. I sada opet, eto, počinje, ne baš na Jevrejima, ali u svakom slučaju na onima koje najviše poštujem, samo sam ti to htela reći, nemoj da se ljutiš. Kod kuće sam se isplakala, posle dva dana sam klisnula preko granice. Nekoliko godina potom, pošto sam čula da ste se rastali, opet sam je potražila kada sam boravila u Pešti. Ovog puta me je prijateljski primila, godine su i nju načinile mudrijom. Ni jednu lošu reč nije preslovila o tebi, naprotiv, nazvala te je slobodnim čovekom, mislim bez ironije, ali sam morala biti gluva pa da ne čujem... Sada je i tako svejedno. Kada sam doznala za njenu smrt..." Telefon se opet oglasi, Klara jurnu do njega, dograbi slušalicu. Hoću da izađem iz sobe, ona mi daje znak, za mene je. „Neću da te ograničavam u slobodnom izboru — kaže Gere — i neću da ti se prikrpim, dragocen je svaki tren velikih ljudi, u svakom slučaju saopštio sam tvojoj domaćici u kojem se restoranu nalazim od 9 do 10 sati, nemoj se osećati obaveznim, stari moj, ali bih se ipak veoma obradovao..."

Uskoro se javlja i telefonsi poziv za Klaru. Ovog puta i ne pokušavam da izađem, teatralno poklapam rukama uši. Opet joj je lice mlado, sasvim neverovatno. Smeši se i klima glavom, za mene je to zabavno. Podmećem joj ceduljče da je slobodna od 9 do 10. „No, no", veli, ali ne znam da li meni ili onom iz telefona. Čim spust slušalicu, telefon zvoni. „Ne diraj — kažem — „to je opet Gere." Telefon ne prestaje da zvoni. „Krećemo — kaže Klara.

— Šta hoće?" „Verovatno hoće da me iskasapi. Ima sjajne noževe."

Autobus se zaustavlja, stižemo u Hartford. Zadržavamo se ovde deset minuta. Nekoliko putnika izlazi, na ulazu se pojavljuje mlada crnkinja obučena u belo, u ruci joj mala bela tašna. Glava joj gotovo dotiče plafon. Osvrće se, traži mesto. „I kad bih se propeo na prste, mogao bih se smestiti ispod njenih grudi — mislim — štitile bi me od kiše, ništa loše mi se ne bi dogodilo." Kreće nazad, baca letimičan pogled na sedokosu ženu, seda u poslednji red. Vadim svoju svesku, skiciram zbitija Gerea. Već odavno hoću da pišem o njemu, ali nikada nisam smeo da započnem. Pretpotsavka je da me sprečava stvarnost, stvarnost iz koje pisac obično uzima svoj materijal, zar ne. Iako se uzeti može samo od izobilja. Uzimam odavde, zatim odande, dolivam, odlivam i već je gotova priča. Ali šta se zbiva kad mi umesto prostranog bazena stoji na raspolaganju samo uzak potok, čija voda nije obilna, ali je brza, pravac je određen, zatim ga odjednom proguta zemlja? Pošto je Gere nestao iz moga života, bedno i očajno, vest o njegovoj smrti, koja je dospela do mene posle nekoliko godina, primio sam bez iznenađenja. Priču o njemu hteo sam da počnem od sahrane. Okupljamo se oko njegove rake, nekoliko bivših drugova s robije, nekoliko njegovih rođaka iz Šomođlabada, nekoliko službenika Doma kulture iz Šomođlabada, nekolika lovca iz sreza, neke žene, zabrađene marame im gotovo skrivaju lica. Jedna od njih, pegava, punih usana, istaknutih jagodica, u odeći građanke stoji sasvim osamljena. Posle obreda se okreće i udaljava se brzim koracima stazom koja je mestimice pokrivena ostacima snega. Sustižem je baš kad hoće da uđe u „ladu". „Viola — oslovim je — ne ljutite se što sam nametljiv." Osvrće se, oči crvene. „Ne sećam se da smo se upoznali." Predstavim se. „Ne poznajem vas — kaže neprijateljski — nikada vas nisam videla." „Ali ja sam video vas — odgovaram — i to ne jednom. Za Božić, za Prvi maj i za Dvadeseti avgust dobijali smo da vidimo fotografije članova porodice. Šandor je nauznak ležao na gornjem krevetu, s rukama ispruženim iznad glave, i tako satima gledao vaše lice." „Da? — pita ona. — A zašto vi to pričate meni?" „To je bila prilika kada smo jedni drugima pokazivali svoje najbliže.

Zato sam vas prepoznao, jer vaše se lice ne zaboravlja lako." Ona odmahne rukom. „Veoma je lako" — veli — „samo treba hteti." Odmeri me od glave do pete, ugrize punu donju usnu. „Slušajte, ako ste mi to o gornjem krevetu ispričali zato jer ste hteli reći da sam ja prouzrokovala njegovu smrt, onda vam kažem: ne interesuje me." Hoću da se suprotstavim, prekida me. „Šta hoćete od mene? Što jurite za mnom? Da psihološki delujete na moj život? Da mi prigovarate." „Hteo sam prosto da vas upoznam. Šandor je mnogo pričao o vama..." Ona je već u kolima, iznenada dodaje gas, jedva uspevam da odskočim. Ovakav početak je nemoguć već i zbog jučerašnjeg susreta. Ipak ne mogu ubiti Gerea tek za ljubav jedne izmišljene scene. Njegovom životopisu sada već pripada da nasuprot logici nije poginuo. U Bostonu je trgovac metalnom robom, žena mu je zastupnik za kompjutere. Prošlost je izbacio kroz vrata, ali mu se nekada uvlači kroz prozor. Da je poginuo, životna sudbina bi mu bila zaokružena, klasična priča o zločinu i kazni. Sopstveni postupci nam uvek ispostavljaju račun. Čašu otrova ispijamo do dna. Kad je, pak, ostao u životu, moramo se suočiti s pitanjima na koja je teško odgovoriti. Možemo li živeti dva života jedan iza drugog? Da li je naše ja istovetno u novim okolnostima, ili nam se menja samo kora, a jezgro ostaje? I kako ovo jezgro može da se uhvati ukoštac sa cepanjem bića? Trebalo bi da upoznam Gereovu novu ženu. Ako bih je uporedio s Violom koja stoji pored „lade"...

Autobus napušta Hartford, vozimo se kroz kišu koja promiče. Golo drveće se izdiže iz blatnjavog tla. Ona crnkinja pozadi uključuje radio, sedokosa ispred mene još ne protestuje. Slušam Edit Pjaf koja se ne kaje ni zbog čega. „Vidite, Viola, i ovako se može živeti." Sedimo u njenim kolima, očito se vratila po mene. „Bila sam tako mlada" — kaže — „a Šandor je osuđen na šest godina." Klimam glavom. „Nisam imala ni novaca, jer sam smesta bila otpuštena s posla. Dete mi se razbolelo, poslala sam ga roditeljima. Odlazila sam u Kapošvar da perem prozore. Toliko sam pokvarenih muškaraca sretala u to doba..." Lice joj se skameni. „Dve sam godine izdržala. Ruke su mi sasvim propale. I nisam prevarila Šandora, iako sam gladovala.

A kada sam posetila dete, nije htelo kod mene. ,Ti i nisi majka' — rekla je moja majka. — ,Zar ti nisam govorio da se ne udaješ za onog nitkova' — rekao je otac. Tromesečno sam dobijala pismo od Šandora, neprekidno se žalio." Opet klimnem glavom, o tome bih i ja umeo da razvezem. „Pa onda razvezite" — kaže ona — „i onako pada kiša."

Ne znam šta da kažem ovoj ženi. Zamišljeno gleda preda se, napućenih ustiju, usne su joj tako još punije. Brisači zapinju, na okuci umalo da sletimo u jarak. Vozimo se poljskim putem, s obe strane pokislo strnjište. Odjednom se okreće prema meni, nogu ne skida s gasa. Na radiju Edit Pjaf. Kad proslovim, jedva mogu da prepoznam sopstveni glas: kao da stiže spolja.

U jesen 1957. dospeli smo u istu ćeliju. Beše rana jesen, jer smo još nosili štraftastu odeću. Njegova bluza delovala je komično, dopirala mu je gotovo do kolena. Kada smo se krajem oktobra preobukli u sukno, opet je odabrao užasno dugačku bluzu. Ja sam na svoju zašio krupna dugmad u boji i time izazvao njegov bes. „Nije ovo klovnovsko odelo. Ovo je robijaška odeća. Zašto je precenjuješ?" Po ceo dan je sedeo na gvozdenom uzglavlju kreveta, iako su propisi to zabranjivali. Jedino smo mogli sedeti na hoklici ili na podu. Četvorica nas je bilo zajedno, četiri kreveta na sprat u obliku slova L, u jednom uglu kibla, u drugom sto, na njemu posuđe, ispod stola kabao. Prošetati se moglo samo ako niko nije sedeo na podu. Šandor je, dakle, sedeo na krevetu, preciznije na njegovom uzglavlju, kako ne bi deformisao četvrtasto izbijenu slamaricu. Lice bi nabio među dlanove i satima ćutao. „Šandor Gere" — rekao mi je kada smo se prvi put sreli u zatvorskom dvorištu — „ne poznaješ me, jer sam ja provincijsko škrabalo i nikada nisam dobio nagradu za svoje odvratne pesme, kao ti, jebstvenički." Viola me još uvek posmatra, brisači su se sasvim pokvarili, strašno je kako se još uvek vozimo, već je odavno trebalo da se prevrnemo. „Oko nas se sklopila kišna zavesa" — kažem, ona nabira čelo, otkud to ovde. Šandor sedi na uzglavlju kreveta, lice je zagnjurio među dlanove, samo to postoji, ništa drugo. Od sredine hleba pravimo šahovske figure. Iz slamarice izvučemo jednu nit, raspletemo je, na kučinu nagrebemo rđe s kible, poklopcem s kabla trljamo po podu zarđalu nit, ona se usijava, palimo nekoliko listića toalet papira, pepeo mešamo u sredinu hleba, tako pravimo crne figure. Verenici zatvorskog radnika pišem ljubavnu pesmu, srce od olovke mogu da zadržim, crtamo šahovsku tablu. Gere besni. „Šah je zabava slobodnih ljudi — veli. — Hoćete da vam zatvor bude prijatan." Te noći je pretres, na Gereovu radost pronalaze i oduzimaju nam šah. Jednog lepog dana — već je april 1958 — dolazi radnik, prate ga dva čuvara, daskama zakiva prozor da ne bismo mogli gledati napolje. Zatvor je izgrađen u idealnom predelu, šumovit kraj, u daljini ženstveno blage kose, krda na pasištima, uveče, kad je vedro, na horizontu krvava drama sunca. Sada sve to kriju daske, i danju škilji sijalica od dvadeset pet sveća, iz kible bije smrad, nema ni provetravanja. „To je dobro — kaže Gere — jer je ovo stvarnost. Ako je zatvor, neka bude zatvor." Pravimo novi šah, on sedi na uzglavlju kreveta, s licem zagnjurenim među dlanove. Mladi šofer Gaži imitira vodnika, kome od milošte tepamo „šugavi mačak". Naravno, pantomima, bacakanje, trzanje glave, prevrtanje očiju. „Šta se cerekaš — meni će Gere — baš u ovom trenutku ti napolju jebu ženu." Krenem na njega, on slegne ramenima. „Ili moju, svejedno. Nemamo razloga za cerekanje." Krajem aprila apsandžija najavljuje: „Ameri se sporazumeli s Rusima, Prvog maja opšta amnestija." „Sigurno?" — pitam. „Tuti — veli apsandžija. — Adenauer je već i objavio." „Dosta budalaština — kaže Gere — nikada neće biti amnestija, ovde ćemo pocrkati." On je ubeđen da ćemo pre isteka kazne dobiti novu, zatim opet novu. Zato će u sledećem pismu i napisati Violi: najpametnije će biti, i u interesu deteta, ako zatraži razvod.

Čujem smeh muškarca. Iznenađen utvrđujem da Gere sedi za volanom, prosede kose, obučen u dugački mantil kao što je juče bio. Automobil stoji na njivi. „Nisam znao da napišem pismo — suze mu kaplju — sećaš se, nisam bio sposoban." Ne dopada mi se njegov smeh, osvrćem se, Viola sedi iza nas, kažiprst joj na usnama. Gere se naginje napred, lice zariva među dlanove. Tako je sedeo i na uzglavlju kreveta, nedeljama, pošto je početkom maja dobio pismo od žene. U njemu mu žena saopštava da će se rastati i udati za kapetana policije dr Šikloša. On je veoma dobar čovek, privržen porodičnom životu, prihvata je onakvu kakva je. Tako će opet živeti zajedno s detetom, tome se sigurno i Gere raduje. Napustila je pranje prozora, upisala se na kurs stenografije i daktilografije. Zaposliće se kao činovnica, pa iako neće biti neko sjajno mesto, ta on, Gere, izdržava kaznu, ali dr Šikloš je uverava da neće imati razloga za žalbu. Gerea je naročito zaboleo izraz da Viola i dr Šikloš odgovaraju jedno drugom „u svakom pogledu." „U svakom pogledu", razumeš? — i načinio je jedan pokret. Osvrćem se: Viola još uvek pritiska kažiprst na usta. „Krenimo — kažem — šta čekamo?"

Trgnem se uplašen: sedokosa žena ispred mene neobuzdano pljeska. Muzike nema, ogromna crnkinja u belom zaspala je na zadnjem sedištu. Vozimo se ravnomerno, auto-put je suv, kao da nikada nećemo stići. Hoću da zabeležim san, ali sam i suviše umoran. Setiću ga se, ako mi bude potreban. Ne odvajam se rado od Viole, ponovo sklapam oči, uzalud, neće da mi dođe po narudžbini. Setim se da liči na ženu jednog mog prijatelja, s kojom, tokom godina, umalo nisam imao odnose. Jednom smo se bili i dogovorili da kolima odemo jednog vikenda na izlet, ali je odustala u petak po podne.

Ne razumem, zašto me toliko uznemirava Gere. Za poslednjih deset-petnaest godina samo sam se jednom sreo s njegovim imenom, u čitaonici jedne biblioteke gde sam prelistavao stare novine. Pisao je o mafiji iz fabrike cipela, o nekima koji su krali kožu i u promet ubacivali cipele s đonom od hartije. Stvar je razmrsio policijski poručnik dr Šikloš. Zanimljivo, u zatvoru nikada nije pomenuo da poznaje zavodnika svoje žene. Možda su i odlazili jedni kod drugih, novinar i pravnik koji je postao policijski oficir, možda ih je on i pozivao kod sebe, a Viola je donosila muškarcima pecivo i vino. Iznenada počinje da me uzbuđuje zašto je prećutao da je nekoliko meseci pre zatvora načinio intervju sa dr Šiklošem. „Policajac — rekao je — baš se morala spanđati s jednim policajcem!" Ili: „Zamislite, kako žena političkog zatvorenika muze jednog žacu." Tada se, ali samo tada glasno smejao. Pada mi na um da ako je zaista poznavao dr Šikloša, onda je i video ono što je govorio. Naravno, moguće je da je načinio intervju s nekim drugim Šiklošem, ili da je odavno već zaboravio junaka svoje reportaže iz fabrike cipela. Novinar provincijskog lista nedeljno napiše i po sedam-osam članaka. Najradije bih se vratio u Boston da ga priupitam.

Počinjem da razmišljam da li bih opet spavao kod Klare. Nije pristojno što joj je koža tako mlada. I tako elastičnog držanja. Za mene je pedesetogodišnja žena poželjnija ako se na njoj oseća malo svenulosti. Neka se bori protiv vremena, jer uzaludne bitke uglavnom poseduju etičku i estetičku čar. U ratu koji mami sigurnim porazom, svaka mala dobijena bitka budi žudnju.

Pametno uradismo što juče nismo otišli u restoran koji je naznačio Gere. Ono što bih njemu mogao reći, Klare se ništa ne tiče. Ono što Klara može meni reći, ne odnosi se na Gerea. Navratili smo u jedan japanski restoran, konobar je pored našeg stola pripremao meso na vreloj plotni. Obojena indirektna svetlost rasipala se po Klarinoj tamnocrvenoj haljini i crnoj talasastoj kosi. Pipnuo sam dva prstena na njenoj ruci. „Ovaj sa zvezdom dobila sam od oca — reče. Imao je rak. Zamolio je majku da izađe iz bolničke dvokrevetne sobe — bolesnik iz druge postelje umro je prethodnog dana — svetlost se probijala samo kroz prozore spuštenih roletni, bilo je mračnije nego ovde. Prineo je ustima moju ruku i poljubio je. Strašno sam se zbunila, do tada sam uvek ja njega ljubila u ruku, gest mu je užasno neuobičajen. A uz to, bilo me je i stid, odbijao me je smrad koji se širio iz'njega. Držao mi je ruku, ležao nepokretno, već sam bila pomislila da spava ili da je umro, a on je onda proslovio, ispričao mi je da je u vreme kada je bio na prinudnom radu u Bečkom Novom Mestu morao u kolicima gurati kamen na jedno uzvišenje, tamo je kamen izručivao, ponovo ga trpao u kolica i gurao dole, na polazno mesto, pa opet gore, i tako deset dana. Oni koji bi se obeznanili smesta su ubijani. Veoma je želeo da se ispruži po zemlji, samo zato nije da bi mene još jednom video. Bila sam potresena, jer od 1945. pa do trenutka ovoga razgovora, to jest do februara 1956, nikada mi nije pričao, a kao što se docnije ispostavilo ni majci, o doživljajima na prinudnom radu. Onda je ispod jastuka izvadio ovaj prsten s Davidovom zvezdom, navukao mi ga na prst i zakleo me da-se udam samo za Jevrejina."

Klara zaćuti, čujem cvrčanje mesa, fini mirisi mi dopiru do nosa. Školski primer ucene, mislim, atmosfera samrtne postelje, poljubac ruke i prsten, ljubav kroz ropac saopštava kolika joj je cena. I nehotično se smešim, jer mi pada na um da u Bostonu, srećom, lako može da ispuni poslednju želju. Klara me pita šta mi je tako zabavno. Umesto odgovora dodirujem prsten sa zelenim kamenom. „O, njega sam dobila od jednog muškarca — kaže i povlači ruku — od muškarca mlađeg od mene deset godina koji..." Konobar nas poslužuje. Klara primećuje da jedem proždrljivo kao i nekada, i da li se sećam da sam na kraju izleta požderao ostatke jela dvanaestoro izletnika. To se zbilo na Margit-mostu, jelo je bilo stavljeno na ogradu, a ja sam išao od jednog do drugog i nisam se smilovao ni jednoj mrvici. Ona me je upoznala na tom izletu i posle gozbe užasavala se mene, sve dok nije otkrila da je moj apetit izraz jedne opštije žudnje za životom. „Zašto ne želiš da pričaš o zelenom prstenu?" — pitam. „A što da ne, ta i onako ćeš otputovati." Prsten je dobila pre pet godina od Čeha Jiržija, koji je sklon piću, književnog istoričara koji je stigao u Ameriku 1969. godine s obimnim rukopisom *Švejk ili Don Kihot?* u kojem istražuje puteve političkog otpora u Istočnoj Evropi. Rukopis je objavljen, ali nije izazvao pažnju. Jirži je nekoliko godina svirao klavir po noćnim lokalima, trenutno je lektor kod jednog velikog izdavača za češku, slovačku, poljsku, rusku i srpskohrvatsku književnost. U međuvremenu, u staroj domovini, bez posla su mu ostali i sestra i brat. Jirži bi rado otišao u posetu roditeljima, oboje boluju, pa ipak ne može da se obrati čehoslovačkim vlastima zbog vize. Planira da traži dozvolu kad bude njihova sahrana, to mu ne mogu odbiti. Sve više pije, i povremeno ušteđevinu spiska na ruletu. Ali je veoma zabavan i kad je pijan, i ume da gubi kao niko. Za gubljenje poseduje istorijsku rutinu, voli da kaže. Jednom godišnje prosi Klaru. Prvi put je to učinio kada joj je popoklonio ovaj prsten sa zelenim kamenom, koji je dobio od majke. Poslednji put joj je to predložio danas, telefonom, dok sam ja sedeo tamo za stolom i glupo rukama držao uši. „Što ne pođeš za njega? Jer je mlađi?" Klara odmahne glavom. „Jer pije?" Ponovo odmahivanje. „Ne voliš ga?" „Mislim da ga volim" — kaže Klara. „Onda se udaj za njega." „Ne mogu — odgovara — ne mogu, shvati, ne mogu." Ukopčao sam. „Nije valjda zbog oca?" „Ludost, zar ne?" — pita. „Nije bezuslovno. Ako veruješ da ćeš time uvrediti oca na drugom svetu..." „Ne verujem ni u kakav drugi svet — odgovara Klara. — Ne verujem ni u boga. I mrtav je skoro trideset godina. Ali sam se zaklela... Odnosno, pa i nije zbog zakletve, nego..." Zaćuti, krije lice iza čaše vina. „Da nije morao ona kolica..." Klimam glavom. Oboje znamo da ne može dati razumno objašnjenje. Na novom kontinentu je započela nov život, ali je prošlost isto tako ne pušta, kao ni Gerea. Gledam dva prstena — kako mogu stajati jedan uz drugi? „Veoma retko stavljam oba istovremeno — kaže — jedino kad osećam da mogu sebi dopustiti malo cinizma."

Predlažem joj da bude zaista cinična. Onda bi svoje jevrejstvo shvatila kao poučnu biografsku činjenicu, a ne kao balast. Preživela je skandal — neka ga i ostavi iza sebe! Ako do kraja života vučemo sa sobom kamenje otaca, onda nećemo imati snage za sopstveni prtljag. Pod oklopom cinizma možemo profitirati zbog užasne sreće što smo u detinjstvu bili među progonjenima. „O kakvom to profitu govoriš? — pita me izbečeno. — Saosećali smo s potlače-nima i to će nas sačuvati od poživinčenja." Klara me tužno pogleda. „Ti govoriš o cinizmu?" — pita. „Za moralni pa-tos danas je neophodan i cinizam — kažem. — Bez toga bi nas ubio bilo koji broj bilo kojih novina. Ako bismo primali k srcu kakvi tipovi u svojim rukama drže našu sud-binu... Jedemo ovo božanstveno japansko jelo, a u me-đuvremenu na stotine dece umire od gladi. Kako bismo bez cinizma i dalje mogli biti gurmani kada bismo očima savesti gledali sasušene noge i natekle stomake ..." Klara ostavlja viljušku i nož, odmiče od sebe tanjir. „Sutra ujut-ru, ili najkasnije u podne ipak ćeš jesti." „Pokvario si mi apetit — kaže — a i kući se vraćam s grižom savesti." — „Tu smo. Veru si izgubila, iz društva si ispala, šta ti je još ostalo od jevrejstva? Griža savesti." „A šta je tu tako smešno?" — pita. „Nemoj se ljutiti, palo mi je na um da ipak imaš sreće. Jedino ne smeš da se udaš za ne-Jevreja. Da ti je otac bio obazriviji, takve bi ti isključio i iz postelje." Klara odmahuje glavom. „Mom ocu ni na pamet nije padalo da bih se ja mogla voleti s nekim drugim, sem sa svojim mužem. To je bila još sasvim druga generacija." Pogleda na sat. Privučem pred sebe njen tanjir, navalim. „Ništa se nisi izmenio — konstatuje Klara — požuri, opet će me pozvati u jedanaest." Razmišljam da li s grižom savesti leže s njim. Halapljivo jedem, ona u međuvremenu plaća, i već letimo kući. Putem jedva da i razgovaramo. Pored kuće, na ivici šume, stoji automobil u mraku. „Jirži?" — pitam. „Nemoguće" — kaže nervozno i nagazi kočnicu. „Treba pozvati policiju." Tada se pale farovi, jedan muškarac izlazi u svetlost. Prepoznajemo Gerea.

„Dobro poznajem ovu okolinu, gospođo. Ovu šumu. Kad sam stigao ovamo, godinama sam navraćao ovde. Smem se kladiti u bilo koju sumu da nećete pogoditi zašto." Sedimo u dnevnoj sobi, u rukama nam čaše za konjak. „Neću da vam smetam" — kaže Klara. „Ako neko ovde smeta, onda sam to ja — utvrđuje Gere. — Navikao sam već. Nisam tako prijatan kao naš prijatelj." Traži dopuštenje da zapali, zatim ponavlja: „Nisam tako prijatan čovek. Zato sam katkada prisiljen na osamljenički život. Kada sam stigao ovamo, izbegavao sam Mađare, a domaći se nisu interesovali za mene. Već sam dve i po godine imao telefon kada me je jedan domaći prvi put pozvao, a i taj samo zato što je pogrešio broj. Dolazio sam ovde u šumu i zasadio nekoliko mladica. Imao sam sopstveno drveće u divljini. Godinama sam brinuo o njemu, zalivao ga u sušnim periodima. Sada je već veliko. Da nije mrak, pokazao bih vam ona tri drveta koja su preživela. Ako nemamo na kome da iživimo našu sklonost da budemo brižni, zasadimo drveće, jer je to fina zabava, rezultati su opipljivi; ako doživimo krah, i pojedini naši štićenici propadnu, neka ne bude veće štete. Niko se nije ubio zbog jednog drveta, niko nije emigrirao zbog jednog drveta." Ponovo naliva svoju čašu. „Ni po koju cenu ne bih držao psa, ni papagaja, radije bih skupljao leptire. Za njih nije šteta ako i uginu." Iskapi svoju čašu. „Zamislite, gospođo, imao sam malen balkon, zastaklio sam ga, grejao, hteo sam u Bostonu da gajim tropsko bilje. Valjda da ovde ne budem jedini stranac." Pogleda me. „Ne cerekaj se. Nisam sentimentalan. Već sam se odavno iselio iz tog stana." „Znam, znam, imaš trgovinu metalne robe, žena ti je zastupnik za kompjutere, a posinak je genijalni fizičar." Gere ne čuje moje opaske, i dalje objašnjava Klari. „Moja žena ne podnosi cveće u stanu. Po njoj, velegrad progoni prirodu i čisto je licemerje ako pokušavamo da je prošvercujemo na sporedan ulaz. U prostoru velegradskog stana s erkondišnom buket ruža je — laž. Što lepše cvetaju, tim gore. Prihvatimo životne okolnosti bez kompromisa — kaže moja žena." Ubacujem: „Poznato mudrovanje." Gere klimne glavom: „Van sumnje, pristajemo jedno uz drugo, moja žena i ja" — i ispija još jedan konjak. Telefon zazvoni. „Podići ću slušalicu u kihinji" — kaže Klara i otrči.

Čim ostanemo sami, konverzacija zastaje. Gere ide okolo po prostoriji, razgleda slike. Odlučujem se da neću prekidati tišinu. Konačno, on je jurio za mnom, on ima nešto da mi kaže. Hoće da me nešto zamoli ili da pita za nešto, eventualno želi da zbivanja smesti pod novo osvetljenje. Ili bi hteo da otvori dušu. Okrenut mi je leđima, ruke nabijene u džepove, ispred slike Rotka. Moguće je i da steže nož u džepu i hoće da ubije mene, svedoka. Još kad smo sedeli u italijanskom restoranu, pomenuo je da ima fantastične noževe. Pada mi na um s kakvom je strašću svojevremeno oštrio dršku aluminijumske kašike o uzglavlje gvozdenog kreveta. Svi smo to činili, jer smo samo na taj način u ćeliji mogli obezbediti sebi alat za sečenje. Međutim, Gere je bio opsednut brušenjem, veoma brižno je oštrio dršku kašike, jedno bi oko zatvorio, drugim je odmeravao rezultat, palcem bi prelazio preko oštrice kašike, dalje je radio, sve dok se oštrica nije okrnjila. Zamenio je kašiku s nekim od nas, i nastavio rad, dok se na kraju, iz trećeg pokušaja, nije mogao podičiti ravnomerno oštrim aluminijumskim sečivom. Nikada nije aludirao da hoće da seče svoje žile, ali ja sam znao da se poigrava tom mišlju. Već sam ga hteo zamoliti da nam to ne priredi, kada je bio pozvan u operativno odeljenje. Od ovog odeljenja su strahovali i zatvorski čuvari, čak i rukovodioci, budući da nije potpadalo pod zatvorsku upravu, već direktno pod Ministarstvo unutrašnjih poslova. Rukovodilac odeljenja je bio klempavi major, nekadašnji rvač, korpulentan i smiren čovek. Razgovarao je s Gereom koji se posle toga jedno vreme manje bavio kašikom.

„Izvadi ruke iz džepova — kažem — još ću poverovati da hoćeš da me izbodeš." Stoji preda mnom, zija, ne oseća se prijatno. „Znao sam da nećeš izdržati tišinu — odgovara — stalno moraš da trabunjaš neke gluposti." Seda, pali cigaretu i mrmlja više sebi nego meni: „Interesantno, zasta mi je palo na um. Međutim, onda bih morao ubiti i damu. Eh — i odmahne rukom — kukavica sam ja."

Voleo bih da se Klara vrati, ali ona, očito iz uljudnosti, nikako da se pojavi. Prolaze minuti, dosta mi je tišine. „Šta hoćeš od mene?" „Ništa. Samo da sedim s tobom, kao nekada." „Nekada smo sedeli zajedno zato što nam nisu bila na raspolaganju vrata koja bismo mogli otvoriti." „Razumem — kaže — dakle da idem do đavola?" „Jedino ako nemaš nešto naročito da mi kažeš. Kuda žuriš? Stara koka će te sačekati." Skoči, opet počinje da se šeta. „Kada sam tražio američko državljanstvo, dva puta su me čak odbili. Predao sam i treću molbu i posle nekoliko sedmica su me pozvali u imigraciono odeljenje. Neki mladić, koji je 1956. još sisao majčino mleko, saopštio mi je da mogu dobiti državljanstvo samo uz određene preduslove. Moj akt, i sve cakum-pak, bilo je u njegovim rukama, čak mi je i pokazao. Od mene zavisi, rekao je, da li će mi od danas do sutra ukinuti dozvolu boravka i najuriti iz zemlje. Ali kuda, o tome nema pojma, možda u neku južnoameričku banana republiku, ili u Meksiko ili u Južnu Afriku, ukratko u neki takav budžak sveta, gde će me, i pored svega, primiti." „A ti na to?" „Šta te se tiče" — i seda naspram mene, stavlja ruku na moju ruku. To me iznenađuje, čak mi i smeta. Svojevremeno se Gere ustezao od svakog dodira. Četvorica nas je bilo nabijeno u malu ćeliju, neizbežno je bilo da se katkada dotičemo, ili sudaramo. Sada me drži za ruku i gleda u oči. „Svakako sam hteo da se nađem s tobom — kaže, i sada prvi put prijateljskim tonom — da ti

stavim do znanja: ti si upropastio moj život, jebstvenički."
Ustane, nasmeši mi se i napusti kuću. Galama u autobusu: crni mladić iz prednjeg dela autobusa želi da siđe. Njegova karta glasi do Njuhevna, samo što autobus ne staje u Njuhevnu. Na raskrsnici je primetio grešku, sada levom rukom drži tranzistor, desnom udara po šoferovoj kabini. Šoferova greška, što ga nije upozorio kada mu je pregledao kartu. „Staćemo u Njujorku, otuda se možeš vratiti" — saopštava šofer preko zvučnika. Po jednom matorom buđavku, još bi trebalo da plati i kaznu zato što se mukte vozi od Njuhevna do Njujorka. Mladić vrišteći psuje, hoće silom da otvori vrata autobusa koji juri. Seda žena ispred mene se užasno uzbuđuje, „Uh, uh, uh, uh" — viče neverovatno visokim tonom, topće nogama, obema rukama seče vazduh iznad glave. Tek mnogo kasnije se zaustavljamo, crni mladić izlazi na kišu koja ponovo prokapa i pljuje autobus.

Ovaj mali ružni niz događaja vraća me iz jučerašnjice u današnjicu. Mislim kako ne bih bio u stanju da izvedem ovakav skandal. Mogu da zamislim sebe kako ministra za kulturu nazivam budalom, ili kako čvrkam po nosu policijskog kapetana; ali nikada ne bih mogao da se ovako osećajno dodvoravam putnicima jednog autobusa. Crni mladić će uvek biti delotvorniji od mene ako je u pitanju bitka za svakodnevna prava. Boreći se za Ljudska Prava, pisana velikim slovom, naravno, mi intelektualci izbijamo na prvo mesto.

Zahvalan sam mladiću — minuo me je umor. Ponovo listam svoju svesku. Precrtavam ono što sam maločas napisao. Pre nego što od Gerea načinim književno delo, trebalo bi valjda da ga shvatim. Hvatam sebe kako se rvem s njegovom poslednjom jučerašnjom rečenicom. Odzvanja mi u ušima, odagnam je, vrati se. Počinjem da piskaram, užurbano, skicirajući, kako bih oživeo zbivanja.

Kada je Gere bio pozvan u operativno odeljenje, već je po ceo dan sedeo na uzglavlju kreveta, oštrio dršku kašike, ili bi jednostavno samo zabio glavu među dlanove. Ako bih hodao po ćeliji, dobijao je napad besnila. Stresao bi se ako bi čuo korake iz hodnika, ili ako bi čuvar otvorio rezu na nekim vratima. Nije podnosio ni zveket kotla, našu omiljenu muziku. Veći deo njegove porcije delili smo međusobno. Jednom je lupao na vrata i tražio da bude smešten u samicu, ne smeta ako je i mračna, ali hoće da bude sam. „Odmah ću vas negde smestiti" — odgovorio je tamnički čuvar.

Violino pismo o raskidu dobio je početkom maja, odgovorio joj je početkom juna — tromesečno smo mogli pisati trideset redaka — sručio je poplavu prebacivanja ispisanu sitnim slovima. Na posetu je imao pravo krajem juna. Svako pola godine mogli smo se susresti s osobom koju naznačimo, vreme posete određivano je na period od deset do dvadeset pet minuta u zavisnosti od ponašanja osuđenika i njegovih drugova u ćeliji. Robijaši su već mesec dana pre posete izbezumljeno održavali red u ćeliji, više puta dnevno su tražili da donesu vodu kako bi prali betonski pod, slamarice su bile izbijenih uglova, lavor je blistao, čak je i rđa s kible bila izgrebana. Gere nije učestvovao u ovoj revnosti, jedino je pazio da ne pokvari ivice slamarice. Dok je brusio dršku kašike, stavljao je na pod list toalet-papira, kako bi aluminijumski opiljci padali na njega. Ja sam demonstrativno sabotirao, osećao da je ponižavajuće sedmicama robovati zbog nekoliko minuta koje će nam uprava milostivo dopustiti. Već pomenuti drug iz ćelije Gaži, pa čika Pišta, Hortijev kapetan, neumorno su ribali. Jednog lepog dana, kada su već peti put lickali pod, posle završetka rada, dograbio sam vedro i prljavu vodu pljusnuo na zid. Gere je skočio, jurnuo na mene s kašikom u ruci, Gaži je tek s velikom mukom uspeo da ga zadrži. Kada je stražar stigao, čika Pišta je već strugao prljavštinu sa zida. „Sapleo sam se" — rekao je stražaru, koji je, naravno, reagovao skeptično, i uz nekoliko psovki prognozirao nam čemernu budućnost. „Ako za posetu dobijem samo deset minuta — saopštio je Gere dva dana posle događaja — kunem se da ću ti jedne noći precvikovati grkljan."

Na sam dan posete Gere uzalud čeka poziv od osam do jedan, obučen u sveže oprano i ispeglano odelo na štrafte, koje je dobio od čuvara za deset cigareta. Potom se baca u krevet, i neće da ustane ni kada se na vratima pojavljuje zatvorski čuvar. „To će vam presesti" — kaže čuvar. To se zbilo u nedelju, a u četvrtak Gere je pozvan u operativno odeljenje. Vraća se posle dva sata, seda na uzglavlje kreveta, do večeri nije ni pisnuo.

Po drevnim zatvorskim pravilima, robijaš je obavezan da svojim drugovima referiše o vremenu provedenom izvan ćelije. Ako to ne učini, postaje sumnjiv. Zapitkivati ne priliči, ali mozak svima ludački radi, odmeravaju se razne mogućnosti, a zaključci, koji se rađaju u ovakvim situacijama, teško se mogu poljuljati čak i faktima. „Hteli su da me pridobiju — saopštava Gere posle povečerja, već ležeći u mraku — obećavali su da će mi vratiti ženu, ako budem sarađivao." „Kako bi ti je vratili — pitam — ako je ti sam ne možeš vratiti?" „Sve mogu." „Dakle, Šandore, postao si taster" — zaključuje Gaži. „Ma kakvi — kaže čika Pišta — onda bi nas sada kljukao bajkama." „A da li si bar prevrnuo na njih pisaći sto?" — pita Gaži. „Što da prevrnem?" — odgovara Gere. „Samo rade svoj posao."

Ubrzo je reorganizacija ćelija. U istoj sam ćeliji s dvojicom katoličkih popova. Posle nekoliko dana stiže i četvrti sustanar — Gere. Iz disciplinskih razloga do tada je bio u samici. „Škrabala i drugi zaluđivači naroda treba da su na istom mestu" — kaže stražar, koji ga je dopratio, pre nego što zaključa vrata. Slede teški meseci. Stariji pop — oniži čovek sa crvenim žilicama na licu — stoji u uglu ćelije u molitvenoj pozi, osluškujući spoljne šumove; njegov suvonjavi kolega, pak, takođe već preko pedesete, stoji bez reči između kreveta i kible. Samo između sebe izmenjuju po nekoliko reči, takođe šapatom. Nas očito smatraju za negdašnje sluge bezbožničkog sistema, koje su se preračunale u doba revolucije. Ni Gere ne govori, sedi na uzglavlju kreveta, nikako da stigne pismo koje očekuje. Kada mi pišemo pisma, kašikom zaoštri olovku kao iglu, da bi se moglo što više slova nabiti u onih trideset dozvoljenih redaka.

Početkom oktobra opet ga odvode u operativno odeljenje. Na stolu pred klempavim majorom je njegovo pismo. „Nismo ga poslali" — kaže major. Gere protestuje. U pismu nije povredio propise. „Propise niste — odgovara major — ali suprugu jeste. I to kakvu suprugu." Gere zadržava pravo da samostalno formira mišljenje o svojoj supruzi. Major mu ponudi da sedne i pita ga kakav je bio cilj pisma. Ako je pismo bilo namenjeno raskidu, onda će ga otposlati. I u tom slučaju će, naravno, izbrisati reč „kurva", jer se ne može dovesti u sklad upotreba ovakvih reči s moralnim redom socijalističkih zatvora. Ali ako bi hteo da povrati naklonost svoje supruge, onda ne treba da pokazuje mržnju, već razumevanje. Mnoge stvari se mogu postići razumevanjem i ljubavlju, pogotovu kod žene željne takvih osećanja, kao što je Viola. Kad čuje ime svoje žene, ruke Gerea počinju da drhte. Javlja se sumnja da je ona spavala i s majorom. „Otkud vi znate kakav je tip žene moja supruga?" „Razgovarao sam s njom — odgovara major. — Spremna je da vas poseti. Još ove sedmice možete dobiti prekorednu posetu." Gere odmahuje glavom. „U ovoj sobi se možete susresti. Bez prisustva stražara. Vreme ne ograničavam." „I koliko bi me koštala jedna takva poseta?" „Osnovni stub našeg društva je porodica" — nastavlja major. — „Dužnost nam je da spasemo porodicu od raspada. Zbog toga nismo otposlali vaše pismo." Gere ćuti. „I alat možete koristiti, ako vam se ukaže prilika. Niko neće ulaziti kod vas. Sva sredstva možete primeniti kako biste ponovo stekli njenu naklonost."

Sutradan mi Gere referiše o ovom saslušanju kada neočekivano ostajemo sami. Dva popa su bila pozvana kako bi im bilo saopšteno da će opismenjavati Cigane. Gere je pogodio da su ih zbog toga pozvali. „I mi ćemo biti učitelji" — kaže. — „Popovi, profesori, škrabala, svi ćemo biti učitelji na analfabetskim kursevima. Pre podne nećemo provoditi u ćelijama. Dobićemo hartiju i olovke. Rekao sam klempavom da mene ne uključi. Ja hoću da odležim, ništa drugo, jer sam na to osuđen." Sležem ramenima. On se cereka. „Klempavi mi je rekao da su i njega uvek uzbuđivale belopute, pegave žene." Prilazi zakovanom prozoru, okrenut mi je leđima. „Još ove sedmice bih mogao razgovarati s Violom. Da li da prihvatim?" Ne odgovaram. „Šta ćutiš kao govno u travi? Trebalo bi da pripazim na analfabetski kurs. Ni o kome ne bih napisao ništa loše. Izveštaje bismo mogli zajedno napisati. I bar bismo mogli biti sigurni da nam nisu poslali na vrat pravog tastera." Okreće se i gleda me u oči. „Da li da prihvatim?" „Prihvati — kažem i za sebe neočekivano. — Prihvati bez oklevanja." Osećam da neko ko ovako pita, u duši je već odlučio, samo očekuje još neku vrstu potvrde. Ili je već stavio potpis u samici, ili je samo pitanje vremena kada će to učiniti. Ovako je zaista bolje ako znam ko je doušnik. A možda ću uticati i na njegove dostave. „Prihvati" — kažem još jednom, naglašenije. Sada, posle četvrt veka, ja sam krivac, ja sam mu uništio život. Gere je napustio kuću, Klara se ne pojavljuje, ispijam još jedan konjak i hvata me veliko beznađe. Naši saveti po pravilu promašuju cilj. Ako govorimo ono što drugi hoće od nas da čuju, radimo suvišan posao; ako preporučujemo obrnuto, reči su nam uzaludne. A u oba slučaja sebe opterećujemo odgovornošću. Da sam tog dana uspeo da Gerea odgovorim od pogodbe, sada bi me optuživao da zbog mene nije uspeo da sredi brak. A uz to, docnije bi ipak ušao u kaljugu. Nije bio u situaciji da se odupre.

Tri prepodneva, od ponedeljka do srede, govorio je i govorio bez prekida, kao da je pod dejstvom nekog leka. Popovi su već učili nepismene, nas dvojica smo bili u ćeliji, ovog puta je on šetao gore-dole između kreveta, a ja sam sedeo na hoklici. Naročito je pričao o svojim ljubavnim avanturama sa starijim ženama, koje su mu sve redom bile zahvalne, jer on je samo ležao ispod njih, bez koncentracije, i dozvoljavao da one uživaju po triput, četiri puta, pet puta jedno iza drugoga. On bi samo jednom uradio, načelno, jer nikada nije hteo da ošteti Violu. Kao provincijski novinar nije ni mogao da propušta prilike koje su mu pružali ženski subjekti njegovih reportaža, a s takvim poslovima idu i muške obaveze, jer žene zatim omekšaju, opuste se i izliju svoje srce, ceo bućkuriš, a tada on u svoje napise može da unese naročite boje. Ali istinski je samo Violu voleo, a to nije smetao s uma ni u jednoj postelji. Uputio me je i u njihovu istoriju ljubavi. Otac mu je bio reformatorski sveštenik u Šomođlabadu, a Violin do 1945. beležnik, katolik. Obe porodice su se protivile njihovoj vezi, godinama je trajala međusobna ofanziva ogovaranja i kleveta. Oni su bili Romeo i Julija, morali su da probiju prsten zabrana, prijatelji i poznanici, kao i celo selo se bilo podelilo na dva tabora. Ljubav je započela u vozu, kada je on išao u četvrti, a Viola u drugi razred. Oboje su putovali u gimnaziju u Kapošvar, svakog jutra, a pokatkada su se zajedno vraćali i posle podne. Nedeljama nije ni dotakao devojčinu ruku. Pisao joj je pesme, jer onda je još hteo da bude pesnik, ali se nije usuđivao da joj ih pokaže. Danas već zna da je njegov kukavičluk bio opravdan. Svakog jutra bi pregledao Violine zadatke, čak joj je pomagao i iz hemije, u koju se ni on nije razumevao. Divan, idiličan period, što se, na žalost, ne može reći za njihov prvi intimni dodir, koji se zbio onoga dana kada je maturirao, takođe u vozu, tačnije u ve-ceu voza. Oboje su pili povodom uspeha na maturi, a šta se posle zbilo na to ne voli ni da se podseća. Svečane pantalone su mu bile krvave i s užasnim strahom su se prikradali kući. Viola ga je sedmicama posle toga izbegavala, ali kada su se slučajno opet susreli, ljubav je planula punom snagom i potrajala celo leto. On je na jesen otišao u Pečuj na fakultet. Malo zatim je izbio skandal, jer je jedno Violino pismo palo roditeljima u ruke. Sve se to tek sada povezuje u meni, jer mi je Gere onda brbljao zbrda-zdola. Mnoge sam pojedinosti pozaboravljao, ali osnovnu situaciju jasno vidim: on šeta gore-dole i govori, ja bez reči sedim na hoklici, u dva se vraćaju popovi, tada Gere seda na uzglavlje kreveta i više neće prosloviti sve do sutradan ujutru.

U četvrtak u deset sati pozivaju ga iz ćelije, odsutan je gotovo četiri sata, vraća se ne mnogo pre popova. „Svemu je kraj" — kaže. — „Užasno izgleda, kao njena baba. Hteo sam je pojebati iz učtivosti, ali mi reče da ne može da prevari Šikloša." Zakikotao se. „Dobro, zar ne?" — pita — „ima fantastičan humor, zar ne?" Natmuri se, stoji nekoliko trenutaka bez reči. „Zatim stiže klempavi i izvuče od nje obećanje da neće doneti konačnu odluku dok ja ne budem slobodan. A brže ću biti slobodan ako se budem dobro vladao. Tada je već cmizdrila i usne su joj otekle, a rekla je kako joj je užasno da me vidi u ovakvoj odeći, i da joj nisam to obećavao kada se udavala za mene, a dete se mene i ne seća." Popovi stižu, on opet zanemi, predveče se još jednom oglasi: „Ali Šikloša, e, njega neće da prevari." A zatim grakne na starijeg popa: „Šta zijaš, jebstvenički?"

Pogledam na sat: petnaest do jedan. Polazim da nađem Klaru. Sedi u kuhinji, pored telefona, u beloj domaćoj haljini. „Zamalo da zaspim" — kaže — „je'l se onaj konačno pokupio?" Zatim: „Htela sam da pozovem Jiržija, ali sam odlučila da ga ipak ne zovem. Nek ga đavo nosi." „Kakav đavo?" — pitam. „Ljubomoran je što spavaš ovde." „Što si morala da mu kažeš?" „Nisam mu dopustila ni da dođe na tvoje predavanje. Rekla sam mu da smo stari prijatelji, i da se nismo videli gotovo trideset godina. A sada želi da dojuri ovamo. Zamolila sam ga da to ne učini." „A on?" „Pitao je da li si Jevrej. Jer ako jesi, onda je siguran da ću ga prevariti s tobom, kako bi se moj otac u grobu radovao." Smeškam se, dopada mi se rečenica.

Kroz prozor autobusa već vidim Njuark, trošan gradski predeo, stada automobila ispred pustih fabričkih zgrada, porušene kuće, užasno ruinirane stambene četvrti, ovde-onde prljavi stubovi dima, prazne placeve prekrio je žutnjikavi korov, sipi kaljava kiša, pa ipak, ova užasna tvorevina budi u meni poetske asocijacije, susreo sam se s njom najpre u Ginzbergovim pesmama, jedno vreme, na početku stoleća, posle dolaska iz Rusije, ovde je stanovala njegova luda majka. Književnost, čak i ako je precizna, ulepšava ružno, budući da zaobilaznim putem ostvaruje s njim osećajne veze. Njegova luda majka pila je jeftina gazirana pića po mrtvačnicama Njuarka, nos joj je bio pun njuarškog kiselkastog smrada. Kao da i ja osećam ovaj kiselkasti smrad, sumnjam u ženu žutog lica, i zaista, iz termoske posude nešto jede kašikom, za to vreme divlje trese glavom, zagonetno je kako joj uspeva da pogodi usta. Dobuje kašikom po praznom sudu, i podriguje. Ne samo Njuark, i ludilo je manje odbojno u pesničkom prikazu.

I moja baka je tresla glavom jedno celo popodne. Dobila je izliv krvi u mozak, više nije dolazila svesti, umrla je pred zoru. Poslednja rečenica joj je navodno bila upućena sinu, zvala ga je, tog dobro situiranog pravnog savetnika, lepog stasa i mađarskih brkova, koji je stradao u logoru. Ranije je moja baka bila veoma vedra žena, brige je odagnala od sebe, uživala je u umerenom blagostanju, koje joj je obezbedio muž, docnije sin. Rado se igrala s unucima, posećivala bližu i dalju rodbinu i kartala se kad god je mogla. Prvih četrdeset godina života proživela je na selu. Moj deda je bio nastojnik imanja, u porodici se bio odomaćio patriotski duh, džentrijski maniri, koji su nadživeli i monarhiju i dedu. Baka je zanemoćala tek juna 1944, onog dana kada je morala da stavi žutu zvezdu. Leđa su joj se povila, lice upalo, nije više htela da ide u posete rođacima, ni na ulicu nije izlazila, jedino kada su je terali u geto, na putu se dva puta srušila, i mada se uz pomoć majke uspela da uspravi, odista je ostala tamo na pločniku geta. Ni oslobođenje je nije oslobodilo, nerado je zalazila među ljude, kao da se stidela, i jednu sedmicu pre vesti o sinovljevoj smrti umrla je u samoodbrani.

Luda žena ispred mene spakovala je svoj termos i sad opet seče vazduh istim onim krutim, grčevitim pokretom kojim je moja baka terala nasrtljive muve. Ova slika mi je pala na um i sinoć, u japanskom restoranu, dok sam doticao prsten s Davidovom zvezdom. Tada sam još mislio da je Klara prevladala užas; moja baka bi pre odsekla prst nego što bi na njega stavila ovakav prsten. Ali kada smo noćas legli, Klara je kažiprstom pokazala levu dojku. „Pogledaj: neće da siđe." Ljubim je. „Ne može ni da se odgrize. Niti da se oliže" — kaže. „U uličnom izlogu Budimpešte videla sam kako visi neobrijan muškarac. Na mantilu mu velika žuta zvezda. ,Ovako će proći svaki Jevrejin' — bilo je ispisano pored njega." Uzmiče od mene, kažiprst joj je još uvek na dojci. „Verovala sam da ću je u Americi sprati. Neprekidno imam osećaj da je Jirži vidi. Na kaputu, na bluzi i na koži. Vidi i zbog nje me prezire. A nije antisemita." Brizne u plač, oblivaju je suze.

„Kod kuće sam bila s tobom" — kaže docnije. Mirno leži pored mene. Divim se njenom devojčkom telu osvetljenom svećama. Šta joj znači „kod kuće"? Zajedničko poreklo? Zajedničko detinjstvo? Zajednički maternji jezik? „I Jirži je ovde stranac" — kažem. — „I on je Srednjoevropljanin. I on je bio progonjen, čak ne može da ode u posetu svojima." „Jirži je drugo. Sam je birao svoju sudbinu." Klimam glavom. Ova žena živi svoj život kao neku predodređenost. Kod kuće se osećala kao tuđinac, a ni u tuđini nije kod kuće. Od pre nekoliko godina svake prve nedelje u mesecu susreće se sa svojim nacističkim progoniteljima koji žive u okolini Bostona. Uglavnom se okupljaju u vili jednog trgovca nekretninama, leti u bašti velikoj poput parka, a kad je hladnije u takozvanoj „plišanoj sali." Jedna

Holanđanka, psihoanalitičarka, neprekidno sanjari o osveti. Napujdala bi vučjake na svoje negdanje mučitelje. Naterala bi ih da jedu sopstveni izmet. Prema jednoj Nemici, slikarki, patnja oplemenjava; neprekidno tvrdi da je zahvalna sudbini za sve ono što je doživela. Drugi opet uzmiču, sređuju svoje poslovne stvari. „Pusti do đavola tu bandu" — kažem joj. — „Prezri ih i udaj se za Jiržija." Klara se smeška. „Po meni, Jirži odnekud virka. Ne sme da zazvoni. A tvoj prijatelj, pak, prisluškuje s druge strane kuće, ali on će i zazvoniti." „Danas više neće" kažem. Klara me hvata za ruku. „Nemoj ti mene da udaješ. Bar nemoj dok ležiš u mojoj postelji. Bolje me zagrli. Ili da spavamo."

Posle sam se i u snu voleo s Klarom, ali pre krajnjeg trenutka me obaveštavaju da je oskrnavljen jedan grob. Ispisani su po njemu seksualni simboli, ili je možda mrtvac iskopan i učinjeno mu je nešto neizrecivo. Očajno se naprežem da pogodim o čijem je grobu reč. Odjednom tek vidim Klaru u kuhinji, sedi na hoklici, moja žena kuva za decu, i ja se pojavljujem na kuhinjskim vratima. „Vidiš" — kaže moja žena — „sada mi je zagorela zaprška." Hoću da se pravdam, ali nje već nigde nema. Klara sedi na hoklici, ja se budim uzvikujući ime svoje žene, sveće još gore, Klara još spava dubokim snom, konačno joj je lice uvelo, ispod očiju tamni kolobari.

Koliko god štedeli sebe, mrtvi nam kad-tad ispostave račun. Zajedno sa sablastima naše prošlosti, kroz nekoliko godina ili decenija, neočekivano se jave u našem životu, koprcamo se na zelenoj grani, jer smo pali pod isti sud. Svi jedemo hleb preživelih, na licima nam tragovi neoprostivih, ali neizbežnih kompromisa, možemo leći ili loše postupati jedni s drugima, posledice su predvidljive. Mrtvi, međutim, ne moraju da podnose skandale svakodnevlja, pancirni omot naše samoodbrane lako prosvrdla njihov laserski pogled. Voleli bismo da ih vidimo kao begunce, ali oni nas uveravaju da su naše žrtve. U ovom trenutku sam sklon da poverujem da bi moja žena i danas bila živa da ja nisam, pet godina posle njene smrti i dvadeset godina posle našeg razvoda, legao s Klarom koja njoj nikada nije bila simpatična.

Go se pojavljujem na prozoru, ispitujem tamu, iza sumornog drveća, na ivici šume, možda se zaista skrivaju Jirži i Gere, među žbunjem se šćućurila moja žena u bolničkoj spavaćici. Možda me iza svakog drveta motri poneka sablast, stanovnice spratova koji su izgrađeni u mom životu jedni iznad drugih. Što se noću ne bi nastavljalo ono što je započelo danju, serija neočekivanih susreta, međusobno preplitanje različitih vremenskih ravni? Samo bi trebalo da izađem među novembarsko drveće, tamo bi me čekao ukupni moj život, istovremen i neraščlanjen, fantastičan, pa ipak prisutan, onako kao što preživljavaju svoj život oni koji umiru od gladi.

Kao da se neko pomera iza jednog drveta, pa se opet skriva. Sad kao da pruža ruku — šta li hoće? Samo Gere može biti ovako nametljiv. Poći ću napolje i predstaviću ga svojoj ženi. „Ničega se ne sećaš" — čujem Gereov glas. — „Samo se brineš za svoju cenjenu ličnost." „Zar se zaista već susrećemo" — kaže moja žena, i već vidim njene usne u blizini svojih. Vidim celu scenu. Ležimo u postelji, kišna letnja noć, i odjednom zvono na vratima. Ne otvaraju nam se vrata. Opet oštro, dugo zvonce. Ko li je? Politička policija je, ne tako davno, noću pribirala svoje žrtve. Na kraju moja žena u domaćoj haljini izlazi da otvori vrata, ja hitro navlačim pantalone i košulju.

U mojoj radnoj sobi, pred bibliotekom stoji Gere, u mantilu gotovo do zemlje, kaljav i neobrijan, oko cipela barica. „Šta je?" — pita, dok se rukujemo. — „Stari, klima li se mali?" „Čupavo pitanje" — odgovaram. Dolazi moja žena, u jednoj joj ruci jabukovača, u drugoj krpa za brisanje. „Pozajmi mi trideset hiljada forinti" — kaže Gere. — „Pitam pred njom da se ne bi pozivao na nju ako nećeš da mi daš." Moja žena se smeje. „Nemamo novca" — odgovaram — „Nemam za sada ni posla. Valjda znaš da sam nedavno izašao." „Leto 1960" — kaže Gere. „Tačno." „Od tada je prošlo dve godine, sigurno si prikupio nešto odovud-odonud." Ćutim. „Ako nemaš, nabavi, jako mi treba." „Zašto ne sednemo?" — pita moja žena.

Za stolom ispijamo prvu rundu. „Dvadeset hiljada sam skuckao već. Treba mi još trideset hiljada, u roku od četrdeset osam sati, inače ću opet u fioku." „Tuga" — kažem — „samo što ja zaista nemam novca." „Ne interesuje me" — odgovara Gere — „moraš me izvući iz govana, jer je to u izvesnom smislu naš zajednički bal." „Da izađem?" — pita moja žena. Koliko god da lupam glavu, ne mogu da se prisetim da li je već tada izašla iz sobe. Sigurno je da sam pred zoru sam ispratio Gerea, a kada sam se uvukao u spavaću sobu, ona je još bila budna. Zagrlila me je, privila svoje slano lice uz moje. „Kako je propao" — plakala je — „i tebi se to moglo dogoditi." Prema tome je moguće da je bila prisutna kada je Gere pričao da je kao upravnik doma kulture u Šomođlabadu proneverio novac i da nadoknadi manjak dobio je rok od četrdeset osam sati. Valjda je čula i da mu se Viola vratila posle njegovog izlaska iz zatvora, ali ga je konačno napustila posle desetodnevnog zajedničkog života i udala se za profesora geografije doktora Knob- lauha. Gere je na to zaista šablonski reagovao, počeo je piti i juriti ženske, do zore je hranio i pojio članove sreskog lovačkog društva, a živeo je tako rasipnički da je jednom dobio poziv od policije iz Kapošvara, gde ga je, igrom slu- čaja, upravo major dr Šikloš upozorio na preteće posle- dice. Gere, koji je i tada bio nakresan, oslovio je Šikoša kao „šogora". „Nadam se da si i ti naučio gde živi Gospod Bog, šogore."

Suštinu zbivanja, međutim, sasvim sigurno sam ja is- pričao svojoj ženi. Kada je Gere izašao na slobodu, neko- liko meseci pre mene, pred zatvorskim vratima ga je sa- čekala jedna „volga." U njoj dva mlada čoveka. Predlažu mu da ga odvezu kući u Šomođlabad. Gere odbija tu čast, ali ovi ne popuštaju. Jedan od njih, da bi svojim argumen- tima dao težinu, izlazi iz kola. Gotovo je dvostruko viši od Gerea. Od 176 kilometara 150 prevaljuju bez reči. Tada ih Gere pita šta hoće. Onaj visoki, koji sedi pored njega na zadnjem sedištu, saopštava mu da i bog najviše voli jag- njad koja se pokaju. Oni su svojevremeno čitali Gereove huškačke tekstove, a u poslednje vreme njegove poverljive izveštaje, i ushićeni su. Voleli bi kad amnestija ne bi ra- zorila Gereov razvoj. Od sada će raditi za policiju. Gere protestuje, potpisao je obavezu samo za vreme zatvorskih dana. Mladić koji sedi za volanom ovakvo mišljenje smatra pogrešnim. Takav potpis važi za ceo život. Gere počinje da viče, smesta neka zaustave kola. „Volga" se zaustavlja. Visoki opet izlazi iz kola, prelazi na Gereovu stranu, i učtivo otvara vrata. Nema ništa protiv ako Gere preostalih deset kilometara prevali peške. Posle ovolikog sedenja možda će mu dobro doći malo razgibanja na svežem vazduhu. I inače, kroz dvadeset četiri sata mora doći u policiju radi lične karte. Tom prilikom će se dogovoriti o detaljima. Gere im kaže da nemaju o čemu da razgovaraju. Mladić za volanom mu tada pruža snimak onoga dokumenta kojim se Gere obavezuje da bude dostavljač. Taj dokument će se teško sakriti od Gereovih prijatelja, patriotskih poštovalaca, od njegovih prijateljica. Oni će se, međutim, i za to pobrinuti, ako ostane njihov saradnik. U tom slučaju bi za godinu dana bio brisan iz kartoteke i postao bi upravnik doma kulture u Šomođlabadu. I društvo lovaca će ga ponovo primiti u svoje redove. Srešće isto ono pravo društvance. Istina, nekolicina se ukaljala, ali sve se može srediti. Sada, pak, neka izađe iz kola i neka odmeri svoje mogućnosti, dok ne stigne u Šomođlabad.

Moju ženu je toliko unnisala ova priča da tog jutra više nije mogla da zaspi. Smatrala je nepodnošljivim da pojedine greške mogu biti sudbonosne, dok greh može ostati bez posledica. Nije li puka sreća u koju će se zamku upasti? Počeo sam da joj objašnjavam da je sreća delom posledica karaktera, a ono što ona naziva sudbonosnom greškom, slabost je karaktera gledano iz drugog ugla. „Miči se iz sudijske stolice" — reče mi žena — „zar ti nije dosadno da sediš visoko gore?" Više nismo govorili, ona se prevrtala, a ja sam ustao, prišao prozoru i zagledao se u zid susedne zgrade.

„Što ne spavaš, zaboga? Uskoro će pet." Okrenem se. Sveće dogorevaju. „Sad ću, Mauzi" — kažem beznadežno.

Trzam se iza sna i vidim kako seda žena skače i sa svojim malim zavežljajem neverovatno okretno hita prema vratima. Prva stiže do vrata, gotovo ispada iz autobusa. Stigli smo na autobusku stanicu u Njujork. Guram se s ostalim putnicima prema izlazu. Na ulici udahnem punim plućima — srećan sam što sam opet ovde, u gradu gradova. Dovde nisam prevalio makar kakav put. Stavljam torbu preko ramena, krećem prema zdanju Empajer stejt bilding. Ne ide mi se kući, jer čim uđem u stan, zacvileće mi telefon. Klara će pitati da li da Gereu da moj broj telefona; ili će me Gere zapitati da li mi je prijalo što sam mislio da je on mrtav. Možda će se javiti moja baka, zove me, svojim blagim dijalekatskim primesama u jeziku, da se kartamo. ,,Ostanimo malo u sadašnjici'' — kažem sebi podno staklenih oblakodera.

SASLUŠANJE

Drama u dva dela

LICA:

KAROLJ BALA, osuđenik, 25 godina
ŠANDOR HORECKI, osuđenik, 50 godina
KALMAN KOLOŠI, osuđenik, 50 godina
IŠTVAN KOPLAR, osuđenik, 40 godina
FERENC FOTI, potpukovnik, komandant zatvora, 40 godina
JOŽEF ŠAJTOŠ, major, njegov zamenik, 25 godina
ĆELIJA-ĆELIJA, narednik, aspadžija
BERBER, koji je FELČER
DRUG IZ MINISTARSTVA koji ne proslovi ni reč.

Mesto: zatvor. u Mađarskoj
Vreme: 24. decembar 1953.

Napomena: U vreme kada je pisao dramu, 1965, autor je zamislio scenu kao sliku vernu stvarnosti. Danas već sve opise mesta i uputstva smatra tek skromnim predlozima.

PRVI DEO

1. scena

Prazna ćelija. Na sredini Koplar sedi na stolici, Berber ga brije. Ćelija-Ćelija šeta, odnosno prisluškuje ispred otvorenih vrata.

KOPLAR: Kuda će sa mnom?
BERBER: Na vešala.

KOPLAR: Za Božić se to ne radi.
BERBER: Pssst. (Tišina)
KOPLAR: Kako to da i danas brijеš?
BERBER: Ne mrdaj glavu.
ĆELIJA-ĆELIJA: Kakva priča, Koplaru, kakva priča?
KOPLAR: Poštovanje, ne pričam.
ĆELIJA-ĆELIJA: I bolje.
BERBER: Započele su revizije.
KOPLAR: Šta?
BERBER: Već se muva ovde neki maleni tužilac.
KOPLAR: Kakve revizije?
BERBER: Psst. (Tišina) Navodno, oslobađaju boljševike.
KOPLAR: Sigurno?
BERBER: Što se uzbuđuješ, stari, mi ćemo ovde skapati.
KOPLAR: Nećeš me preći? (Tišina) Ne briješ me zbog toga?
BERBER: Ti si boljševik?
KOPLAR: Da.
BERBER: Čestitam.
KOPLAR: Da li sam ja prvi?
BERBER: Kuš. (Poseče Koplaru vrat; ovaj sikne.)
ĆELIJA-ĆELIJA: Berberu-Berberu, šta se to događa?
BERBER: S poštovanjem izveštavam, slučajno sam zasekao. Loše je osvetljenje.
ĆELIJA-ĆELIJA: Loša je vaša spetljana kurva majka.
BERBER: Razumem.
KOPLAR Što si me posekao? (Berber se naginje nad Koplara, trudi se da zaustavi krvarenje. Ćelija-Ćelija ih posmatra sasvim im se primaknuvši.)

2. scena

Ćelija. Dva kreveta na sprat. Sto s porcijama, kanta za vodu, hoklica, kibla, prozor s rešetkama. Kalman Kološi u lavoru pere desnu ruku, tokom ove scene tu radnju ponavlja povremeno. Katkada prilazi cevi za grejanje, koja se proteže duž zida, osluškuje, kucka. Karolj Bala gleda kroz prozor. Šandor Horecki nepokretno stoji u uglu pored kreveta. Tišina.

KOLOŠI: To još nisam doživeo, da nekoga odvode na brijanje pred praznik. Šta li se krije iza toga?

BALA: Kucni i upitaj bajbokandžiju.

KOLOŠI: Šta ti kažeš, Šandore?

HORECKI: Za šta?

KOLAŠI: Zar ja uzalud klepećem?

HORECKI: Nemoj se ljutiti, nisam pazio. Pripremam se za praznik.

BALA: Tek što anđeli nisu dolepršali, a Koplara nema. Onda će se oni rastužiti i uvući svoja — krila, šta će drugo.

KOLOŠI: Dakle, vas ne interesuje gde je Koplar?

BALA: Reći će i sam.

KOLOŠI: Nije sigurno. Naime, upravo je kod komandanta zatvora u kurtoaznoj poseti.

BALA: Kod koga?

KOLOŠI: Dobili smo novog komandanta. I šta mislite, kako se zove?

BALA: Zar nije svejedno?

KOLOŠI: Ovaj put nije.

BALA: Što se mene tiče, može biti i rimski papa.

HORECKI: Karolj!

KOLOŠI: Nije rimski papa. Nego Ferenc Foti.

BALA: Šta to trabunjaš?

KOLOŠI: Juče sam čuo kod zubara.

BALA: Juče čuo, a tek sada pljuješ?

KOLOŠI: Nisam hteo pred Koplarom.

HORECKI: Isti onaj Foti?

KOLOŠI: Da, taj. Koplarev stari drug. Svojevremeno su zajedno kapali u zatvoru.

BALA: Nesrećnik. Sada je dobrovoljno došao u bajbok. Opet je zajedno sa svojim drugarem.

KOLOŠI: U doslovnom značenju reči.

BALA: Dajem glavu da Koplar nije taster.

KOLOŠI: Ko kaže da je taster? Samo je odveden na brijanje, na Badnji dan. Samo je novi komandant njegov pajdaš.

HORECKI: Nije ga on postavio. A po volji božjoj s nama je u zatvoru.

KOLOŠI: Od kada to organe državne bezbednosti nazivaš bogom?

BALA: Pa zar nisu?

HORECKI: Odbijam ovo poređenje.

KOLOŠI: Ako se svaki put uvrediš, nećemo se ni o čemu moći dogovoriti. Uskoro će opet stići.

BALA: Za sada ga samo briju.

KOLOŠI: U svakom slučaju, bliži je komandantu zatvora nego nama. Zajedno su se borili u Španiji, zajedno u zatvoru, drugovi, zar ne. Šta otuda sledi?

BALA: Šta da sledi? I ja sam zajedno s tobom u zatvoru, pa ipak nemam s tobom ništa.

HORECKI: Treba da verujemo Ištvanu. Sve dok nemamo dokaza protiv...

KOLOŠI: Ja ni sebi ne verujem.

BALA: Slažemo se.

HORECKI: Ne šali se time. Ja verujem svima: i Kalmanu, i tebi, i Ištvanu. Pa ipak, njegov put je drukčiji: s druge strane dolazi, usmeren je na drugu stranu.

BALA: Zašto, zar su naši putevi jednaki?

KOLOŠI: Šandor uvek smetne s uma da si i ti boljševik.

BALA: Ja, boljševik? Lepo bi to bilo kad bi svaki član partije bio boljševik.

KOLOŠI: Bio si partijac? To si do sada taktično prećutkivao.

BALA: Pa šta? Nisam guslao ni o tome da sam u drugoj godini preležao male boginje.

KOLOŠI: Ramlje ti poređenje.

BALA: Ramlje tvoja guzata tetka. Spopali me agitatori kao bacili, a ja lego na rudu. A u oficirskoj školi sam onda video nekoliko pravih boljševika...

KOLOŠI: Samo ne pominji Jožefa Vermeša.

BALA: On bi još i od mene isklesao boljševika. Ali mu drugi nisu dali za to vremena. (Kološi i Horecki dlanovima pokrivaju uši.) Celu školu su strpali u bajbokanu, zajedno s mudonjama, predavačima, učenicima, i ja sam se jednog lepog jutra probudio dok je dvanaest boljševika drndalo moj mozak. I još ti smeš meni da kažeš...

KOLOŠI: Ma dobro. Nisi boljševik, ali se ponašaš kao prokleti proleter.

BALA: Ali samo zato, gospodine ministarski savetniče, jer sam proleter. Razumeš? Ne podnosim kad neko otrcava proletere.

HORECKI: Izmirite se, tako vam neba.
BALA: Nemam ništa protiv. (Priđe Kološiju i stegne mu desnicu. Kološi drekne, istrgne svoju ruku, jurne prema lavoru da bi je oprao.) Zar tako prihvataš moju ruku pomirenja?
KOLOŠI: Rekao sam, ne dodiruj mi sterilnu ruku!
BALA: Što da ne? Nisam leprozan!
HORECKI: Karolj, ti ne poštuješ ideje drugih. Čak i kad su fiks-ideje, treba ih poštovati.
KOLOŠI: Ovo nije fiks-ideja. Kada sam zatvoren, zakleo sam se (Bala i Horecki poklapaju uši.) da neću dozvoliti da uprljam desnu ruku.
BALA: Da li ti je i nos sterilan?
KOLOŠI: Glupo pitanje. Otkud sterilan?
BALA: Dobro onda. (Kvrcka ga po nosu.)
KOLOŠI: Svinjo! Stoko jedna! (Bala ga ponovo kvrcka po nosu.)
HORECKI: Preklinjem vas, izmirite se. Mislite na praznik.
BALA: A Bogorodici sterilna beše, šta ono?
HORECKI: (Hvata se za srce): Mir. Strpljenje. Zamoli Bogorodicu da ti oprosti. Smesta traži oproštaj. Inače tri dana neću okusiti ni zalogaj hrane!
BALA: A da li ćeš meni prepustiti svoju klopu?
HORECKI: Nisi ti tako pokvaren kao što se predstavljaš. Samo se onaj tako bori s Bogom koji snažno oseća njegovo prisustvo. Klečaćeš ti još pred oltarom.
BALA: Naravno da ću klečati. Čim se ti na njega posereš.
HORECKI: Oprosti mu, Gospode. Ne zna šta govori.
KOLOŠI: Dodirnuo si mi sterilnu ruku. Dva puta si me kvrckao po nosu. Zbog toga ću ja tebe kazniti najdubljim prezrenjem.
HORECKI: Traži oproštaj od Bogorodice.
BALA: U redu. Ali samo ako i čika-Kalmanu ispričaš zašto nisi bio rukopoložen za sveštenika kada su te u Krakovu kljukali nebeskim govorancijama.
HORECKI: Hoćeš da me poniziš? Neka bude. (Kološiju) Užasno su me raspinjala telesna iskušenja. . .
BALA: Stop. Da li si podlegao?
HORECKI: Da, podlegao sam, dva puta sam podlegao!

KOLOŠI: Ura! Za glavu si porastao u mojim očima.
BALA: I u mojim, ali sasvim drugim delom tela.
HORECKI: A sada zatraži oproštaj od Bogorodice!
BALA: Zašto, do đavola? Ako matorka hoće, i onako
će mi oprostiti. (Napolju bat koraka, galama. Jedan uzvik.)
BALA: Pazite, stižu! (Galama se smiruje.)
KOLOŠI: Gde li je Koplar?

3. scena

Kancelarija komandanta zatvora; podseća na ćeliju. Ferenc Foti,
potpukovnik, komandant zatvora i major Šajtoš, njegov politički
zamenik.

ŠAJTOŠ: Kolač s makom kod kuće veoma me privlači.
Volim taj kolač moje žene.
FOTI: Zar si već oženjen, druže majore? Tako mlad?
ŠAJTOŠ: Pa i nisam ja tako mlad. Već sam navršio
dvadeset petu.
FOTI: Istina, i ja sam već bio oženjen u dvadeset pe-
toj. Prvu godišnjicu braka proveli smo u ćuzi.
ŠAJTOŠ: Sada se ipak bolje osećaš u zatvoru, zar ne?
FOTI: Bolje je biti komandant nego robijaš. A opet,
onda sam bio među drugovima.
ŠAJTOŠ: (Smeje se): Ali zbog toga ipak ne treba da
tuguješ. I sada si među drugovima.
FOTI: Ma, do đavola, kakvo tugovanje. Pa pokret,
druže majore, čeka te žena s kolačem, ili kolač sa ženom,
kako ti se više sviđa.
ŠAJTOŠ: Zar ne bi sa mnom? Popićemo nešto okrep-
ljujuće, u čast tvoga imenovanja. I moja žena će se obra-
dovati.
FOTI: Na žalost, imam još posla.
ŠAJTOŠ: Čekaš osuđenika Koplara?
FOTI: Otkuda znaš?
ŠAJTOŠ: Video sam da ga briju.
FOTI: Hoću da ga pripremim za tužiočevo saslušanje.
ŠAJTOŠ: Razumem. — Ovaj Koplar je negdašnji tvoj
prijatelj, zar ne?

103

FOTI: Zajedno smo se borili u Španiji i zajedno robovali u zatvoru.
ŠAJTOŠ: Bio je špijun, ako se dobro sećam.
FOTI: Po obrazloženju presude.
ŠAJTOŠ: Razumem.
FOTI: Ja nisam primetio.
ŠAJTOŠ: Uzalud, prijateljstvo zamagli i najoštrije oko.
FOTI: U svakom slučaju, započete su revizije.
ŠAJTOŠ: Započete jesu — ali još niko nije osloboden.
FOTI: Želiš li, druže majore, da budeš prisutan na saslušanju?
ŠAJTOŠ: Ako vam neću smetati.
FOTI: Ma otkud. Kako bi mogao da mi smeta moj politički zamenik?
ŠAJTOŠ: Onda ću sačekati Koplara.
FOTI: Istina, naravno, možda bi iskrenije govorio u četiri oka. Partija bi htela da zna gde se trenutno nalazi.
ŠAJTOŠ: Razumem.
FOTI: Mnoge Božiće sam proveo zajedno s njim, i u zatvoru i na slobodi. Zajedničke uspomene će ga valjda podstaći da govori.
ŠAJTOŠ: Razumem. (Kucanje) Pričekajte malo! — Ako ti mogu u nečemu pomoći, druže potpukovniče, pozovi me.
FOTI: U redu. Kolač će te sačekati.
ŠAJTOŠ: I žena.

4. scena

Ćelija. Bala, Horecki, Kološi. Kološi opet pere ruke.

BALA: Zar ti žena nije ljubomorna?
KOLOŠI: Sada? Ma na koga?
BALA: Pa na Šaku Šaković. Na Desu Desnicu. Što se toliko baviš njome.
KOLOŠI: Kuš.
BALA: Bolje da opereš porciju. Kako možeš da jedeš iz tako prljave porcije?

KOLOŠI: Higijeni me nećeš ti učiti. (Seda na gvozdenu ogradu kreveta, peškirom trlja desnu ruku.)
HORECKI: Bar se danas nemojte kavžiti.
BALA: Zašto, što je danas?
HORECKI: Karolj, kako možeš to da pitaš?
BALA: Koliko znam, danas je 24. decembar 1953. Po meni, juče je bio dvadeset treći, a dajem glavu da će sutra...
HORECKI: Pada sneg. Božji dar.
BALA: Laž. (Horecki zastenje.) Starac se ponaša kao da je sve u najboljem redu. Pljuje na nas i na ostale jadnike i bljuje sneg po redu vožnje. Beo Božić. Fuj. (Seda na hoklicu.) Interesuje me kakva će biti praznična klopa.
KOLOŠI: Špikovana srnetina u sosu od crnog vina i belog luka.
BALA: Po meni, kokošija supa, pohovana piletina, kolač s makom, teleći paprikaš s noklicama, kiseli krastavci, a onda pomorandže, orasi i lešnici. Naravno, počinjemo s kotlićem.
HORECKI: Što je moja draga majčica umela da pripremi tortu od oraha...
BALA: Ne podnosim torte od oraha.
HORECKI: A šta ti voliš, molim te?
BALA: Brabonjke sa šlagom.
KOLOŠI: Prijatno. (Horeckom) Nije ti dobro?
HORECKI: Nije ništa.
KOLOŠI: Sedi.
HORECKI: Ne.
BALA: Pusti ga, čika-Kalmane. Ima onih koji vole da se odmaraju sedeći, a ima i onih koji se odmaraju stojeći. Čak sam znao jednog Ciganina muzičara koji je jedino mogao spavati stojeći na rukama.
HORECKI: Poštedi nas tih dosetki.
BALA: U oficirskoj školi su nam klepetali o nekom momku, zvao se Hegel, koji je ceo život produbio na glavi, sve dok mu nije prišao Karl Marks i postavio ga na noge.
KOLOŠI: (Smeje se): A ja sam stajao na nogama i odjednom tek priđe mi, pre osam i po godina, i odredi mi da ovde odležim.
HORECKI: Radije podnosim telesne nedaće (Kološi i Bala stavljaju ruke na uši, Kološi najpre obavije peškir

105

oko desne ruke.) nego sadističke tipove da se izdiru na mene. Ako se ne sme sesti na krevet, onda neću sesti.

KOLOŠI: Daješ caru što je carevo.

BALA: (Ustaje): Onda sedi na hoklicu.

HORECKI: Nisam ja na redu.

BALA: (Opet sedne): Onda stoj i dalje, ali nemoj da stenješ. Stenjati stojeći nepristojno je.

KOLOŠI: Analizirajmo stvari i s vojnog stanovišta. Kako se naziva onaj koji dobrovoljno preda teritoriju neprijatelju? A, kursisto?

BALA: Izdajnik.

KOLOŠI: A onaj koji ne zaposedne teritoriju s koje se već povukao neprijatelj?

BALA: Kukavica.

KOLOŠI: E pa, u poslednje vreme postupanje je primetno bolje. I ton je drukčiji. Nešto visi u vazduhu.

BALA: Sigurno su Amerikanci ušli u Lajpcig.

KOLOŠI: Tako je. Čuo sam poslednjeg radnog dana.

BALA: Da li si čuo da je i Čang Kaj Šek ušao u Šangaj?

KOLOŠI: Zašto, zar je to nemoguće? Što nas već peti dan ne vode na rad?

BALA: Jer su Japanci zauzeli Segedin.

KOLOŠI: Glupane. A sada ni inače nije reč o nadiranju stranih trupa, nego o našim trupama. Treba da sednemo na ivicu kreveta. Zatim na krevet.

BALA: Zatim na prozorske rešetke. Onda na kiblu.

HORECKI: Umuknite! Ja hoću da izađem iz zatvora sa čitavim živcima!

KOLOŠI: Kad već poštuješ sve propise, što ne uzimaš ozbiljno i svoju presudu? Ovde ćeš kapati do kraja života.

HORECKI: Nije istina! Bog me je strmeknuo ovako duboko...

KOLOŠI, BALA (zapušivši uši): ... da bi me visoko uzdigao!

KOLOŠI: Kakva svest o pozivu! Nadmašuje i Koplara. On hoće samo da izmeni svoju partiju, a ti i svet.

BALA: Ćelija-Ćelija! Mirno! (Vrata se otvaraju uz karakteristično školjocanje, ulazi Koplar, Ćelija-Ćelija ostaje na vratima.)

BALA: Gospodine naredniče, s poštovanjem izveštavam, ćelija 45, četvorica.
ĆELIJA-ĆELIJA: Bala-Bala!
BALA: Zapovedajte!
ĆELIJA-ĆELIJA: Kakva je ova ćelija-ćelija?
BALA: S poštovanjem izveštavam, uredna.
ĆELIJA-ĆELIJA: A kakav je onaj krevet, kakav je krevet?
BALA: S poštovanjem javljam, ćoškast.
ĆELIJA-ĆELIJA: Čoškasta je vaša pucopeta mamica.
BALA: Razumem.
ĆELIJA-ĆELIJA: Pripazite, jer ću vam prirediti takav beo Božić, beo Božić da ćete pozeleneti.
BALA: Razumem.
ĆELIJA-ĆELIJA: Hoćete u štali da provedete Badnje veče, Badnje veče? Mali Isus Hristos je i vas iskupio, Bala Bala, i vas iskupio!
BALA: Razumem.
ĆELIJA-ĆELIJA: Kako to opet stojite, Horecki-Horecki? Bog vam smestio, daću ja vama Badnje veče, Badnje veče, razumete? (Horecki ne odgovara.) Razumete?
BALA: Razume. Jeste.
ĆELIJA-ĆELIJA: I bolje. (Ćelija-Ćelija odlazi. Horecki uzima pozu za molitvu.)
KOLOŠI: (Koplaru): Dobro te je zasekao.
KOPLAR: Nije on berber, već šinter.
BALA: Pazi, noćas će bar tri stenice slomiti vrat na tvojoj brazgotini.
KOLOŠI: Da li si čuo kakav šušanj?
KOPLAR: Čuo sam, ali ne znam da li da poverujem.
BALA: Znaš šta, ja ću da pogodim. Poreklom sam iz stare porodice u kojoj su se čitale misli. Pogledaj me u oči. Tako. Dublje. Još dublje. Tako. Neka mi ispadnu durbini ako šušanj nije u vezi s tvojim drugarem Ferencem Fotijem.
KOPLAR: Neka ispadnu.
HORECKI: Oslobodi me, Gospode, ove užasne oholosti. Samo za tvojim glasom čezne moje uvo, želeo bih da sledim samo glas ljubavi, pa ipak, kada jedan ovakav tip počne da se dernja, mržnja mi gvozdenom šakom srce steže. Nemoj dopustiti da posrnem u naletu mržnje...

107

KOLOŠI: Šandore, molim te, zaveži.

KOPLAR: Započele su revizije.

BALA: A koga to ponovo ispituju?

KOPLAR: Nevine, naravno. Već je stigao jedan maleni tužilac.

BALA: A ko su ti nevini? Oni koji nisu pišali u čanak?

KOLOŠI: Nevinima se nazivaju oni koje su boljševici ćorkirali iz sopstvenih redova, pa zaboravili da ih pogube.

KOPLAR: Oni nevini koji su i posle nemačke okupacije fabrikovali različite fašističke zakone.

KOLOŠI: Ja nisam fabrikovao. Ja sam samo na osnovu uputstava, ali u najliberalnije mogućoj formi, načinio nekoliko zakona za odbranu rase i nacije.

KOPLAR: A od koga si to branio naciju tokom nemačke okupacije?

KOLOŠI: Zašto, a od koga si je ti branio tokom ruske okupacije?

KOPLAR: Rusi nas nisu okupirali, nego su nas oslobodili.

BALA: Ogroman napor. Pogledaj sebe.

KOPLAR (Pogleda sebe): I rešetke vidim. Pa šta? Da li će se svet izmeniti zato što ga mi posmatramo kroz rešetke?

BALA: Đavo će ga znati. Ako mnogi gledaju kroz rešetke, onda se onamo s one strane javljaju mnoge praznine.

KOPLAR: Bolje da kroz rešetke posmatram izdeljene njive nego iz slobode veleposed njegovog tasta.

KOLOŠI: Svi ćemo kući, osećam. Ako je započelo, neće stati. Trese se, trese, kotrljanje počinje.

HORECKI: Ako započinju s Ištvanom, onda se ne može očekivati promena sistema.

KOPLAR: Bar da si dobar prorok.

HORECKI: Grimasa istorije: komunista si i možeš se pouzdati jedino u reforme.

KOPLAR: A ti bi se možda okrenuo protiv Crkve ako bi se poljuljalo tvoje poverenje u papu?

HORECKI: Odbijam poređenje. Papu na demokratski način biraju muškarci koji raspolažu zrelošću i svetim životom.

BALA: A kod vas nema svetosti života?
KOPLAR: Naša svetost života je ovozemaljska. Čak prihvatamo i greh...
KOLOŠI: Da biste mogli biti nevini.
KOPLAR: Tako je.
HORECKI: Bolno je i čuti.
KOPLAR: Prihvatamo i nepočinjene krivice. (Bali) Zašto sam prihvatio da sam špijun, izdajnik, plaćeni ubica? BALA: Nisi izdržao batine. KOPLAR: Bili smo na pragu rata. Amerikanci su imali atomsku bombu. Da li sam pod takvim okolnostima mogao da poljuljam poverenje u partiju? Izbor partije je pao na mene, jer ima poverenje u mene. Dvadeset godina ima u mene poverenje — sada da je prevarim? (Bala se smeje.) Mislio sam da ćeš me bar ti razumeti.
KOLOŠI: Razumeće te maleni tužilac.
KOPLAR: Molim vas za tišinu. Treba da se pripremim za saslušanje.
KOLOŠI: I Foti će biti prisutan?
KOPLAR: Šta si zapeo za Fotija?
KOLOŠI: A Vermeš?
BALA: Vermeša izostavi iz igre.
KOLOŠI: Zašto? I on je nevin. Svi Pištini prijatelji su nevini.
KOPLAR: Ne ljuti se na njih. Ne može svako biti ratni zločinac.
KOLOŠI: Svako je ratni zločinac ako vodi rat. A tvoji. Foti i Vermeš možda nikada nisu ubijali?
BALA: Vermeša nemoj blatiti. Kada sam ga poslednji put video, prilikom suočenja (Kološi, Koplar, Horecki stavljaju ruke na uši), nije mogao više ni da stoji a glava mu je podrhtavala. Rekao je...
KOLOŠI: „Nemojte zatajiti ništa loše o meni, Bala, štedite sebe."
BALA: Hteo sam da ga potopim, ali nije išlo. Nabili su mi dvanaest iglica (Zavrće nogavice), čuvam još Evgenija, Filipa i Kazimira. Ostale je trebalo pecati po stomaku i grudima. Svojeglave iglice behu, naročito...
KOPLAR: ... naročito Lujza koja se uputila ka donjem delu tela.
KOLOŠI (Peva): To smo čuli. Dajte drugo.

HORECKI: Ponizno vas preklinjem: ćutite!
KOLOŠI: A reci nam, Karolj, da nije slučajno te igle zabadao Ferenc Foti?
BALA: Moguće. Tip se nije predstavio.
KOLOŠI: A nije li moguće da su Pištu brijali zato jer hoće da ga obese o Badnjoj večeri?
BALA: Lako je moguće. Nevine posebno odvajaju od krivaca. A onda ih vešaju.
HORECKI: Ne šali se time.
BALA: Ja sam video kako to ide. Odmah će stići dželat, viknuće čika-Pištino ime, pa će mu protresti lopatu: „Imre Bogar, državni izvršilac presuda. Nemojte se ljutiti, ali ja ću vas obesiti kroz jedan sat." I u tom slučaju zaista se nemoj ljutiti. A pogotovu nemoj da ga šutneš u muda, jer će te onda sporije vešati. Manje humanistički.
KOLOŠI: A inače tvoj prijatelj Foti, da li on već visi.
KOPLAR: Šta pričaš?
KOLOŠI: Pa čuli smo.
KOPLAR: Lažete. (Pogleda Balu.)
BALA: Već nas odozgo posmatra. Časna reč.
KOPLAR: Pa nije ni uhapšen.
KOLOŠI: A koliko to traje? Preselio se u baštu amnestije.
HORECKI: Prekinite!
KOLOŠI: Vrat beleži koliko mu dupe teži.
KOPLAR: Zaslužio si da ovde skapaš. Raduješ se smrti jednog sapatnika?
KOLOŠI: Nije moj sapatnik. Boljševik. Jedan manje i gotovo.
KOPLAR: Životinjo! (Tresne Košija po licu. Bala ga uhvati.)
BALA: Nema tabanja! (Košiju) Možeš mu vratiti, ali samo sterilnom rukom.
KOLOŠI: Takvog prljavog tipa neću ni da taknem.
HORECKI: Smiri se. Foti je živ. On je naš novi komandant.
KOPLAR: Nije istina.
BALA (Pušta Koplara): Rekoh da nas posmatra odozgo.
KOPLAR: Feri to ne može da prihvati.

KOLOŠI: Feri. Ferika, Ferči. Ferko. Naš novi dželatić.
KOPLAR: Nije mogao prihvatiti da bude moj bajbokandžija.
KOLOŠI: Sada će tebi ponuditi mesto svog zamenika. Lepo ćete se složiti. Dva nevinašceta. Komandant i njegov potkazivač.
KOPLAR: Šta kažeš? (Ponovo bi da udari, ali mu Bala zavrne ruku. Koplar jaukne i sruči se na pod.)
BALA: Ćelija-Ćelija! — Mirno!
ĆELIJA-ĆELIJA: (Ulazi. Koplar na podu, između nogu raskoračenog Bale, Kološi s rukama preko očiju. Horecki stoji u uglu u pozi za moljenje.) Za ovo ćete mi platiti.

5. scena

Kancelarija komandanta zatvora. Foti, Šajtoš. Kucanje. Ulazi Ćelija-Ćelija.

ĆELIJA-ĆELIJA: Druže potpukovniče, javljam-javljam, u ćeliji-ćeliji četrdeset pet...
FOTI: Gde vam je osuđenik Koplar?
ĆELIJA-ĆELIJA: Javljam da sam išao po njega kada je u ćeliji-ćeliji četrdeset pet izbila tuča. Osuđenik Bala-Bala tukao je osuđenika Koplara-Koplara.
FOTI: Tako. A zašto?
ĆELIJA-ĆELIJA: Jer je osuđenik Koplar-Koplar istukao osuđenika Kološija-Kološija.
FOTI: Istukao? A zašto?
ĆELIJA-ĆELIJA: Jer se osuđenik Kološi-Kološi radovao smaknuću osuđenika Fotija-Fotija.
FOTI: Šta to trućate?
ŠAJTOŠ: Da li je bilo reči o drugu potpukovniku?
ĆELIJA-ĆELIJA: Javljam-javljam da su i njega pominjali, i nekog osuđenika Fotija-Fotija, smaknuli su jednog boljševičkog komandanta-komandanta ili postavili za komandanta jednog smaknutog boljševika.
FOTI: Da niste vi bili pre deset godina u službi u jednom zatvoru?
ĆELIJA-ĆELIJA: Druže potpukovniče, javljam-javljam...

111

FOTI: Nemojte javljati. Samo recite.

ĆELIJA-ĆELIJA: Nisam.

ŠAJTOŠ: A šta je radio osuđenik Horecki za vreme tuče?

ĆELIJA-ĆELIJA: Ništa-ništa, odnosno...

ŠAJTOŠ: Podnesite izveštaj.

ĆELIJA-ĆELIJA: Druže majore, izveštavam-izveštavam da je za vreme tuče Koplara i Kološija, zatim za vreme tuče Bale-Bale i Koplara osuđenik Horecki-Horecki, odnosno za celo vreme dok nisam banuo...

FOTI: Pa!

ĆELIJA-ĆELIJA: Osuđenik Horecki-Horecki nije ništa radio.

FOTI: Vi ste veoma zamoran čovek, druže naredniče.

ĆELIJA-ĆELIJA: Druže potpukovniče, izveštavam-izveštavam...

FOTI: Ne izveštavajte!

ĆELIJA-ĆELIJA: Osuđenik Horecki se molio.

FOTI: I to je vama ništa? Trojica se tuku jedan se moli.

ŠAJTOŠ: Da li među njima ima osobe koja bi bila sklona da nam pomogne?

ĆELIJA-ĆELIJA: Svi su oni...

ŠAJTOŠ: Izveštaj!

ĆELIJA-ĆELIJA: Druže majore, izveštavam-izveštavam svi su oni fašisti. Fašisti ne pomažu komunistima--komunistima. A, s druge strane, fašisti se za sve mogu pridobiti.

ŠAJTOŠ: Dakle, onda možemo od njih očekivati pomoć?

ĆELIJA-ĆELIJA: Ne možemo, jer fašisti ne pomažu komunistima-komunistima.

FOTI: Zahvaljujemo na dragocenom obaveštenju.

ĆELIJA-ĆELIJA: Pa ipak bi se osuđenik Koplar-Koplar možda mogao umekšati.

FOTI: Što baš on?

ĆELIJA-ĆELIJA: Izveštavam-izveštavam...

FOTI: Ne izveštavajte!

ĆELIJA-ĆELIJA: Jer mu se ostali osuđenici rugaju da je boljševik... I rugaju mu se još i time da je drugar--drugar potpukovnikov. (Smeje se.)

FOTI: Što se cerekate?

ĆELIJA-ĆELIJA: Pa zar nije smešno, šta sve neće izmisliti ovi fašisti?

FOTI: Nije smešno.

ŠAJTOŠ: Uopšte nije smešno.

FOTI: Privedite osuđenika Balu.

ĆELIJA-ĆELIJA: Rekli ste Koplara-Koplara. On je i obrijan.

FOTI: A sad kažem Balu-Balu. Ne treba ga brijati. Ali brzo.

ĆELIJA-ĆELIJA: Razumem. (Vojnički ode.)

FOTI (Uzima dosje, pregleda ga): Šta misliš, da li će ovaj Bala reći zašto je došlo do tuče?

ŠAJTOŠ: Za to nam nije potreban Bala. Koplar ti je bio dobar prijatelj, zar ne?

FOTI: To si me već pitao.

ŠAJTOŠ: Šalili su se s njime da si ti smaknut i da sve komuniste treba smaknuti. A onda su se šalili da si postao komandant zatvora. Obe šale su se okončale udarcima.

FOTI: Izgleda da od tebe imam šta da naučim.

ŠAJTOŠ: Rutinska stvar.

FOTI: Još danas ću saslušati svu četvoricu. Prava je sreća što neću slaviti Božić. Ti možeš mirno da ideš.

ŠAJTOŠ: Čemu tolika žurba?

FOTI: Brine me tuča. Nisam postavljen ovamo da oslobađam nervno rastrojene. Koplareve drugove iz ćelije kazniću strogo, a njega, pak, blago ukoriti.

ŠAJTOŠ: „Podeli pa vladaj." Dobar princip međunarodne politike. Ali mi ne upravljamo svetom, nego zatvorom.

FOTI: Nema principijelne razlike. I mi radimo s ljudima.

ŠAJTOŠ: Pogrešno. Mi radimo sa zatvorenicima. Mi ne treba da ih pridobijemo, nego da ih porazimo. Možda će Koplar zaista biti oslobođen. Ali ako izađe kao pobednik, onda će partija ostati pobeđena.

FOTI: Spadao je među rukovodioce partije. Ako ode kao pobednik, on će biti partija. Partija svakako samo pobeđuje.

ŠAJTOŠ: Koliko negdašnjih tvojih drugova s robije ovde izdržava kaznu?

FOTI: Trideset sedam.

ŠAJTOŠ: Teška stvar. Prespavaj noć, druže potpukovniče. Dođi kod nas, imamo lepu jelku...

FOTI: I sjajan kolač s makom. Probaću ga drugi put. (Kucanje.)

ŠAJTOŠ: Znači rešio si da ćeš ovaj Božić provesti s Koplarom. Stvar srca. Ja ću u svakom slučaju da te sačekam u svojoj sobi, možda ćeš se predomisliti. (Otvara vrata.) Ulazite, majstore. (Šajtoš odlazi, Bala ulazi.)

BALA (dere se): Gospodine potpukovniče, Karolj Bala, osuđenik broj 111 665, javljam se po vašem naređenju.

FOTI: Ne treba vam megafon? Priđite bliže. E pa, toliko ipak nismo bliski. Nazad. Dovoljno. Stanite već. Šta mislite, što sam vas pozvao?

BLA: S poštovanjem izveštavam da se dogodila greška. Obrijan je jedan moj drug iz ćelije, a ja pozvan. A inače se poziva onaj koji je obrijan, odnosno obrije se onaj koga će pozvati.

FOTI: Kako ste smeli da se tučete u ćeliji?

BALA: Jaaa? Vi ste me pomešali s nekim. .

FOTI: S kim? S Koplarem?

BALA: S poštovanjem, mene nije moguće pomešati s Koplarem. On je veliki čovek, a ja mali.

FOTI: Obojica zimi nosite mrko, a leti na pruge.

BALA: Čovek i ovamo donese sa sobom svoj rang.

FOTI: A zar se više ne razlikujete po tome što je Koplar i ovde ostao komunista, a vi izdajnik klase?

BALA: S poštovanjem izveštavam da ne znam šta je ostao Koplar, jer je u ćeliji zabranjeno politiziranje. Upravo zbog toga ne znam ni ja šta sam.

FOTI: Zar tuča nije imala političku pozadinu?

BALA: S poštovanjem, tuče nije bilo. Osuđenik Koplar ponekada se bezrazložno ražesti. Nervozan čovek, dugo je u zatvoru. Danas posle ručka je neočekivao počeo da mlatara rukama i slučajno je odalamio osuđenika Kološija. Ja sam ga uhvatio da ne bi naneo štetu ni sebi ni drugima. To je bila moja dužnost kao starešine ćelije.

FOTI: A pre nepostojeće tuče o čemu ste razgovarali?

BALA: S poštovanjem, ne znam.

FOTI: Niste bili prisutni? Bili ste na slobodi? Momci vas poslali napolje iz ćelije?

BALA: U duši sam daleko bio. Naime, upravo sam se pripremao za božićne pobožnosti zajedno s osuđenikom Horeckim. A tada niti vidim niti čujem.
FOTI: Bala, kažite mi, da li ste vi religiozni?
BALA: Veoma.
FOTI: Imaćete razloga za molitvu. Glupi ste. Mislite da mi ne znamo sve o vama?
BALA: Gospode, pa to može biti najveća sreća ako čovek bude zatvoren zajedno s poštenim špijunom. S takvim koji ne želi da dovede vlast u zabludu. Koji prijavljuje samo suštu istinu o čoveku.
FOTI: Kakva je vaša presuda, Bala?
BALA: Ja sam gospodin. Trenutno doživotno.
FOTI: Možemo vam skratiti kaznu, ako nam budete odgovarali.
BALA: Razumem.
FOTI: Što se Koplareva ruka baš sudarila s Kološijevim licem?
BALA: Jer mu se lice našlo na putu.
FOTI: A ne zbog toga što je komunisti Koplaru Kološijevo lice odjednom postalo i suviše glatko i gospodsko?
BALA: S poštovanjem izveštavam da je Kološijevo lice natklasno.
FOTI: Interesuje me, Bala, kako ćete razjasniti ovaj svoj odgovor.
BALA: U oficirskoj školi smo učili da se s izmenom društvene baze menja i, ovaj, nadgradnja. Kod nas je odzvonilo kapitalizmu, socijalizam je, ali Kološijevo lice je ostalo ono staro. Zato rekoh da je natklasno.
FOTI: Dobro ste savladali marksizam, nema šta.
BALA: Jožef Vermeš me je učio. (Tišina)
FOTI: Da li je Koplar mnogo pričao o meni?
BALA: S poštovanjem, ne znam kako je ime gospodina potpukovnika.
FOTI: Otkuda ste znali da Ferenc Foti pozna Jožefa Vermeša.
BALA: S poštovanjem, ko je to Ferenc Foti?
FOTI: Od Vermeša ste naučili i da lažete?
BALA: Da. Mene je on učio da lažem. Čak i prilikom suočenja me je hteo nagovoriti da svedočim o njegovoj krivici.

FOTI: Ali vi niste svedočili, zar ne? Vrana vrani...
BALA: Gospodine potpukovniče, s poštovanjem, vidi se da niste poznavali druga Vermeša.
FOTI: Vama je postao drug kada je već sve izdao. Ali ja sam verovao da mi je drug kada ste vi još bili samo pohotna misao.
BALA: Razumem.
FOTI: Zbog drskih odgovora bićete strogo kažnjeni. Sem ako niste skloni da se ponašate kako to dolikuje jednom radniku.
BALA: Šta treba da činim?
FOTI: Jeftino ćete se izvući zbog one tuče, zatim ćete dospeti u radionicu metalnih delova kao majstor za priučavanje. Kao negdašnji izvanredni radnik na tom mestu mogli biste se lepo iskazati. No?
BALA: Rado bih radio.
FOTI: Raduje me.
BALA (u stavu mirno): S poštovanjem molim da ponovim predlog gospodina potpukovnika.
FOTI (Obori pogled): Izvolite.
BALA: Gospodin potpukovnik reče da se ponašam dostojno radnika i onda ću proći s blagom kaznom, a još ću dobiti i odličan posao.
FOTI: Dobro ste razumeli.
BALA: U redu.
FOTI (neraspoloženo): E pa, Bala, radujem se što ste se opametili. Mene pre svega interesuju osuđenici koji se mogu prevaspitati. Oštru granicu treba povući između okorelih i zabludelih.
BALA: Onda molim dopuštenje da prekršim zatvorske propise. Kako da povučem granicu ako ne mogu da govorim o politici.
FOTI: Možete govoriti o politici ako je neophodno.
BALA: Onda sam se prihvatio oružja rasprave. Jer ni dalje ne smem da se tučem.
FOTI: Bogme ne smete.
BALA: S oružjem rasprave onda mogu da razdvojim okorele od zabludelih.
FOTI: Kološija od Koplara.

BALA: Gospodine potpukovniče, s poštovanjem, imena vam ne mogu reći, jer do sada još nisam mogao da politiziram.

FOTI: A od sada, da li ćete moći saopštiti i imena?

BALA: S poštovanjem, ni od sada neću moći, jer ako sam vas dobro razumeo, niste mislili da ću se ponašati dostojno radnika ako postanem potkazivač. Treba da istrajem na frontu rasprava, ako sam dobro razumeo.

FOTI: Izvrsno me razumete.

BALA: Trudim se.

FOTI: Trudite se, Bala. I pripremajte se za okove. Mnoga kičma se deformisala posle nekoliko sati. (Bala ćuti.) Treba opustiti mišiće, Bala, ne sme se žilavo odupirati gvožđu. Onda kičma može ostati i prava.

BALA: S poštovanjem, gospodine potpukovniče, ne vredi mnogo ona kičma koja je ostala prava jer se nije žilavo odupirala.

FOTI: Imate li još šta da saopštite?

BALA: Trudim se da se ponašam dostojno radnika.

FOTI: Prema radničkoj vlasti niko se ne može ponašati dostojno radnika. Možete ići. (Bala odlazi. Foti nešto zapisuje.)

ĆELIJA-ĆELIJA: (Ulazi.) Druže potpukovniče, izveštavam-izveštavam...

FOTI: Evo Balinog disciplinskog kartona. Da li je još ovde drug major?

ĆELIJA-ĆELIJA: Jeste.

FOTI: Privedite onog bogomoljca. (Ćelija-Ćelija ode. Foti stavlja pred sebe novi dosje.) U krajnjoj liniji, i ovaj Bala i Šajtoš su jedna generacija. Obojica radnici. Obojicu smo mi vaspitali. Ali kako? Jedan drugome bi grkljan pregrizli, nema sumnje. A oba skupa — moj. Bilo bi mudrije ako bih sve ostavio do đavola i pozvao Margitu. Možda bi ipak provela sa mnom Božić. (Odmiče od sebe telefon.) Šta ja tu mogu što su mi drugovi zatvoreni? I što je meni poveren ovaj posao? Ako joj se to nije sviđalo, što se nije odmah pobunila? Zašto me napušta baš sada kada radim na oslobađanju svojih prijatelja. Smatra sebe užasno moralnom... (Gleda dosje. Kucanje.) Napred.

HORECKI (Ulazi ali nevojnički): Gospodine majore, s poštovanjem se javljam...

117

FOTI: Zašto me degradirate?

HORECKI: Molim?

FOTI: Ja sam potpukovnik. Niste mi vi dali čin, nećete mi ga ni oduzeti. Izađite i ponovo se javite.

HORECKI: Dobro. (Izlazi, pa se smesta vraća.) Gospodine potpukovniče, s poštovanjem se javljam da sam stigao.

FOTI: Više od tri godine ste ovde i još ne znate da se prijavite? Pozovite gospodina narednika.

HORECKI (Otvori vrata, govori): Uđite, gospodine naredniče. •

ĆELIJA-ĆELIJA (Ulazi): Druže potpukovniče, javljam-javljam...

FOTI: Ne javljate, nego drugi put naučite osuđenika kako treba da se prijavi.

ĆELIJA-ĆELIJA: Ja sam ga naučio-naučio.

FOTI: Sporo kopčate, Horecki?

HORECKI: Teško mi pada kad moram da uterujem u laž svoga bližnjega...

FOTI: I ne preporučujem vam. A ovde vi ne stojite pred bližnjima, nego pred predstavnicima države. Dok ne ukinete državu, računajte s tim.

HORECKI: Loše ste obavešteni, gospodine potpukovniče. Ja neću da ukinem državu, nego da izvršim njeno podruštvljavanje. Funkcije države, ako formiram vladu, preuzeće stručne organizacije. Prednost će biti u tome...

FOTI: Vi hoćete da agitujete? Posle saslušanja pedeset puta ćete se javiti gospodinu naredniku. — Druže naredniče, sutra ćete me ovde sačekati posle smene i izvestiti da je Horecki naučio taj neverovatno komplikovan tekst. Možete ići.

ĆELIJA-ĆELIJA (besno pogleda Horeckog): Razumem. (Vojnički odlazi.)

HORECKI: Ja ne agitujem, gospodine potpukovniče. Ali Bog hoće da svakome bar jednom ponudim istinu. Možda upravo zato dopušta i ovo saslušanje. Nemojte mene kriviti što vi ne nalazite pravi put.

FOTI: Slušam vas.

HORECKI: Bilo bi pravo čudo ako bi moje reči postigle cilj. Ali ja verujem u čuda. Čudo beše i kad je 1910. u naše panonsko seoce banuo sveštenik iz Amerike, sa svojom bednom šklopocijom, čudo beše što je zapazio baš mene, musavo služinče, i baš mene podučavao da bih se uzdigao u visoke regione znanja i društvene sfere...

FOTI: Pa lepo ste se visoko uzdigli, Horecki.

HORECKI: Bio sam učitelj grofovske dece, ja, potomak slugu, zatim me je Bog — na početku novog društvenog sistema — uzdigao do poslanika parlamenta. Ali kako računa na mene s još višim planovima, najpre mi je pokazao pakao. Voleo bih kada biste, gospodine potpukovniče, pročitali naš program. Besklasno društvo ne treba graditi uz pomoć činovnika, nego uz božju pomoć.

FOTI: Pročitao sam vaš program.

HORECKI: Mi ne želimo da Bogu poverimo socijalizam. Bog će ga nama poveriti. Mogu li vam preporučiti pored programa i druge knjige?

FOTI: Recite mi, Horecki, da li vi uopšte znate zbog čega vas ja saslušavam?

HORECKI: Zbog tuče. Ali sada razgovaramo o neuporedivo važnijim stvarima. Gospodine potpukovniče, vi ste pred istinskim izborom...

FOTI (zabavlja se): Mogu izabrati slobodu.

HORECKI: Tako je.

FOTI: Ja biram ropstvo, Horecki.

HORECKI (tužno): Slutio sam da će tako biti.

FOTI: Zato što ste oštroumni, Horecki. Recite mi, zaista ste se molili pre tuče?

HORECKI: Da.

FOTI: Čemu? Odnosno šta ste tražili od Boga?

HORECKI: Oslobođenje, za sve. A za pogubljene večni mir.

FOTI: Ukratko, bunili ste se protiv presuda naših sudova.

HORECKI: Molio sam se bezglasno.

FOTI: Buniti se može i bezglasno, Horecki. Ako se, pak, dvojica nemo mole, to je već javno huškanje. Mislite da ne znam da ste preobratili Balu?

HORECKI: Balu? Iz njega samo kulja mržnja na Boga!

FOTI: Tako želite da ga predstavite u povoljnijoj boji?

HORECKI: Znam da mu time ne mogu nauditi. Ali, na žalost...

FOTI: Naudili ste mu. Bala je priznao da se molio zajedno s vama i da zato ne zna zašto je izbila tuča.
HORECKI: Karolju Bali nije jača strana govorenje istine. Ovaj put, međutim, ima opravdanje što svojom laži želi da pomogne drugovima iz ćelije. Iz dna duše mi je žao što sam mu naudio.
FOTI: Ne sme se nauditi ni bogomrscima?
HORECKI: Nije moje pravo da kažnjavam.
FOTI: Bogme i nije. Ja ću vas kazniti.
HORECKI: Ne bojim se telesnih muka.
FOTI: Ali ipak, nije svejedno za vašu (Gleda spise.) srčanu manu kakve su to muke. Nemojte me prisiljavati da budem nepopravljivo strog.
HORECKI: Ne vidim šta bih mogao da učinim.
FOTI: Izvestite me o okolnostima tuče.
HORECKI: Molim vas, nemojte me o tome ispitivati. Istinu vam ne mogu odati. A opet ni da lažem ne mogu.
FOTI: Što ne biste mogli da lažete?
HORECKI: Moja vera mi zabranjuje.
FOTI: Aha. Znate šta? Samo onda odgovarajte kad ne dolazite u konflikt s moralom, u redu?
HORECKI: Čini mi se da je to moguće.
FOTI: Hvala. — Molim vas odajte mi da li je osuđenik Koplar iz političkih razloga udario Kološija?
HORECKI: Da.
FOTI: A koji su razlozi bili?
HORECKI: S poštovanjem, molim da ćutim.
FOTI: U redu. Samo mi recite da li ste i vi delili Koplarovo gnušanje?
HORECKI: Da. Ne.
FOTI: Na prvi pogled vaš je odgovor protivrečan.
HORECKI: Odmah ću vam razjasniti. Kološijeve reči su bile skandalozne. Ali Kološi se samo šalio s Koplarem. Ja sam to znao...
FOTI: A da li vam je šala bila neukusna?
HORECKI: Da.
FOTI: U suprotnosti s programom od 2 345 strana?
HORECKI: Gospodine potpukovniče, pa vi ste već pročitali naš program? Veoma me interesuje vaše mišljenje.
FOTI: Sada ja pitam. Šta je bila neukusna šala?

HORECKI: S poštovanjem, molim da ćutim.
FOTI: Nije bila valjda u vezi s nečijom smrću?
HORECKI: Jeste.
FOTI: Nasilnom smrću? Eventualno smaknućem?
HORECKI: Divno, kako ste to uspeli da pogodite.
FOTI: O čijem smaknuću je bilo reči?
HORECKI: S poštovanjem, molim da ćutim.
FOTI: Nije valjda bilo reči o nekom Koplarevom rođaku?
HORECKI: Nije.
FOTI: Prijatelju?
HORECKI: S poštovanjem, molim da ćutim.
FOTI: A taj ipak nije smaknut, zar ne?
HORECKI: Nije smaknut.
FOTI: Da li je i Bala učestvovao u šali?
HORECKI: Bala učestvuje u svakoj šali, ali nije loš momak. Kao da se namerno brani od istine.
FOTI: Kakave istine?
HORECKI: Samo je jedna istina.
FOTI: Tu se slažemo. — Koplar još uvek smatra sebe komunistom?
HORECKI: Još kako.
FOTI: I Bala je komunista?
HORECKI: Nisam pozvan da to procenjujem. Istovremeno vam saopštavam da na dalja pitanja ne želim da odgovaram.
FOTI: A zašto ne želite? Hej! Horecki! Nije valjda Kološi maštao o mom smaknuću? (Horecki ćuti.) Dakle, jeste.
HORECKI: Gospodine potpukovniče, vi ste zloupotrebili moje poverenje. Usmeravali ste pitanja tako da ste moje ćutanje mogli tumačiti isključivo nepovoljno po moje drugove iz ćelije.
FOTI: Već ste primetili? (Horecki ćuti.) Hvala na saradnji. Kološiju ne zavidim.
HORECKI: Ja nisam sarađivao. Gospodine potpukovniče, vi ste iskoristili moju dobronamernost. Zbog toga vam više neću odgovarati.
FOTI: Čak ni ako svojim odgovorima možete pomoći svojim drugovima iz ćelije? — Recite mi, Horecki, da li je tačno da Bala organizuje akcije sabotaže u radionici? Zar

prošli put nije on izazvao kratki spoj? — Dakle, Bala je saboter. Hvala, Horecki. (Horecki ćuti.) Zna li Koplar ko je novi komandant? — Znači, zna. — Da li o meni ima dobro mišljenje? HORECKI: Gospodine potpukovniče, s poštovanjem, ova igra nije dostojna ni jednog od nas. Nemojte terati šegu s mojim moralnim shvatanjima. FOTI: Vi terate šegu, čoveče. Slušajte: dajem vam časnu komunističku reč da ću smanjiti vašim drugovima iz ćelije disciplinsku kaznu na trećinu ako mi ispričate zašto je izbila tuča u ćeliji. (Horecki ćuti.) Smanjiću je čak i ako vi sada izjavite da je Koplar nasrnuo na Kološija radi odbrane svoje supruge, a Bala se, pak, sukobio s Koplarem jer ga je ovaj ometao u molitvi. (Horecki ćuti.) Pa u četiri smo oka.

HORECKI: Ne možemo biti u četiri oka. Bog je prisutan.

FOTI: Maločas ste prihvatili kao olakšavajuću okolnost što je Bala lagao zbog svojih drugova iz ćelije.

HORECKI: On to može da učini. A ja bih time upropastio ceo svoj život.

FOTI (besno): Pa zar ste vi čovek? Ni istinom ni laži nećete da pomognete svojim drugovima? Najvažnija vam je čista savest, ostali neka skapaju, šta? E, videćete. (Zvoni.)

ĆELIJA-ĆELIJA (Ulazi): Druže potpukovniče, izveštavam-izveštavam. . .

FOTI: Smesta privedite Balu. Donesite i okove. Neka dođe i drug major. (Ćelija-Ćelija odlazi.)

HORECKI: Veoma vas molim da me ne koristite kao sredstvo mučenja.

FOTI: Sada se po celoj zemlji kite jelke. Imate li porodicu, Horecki?

HORECKI: Verenik sam. Već je bila određena svadba.

FOTI: Gde nestade lanjski sneg?

HORECKI: Sačekaće mene moja verenica, gospodine potpukovniče.

FOTI: Doživotno?

HORECKI: Bilo dokle.

FOTI: Ne poznajete žene.

HORECKI: Gospodine potpukovniče, vi ne poznajete moju verenicu.

FOTI: Pa zna li ona vaš program? Da li je učestvovala u zaveri?

HORECKI (Vikne): Nije!

FOTI: Ili sada lažete, ili ste prevarili zaručnicu. Pa sme li se zatajiti takva stvar pred ženom koju ste za ceo život hteli vezati za sebe?

HORECKI: Nemojte o tome govoriti. To je privatna stvar.

FOTI: Ne određujete vi meni o čemu ću govoriti.

HORECKI: Koji su to principi koji traže da rob roba muči?

FOTI: Vaši principi. Neka bude pravda, pa makar i svet propao.

HORECKI: Hoćete da eksperimentišete sa mnom? Samo u pojam eksperimenta spada i to da je rezultat neizvestan.

FOTI: U detinjstvu ste i vi rado istrčavali kad je padao sneg? (tišina) Ne znam što toliko volim sneg, kad nema ni ukusa ni mirisa. I u zatvoru sam uvek bio najtužniji, Horecki, posle Božića i Nove godine kada je napolju vejao sneg. Posebno mi je teško padalo Badnje veče, a nisam religiozan. (Kucanje, vrata se odmah otvaraju. Ulazi Šajtoš.) Obaveštavam te da je Horecki iskreno otkrio uzroke tuče.

HORECKI: Ja ništa nisam otkrio!

FOTI: Povlačite?

HORECKI: Nemam šta da povučem.

ŠAJTOŠ: Da li vi uvek lažete, majstore, ili samo kada zinete?

HORECKI: Nikada ne lažem!

ŠAJTOŠ: Gospodin potpukovnik laže?

HORECKI: To nisam tvrdio. On samo meša sopstvene zaključke s mojim rečima.

FOTI: A zaključci su mi neispravni? (Horecki ćuti.) Dakle, nisu neispravni. Znaš, druže majore, on nikada ne laže. (Kucanje) Kao potvrdu za to, voleo bih da prikažem jedan eksperiment. — Napred! (Ulazi Bala, iza njega Ćelija-Ćelija, zvecka lancem.)

BALA: Gospodine potpukovniče, Karolj Bala, osuđenik broj 111 665, s poštovanjem izveštava, javljam se po vašem naređenju.

FOTI: (Horeckom) Tako to treba. — (Bali) Namestite se tako kao da ste u okovima. Izvešćemo prikaz. Za sada bez rekvizita. (Bala seda, ispruži obe noge, povije se, desnom rukom se hvata za levi članak, levom za desni. Čelija-Čelija hoće da ga veže lancem.) Sklonite već taj lanac. Zar ne čujete? (Bali) Bolje ispružite noge. Tako! Pokažite postupak Horeckom. Kažem vam, ne treba lanac. Hej! Šta radite? Bez lanca, zar ne razumete? (Čelija-Čelija nemom igrom pokazuje način stavljanja u okove.) Slušajte, Bala. Uz pomoć Horeckog smo otkrili da ste Kološi i vi maštali o mom smaknuću.

HORECKI: Ja nisam pomagao.

FOTI: Od Horeckog smo, takođe, doznali da je Koplar bio na mojoj strani. Zbog toga ste vi nasrnuli na njega.

HORECKI: Ja to nisam rekao!

FOTI: Ja vam ipak pružam mogućnost, Bala, za povratak. Vaša sudbina je u rukama Horeckog. Ako je sklon da tvrdi kako je tuča izbila zbog neke lične stvari, ili zato što vas je Koplar uznemirio u molitvi, onda ću vašu kaznu zameniti jednodnevnim zatvorom u mračnoj ćeliji. No, Horecki? (Horecki nemo blene u Balu.) Zamolite ga i vi. Možda će vas pre poslušati.

BALA: Ako već biraš, čika-Šandore, što ne kažeš istinu? Pa zar se nisam molio s tobom dan i noć?

HORECKI: Ne mogu to reći, Karolj.

BALA: A tako volim mrak, još iz detinjstva.

HORECKI: Ne mogu lagati.

FOTI: U okove. (Čelija-Čelija vezuje Balu.)

HORECKI: Gospodine potpukovniče, preklinjem vas, meni stavite lance! Mene okujte! Kleknuću kao pred svecem. (Klekne.) Mene! Mene!

ŠAJTOŠ: Ne vičite na nas, majstore, jer ćemo vam preseći glasne žice.

HORECKI: Padam ničice! Preklinjem vas! Mene!

BALA: Zaglavio bi, prepodobni sveče!

HORECKI: Svejedno! Bolje telo nego duša!

BALA: I najgluplji pop bi te razrešio greha. ·

HORECKI: Znam! Znam! Ali ja — ja sebe ne mogu da razrešim! Gospodine potpukovniče, ubijte moje telo!

FOTI: Ustanite, bedniče.

BALA (mučeći se): Gospod me, vidim, nagrađuje zbog pobožnosti moje. Uvek sam od njega kukumavčio dragocenosti, a, evo, sada me ovolikom tresnuo. (Glavom pokazuje prema lancu.)

FOTI: Vidite, Bala, ostaćete usamljeni zbog svoje velike tvrdokornosti. Koplar se bije zbog mene, Horecki zbog Boga.

BALA: Jer oni imaju prvoklasan ukus, gospodine potpukovniče.

FOTI: Još koji sat u ovom položaju i nećete odgovarati tako drsko. Posle izvesnog vremena čovek uvuče rep, to znam iz iskustva. Izdajnik ipak, naravno, ne bih bio...

HORECKI: Ja nisam odao ništa!

FOTI: 1941. batinali su me četrdeset osam sati bez prestanka. Moju ženu su preda mnom gazili i šamarali. Pa ipak, nisu izvukli iz mene ni jednu upotrebljivu reč. Kada više nisam mogao da ćutim, lagao sam, lagao, lagao, ali svoje drugove nisam uvukao u nevolju. Vi biste, naravno, i tu bili užasni moralista, na račun drugih. Vaše poštenje je klopka, u istorijskim vremenima vi ste društveno opasni za svoju okolinu.

HORECKI: Moji moralni nazori važe za sva vremena. Nemam posebne nazore za istorijska vremena. Ne volim istorijska vremena.

FOTI: Žao mi je, Bala. Nisam mogao da vam pomognem. (Horeckom) A što se, pak, istorijskih vremena tiče: poklapaju vam se ukusi. Ni ona ne vole vas.

ŠAJTOŠ: U očima istorijskih vremena vi ste, majstore, stenica. Kad bismo vas nagazili, iza vas bi na zidu ostala smrdljiva mrljica krvi.

FOTI (Ćeliji-Ćeliji): Osuđeniku Bali daćemo čalabrčak od divote okova. Kroz četvrt sata vodite ga nazad u ćeliju.

ĆELIJA-ĆELIJA: Razumem.

FOTI: Kazna će biti nastavljena tek posle praznika. Njegova sudbina je do tada u rukama Horeckog.

HORECKI: Ne!

FOTI (Horeckom): I vas ću kazniti, jer ste molili buntovničku molitvu. Za olakšavajuću okolnost prihvatam va-

125

šu srčanu manu i iskreno priznanje. (Ćeliji-Ćeliji) Neka i on dobije ipak čalabrčak. Bogougodni Božić u mraku. Možete ići!

ĆELIJA-ĆELIJA: Razumem. (Ćelija-Ćelija, i Horecki odlaze.)

ŠAJTOŠ: Reci mi, druže potpukovniče, šta bi radio da je Horecki bio spreman na laž?

FOTI: Sa zadovoljstvom bih ukinuo okove za Balu. Jer bi se slumbao duhovni sistem utvrda Horeckog.

ŠAJTOŠ: Ali ovako je ostao ceo, zar ne?

FOTI: Ni ovako nije ostao ceo. Jer je postao svesno sredstvo mučenja svojih drugova.

ŠAJTOŠ: Ali zašto je to važno? Jedino ti prijateljski savetujem, ne kao tvoj politički zamenik, da se manje baviš njihovim moralom.

FOTI: A ja kao negdašnji robijaš, ne kao tvoj komandant, da osuđeniku jedino daje snage ako oseća svoju moralnu nadmoć.

ŠAJTOŠ: U tvoje vreme je tako bilo. Ali sada je istina na strani čuvara. U takvim okolnostima robijaš nije ličnost, nego matični broj. I nema nezanimljivije stvari na svetu od duše jednog matičnog broja.

FOTI: Robijaš je i danas robijaš. A ja sam već onda upoznao psihologiju robijaša kada si ti na poljančetu šutirao krpenjaču.

ŠAJTOŠ: Nikada nisam šutirao krpenjaču na poljančetu. Otac mi nije dozvoljavao da trcam cipele. Bio je rudar, teško je zarađivao novac.

FOTI: Ako te duša robijaša ne interesuje, bar poštuj moju dušu. Ne mogu mirne duše raditi u ovoj uniformi ako u svakom trenutku ne osećam da sam sto posto u pravu.

ŠAJTOŠ: Može li to biti sporno? Partija te je ovde postavila.

FOTI: Misliš da ne znam ko me je postavio? Ja sam mnogo toga žrtvovao za ovo imenovanje. Kao obeštećenje sleduje mi bar toliko da primenjujem sopstvene metode.

ŠAJTOŠ: To svakome sleduje. Ali nije pitanje metode što praviš izuzetke za neke osuđenike.

FOTI: Tačno. To je principijelno pitanje. I moje metode određuju principi. Saslušavanjem Bale i Horeckog nisam postigao samo njihovo međusobno suprotstavljanje, nego što njih obojica Koplara smatraju svojim neprijateljem. Ako Koplara izolujem, privući ću ga.

ŠAJTOŠ: A ja jedino znam da ako podelimo osuđenike na komuniste i fašiste, a komunisti se mogu nekažnjeno tući po ćelijama, onda će uskoro banuti nevolje.

FOTI: Ne vršimo mi podelu među robijašima. Podelio ih je život.

ŠAJTOŠ: Život? Da li im je i zatvorske kazne odmerio život? Ne, druže potpukovniče, mi smo ih sve pozatvarali, zato moramo i jedinstveno da ih tretiramo.

FOTI: Dok sam ja komandant, braniću robijaše komuniste od ovakvih izjednačavanja.

ŠAJTOŠ: Koje?

FOTI: Izgleda da uputstva dobijamo s različitih strana.

ŠAJTOŠ: Moja uputstva odnose se na fašiste i izdajnike. Ne bih želeo da jedan stari drug ima teškoća.

FOTI: Za mene se ne brini.

ŠAJTOŠ: Iskreno se nadam. A sada dozvoli da se udaljim. Moram svojim pretpostavljenima da prijavim narušavanje reda. Voleo bih da dođem kada tu bude Koplar.

FOTI: Idi samo. Prijavi narušavanje reda. (Šajtoš odlazi.) Svojevremeno smo na poljančetu ovako pretili jedni drugima: moj brat je jači od tvoga brata... Sad čiji je brat jači? (Uzima slušalicu i okreće brojčanik.) Svako će načiniti jedan potez. Svako će da telefonira. Visimo na kraju žice kao crvi na udici. — Halo. Zdravo, stari. Hvala na pozivu. Ali imam još ovde posla. Samo bih želeo da te zapitam zašto ste me zapravo premestili ovamo? — Ma nisam se raspekmezio. Tražim podršku, moj zamenik upravo pokušava da me potkopa. Ponovi mi kakav to vi moj postupak očekujete prema Koplaru. Razumem. Lično prenesi Šajtošu uputstva. — Kako to, lako je reći? (Izvan sobe pojavljuje se Šajtoš. Telefonira.)

ŠAJTOŠ: Kako da mi ne smeta? Lako je to reći. Ovaj je još i sada robijaš, s mnoštvom robijaških gledišta. Šta da činim u vezi s komunistima robijašima? — Da, taj ljupki izraz je koristio. — Razumem. Mogu li se pozvati na tebe? — A što ne poimence? Šta mi onda sve to vredi? — Da ne izvršim njegovo naređenje? — E, vidiš. Kakvo držanje da ispoljavam prema Koplaru i drugovima? — Razumem.

FOTI: Razumem. (Spuštaju slušalice.)

DRUGI DEO

1. scena

Ćelija. Kološi sedi na hoklici. Koplar šetka gore-dole.

KOLOŠI: Po meni, Bala je nešto ispljunuo, Šandor, pak, poriče, a sada ih suočavaju. Progovori već jednom! Po tebi, Šandor je ispljunuo, a Bala poriče, šta? Jedan čistokrvni radnik ne može da pljune, šta? Misliš da tebe voli? On te je tresnuo o pod, zar ne? I ti si intelektualac, i tebe će popljuvati a neće ni trepnuti. Ne šetaj! (Koplar i dalje šetka.) Dobro-dobro. A Šandor je seljak, oseća se na njemu seljački smrad, uzalud su ga popovi prali. Zbog njih ne vredi da se džapamo. Šta misli, da li će pljunuti? Zdrav sam izdržao osam i po godina, a sada neposredno pred svoje oslobođenje... Da li si onemeo? Da li uopšte čuješ? (Koplar ne odgovara. Kološi prilazi cevi za grejanje, prislanja uvo, zatim kuca nesterilnom rukom, osluškuje, nikakva odgovora.) I ovi su zanemeli. Dva dana nikakva odgovora. (Ponovo kucka.) Kao da ova kutija visi u bezvazdušnom prostoru. Nisu ih valjda odveli? (Koplar ne odgovara.) Da li bi me ubio, kad bi od tebe zavisilo? I ti bi me bacio u okove? Očito. Ja te ne bih dirao. — Ne šetaj, preklinjem te! — Možeš da me ismeješ, ali meni je zatvor koristio. Ovde sam uvideo da je svaki čovek — čovek. Popušio bih s tobom lulu mira, čuješ li? Ali ovi prokletnici ne dozvoljavaju ni pušenje. Slušaj, da mi je neko rekao da ću godine izdržati bez cigarete, nasmejao bih se. Postoji li žilavija životinja od čoveka? (Koplar ne odgovara, i dalje šeta.) Slušaj! Stani! Drži se za krevet! Kunem se, još danas ćeš odbijati dimove. Još danas ćeš biti slobodan, prijatelju, glavu dajem! (Hoće da zagrli Koplara, ovaj ga odbija.) Čekaš na saslušanje tužioca. Drugar ti je novi komandant zatvora. Obrijan si na Banje veče. (Koplar ubrzava korake.) Jasno! Tužilac je došao da bi ti otvorio kapiju! Čak će ti se i pokloniti na kapiji. Čuješ? Odgovori, još si ovde, još si robijaš, još nam je sudbina zajednička! Hoćeš li predati poruku mojoj ženi? Nije politička! Spreman sam da tražim izvinjenje zbog one glupe šale, tresni me ako hoćeš, a onda mi obećaj da ćeš predati poruku! (Koplar ne odgovara.) Pomisli, šta će se događati sa mnom dok ti budeš izlazio.

KOPLAR: Ne verujem da će me odmah pustiti.

KOLOŠI: Samo kad si proslovio. (Umota sterilnu ruku, sipa vodu u poklopac kante, žudno pije.)

KOPLAR (preda se): Onda će i Eržiku pustiti.

KOLOŠI: Srećnik: bar zbog žene ne treba da se uznemiravaš.

KOPLAR: Čak ne znam ni da li je živa.

KOLOŠI: Ali ako je živa, onda je u zatvoru.

KOPLAR: Znam, znam, znam. I nismo robijaši, samo smo posetili naše drugove, a moja žena je u nekoj drugoj sobi.

KOLOŠI: Kao što kažeš. Ali ja ću poludeti zbog nje. Pogotovu sada kako nam je praznik za vratom. Svake pretprazničke večeri priređivali smo izvanredan vatromet. Slušaj, meni moja žena nije ostavljala ni dva dana odmora. Tako je cičala da smo i leti morali zatvarati prozore spavaće sobe.

KOPLAR (preda se): Nije valjda neka nevolja, kad me ovako iznenada hoće da puste?

KOLOŠI: U svakom trenu mi pada na um da sad... ili sad... Ako menja svoje posetioce, onda će izbiti na loš glas, ako, pak, jednog koristi, mogla bi ga zavoleti... Po tebi, šta je lošije? Zašto pokrivaš uši? Pred Balom o ovim stvarima se ne može govoriti... (Bat koraka iz hodnika. Koplar stane, prislanja se uz vrata.) Dolaze po tebe. Aleja lipa 20. Reci joj... (Zastaju pred ćelijom; zatim produže.)

KOPLAR: Ma đavola dolaze po mene. A ti ne kukumavči. Budi srećan što ti je žena normalna.

KOLOŠI: I suviše normalna. Pravi polip. Kad se zalepi svojim kracima za mene... Što me gledaš? Tvoja, naravno, i u međuvremenu politizira, zar ne? (Smeje se.) Da li je više volela desno ili levo skretanje? (Koplar ponovo započinje šetkanje.) Moja žena je — nećeš verovati — više volela sleva.

KOPLAR: Kurve me ne interesuju.

KOLOŠI: Ne dopuštam. Ne može svaka žena da nosi među nogama brošuru. (Tišina) Ne ljuti se, Pišta. Živci su mi sasvim propali. Ovo joj nemoj reći. Reci joj...

KOPLAR: Mirno! (Staju jedan pored drugoga. Koplaru noge podrhtavaju. Vrata se otvaraju, ulazi Bala, vrata se zatvaraju.)

KOLOŠI: (Bali) Suočavali vas? Šandor ispljunuo? Ili eventualno... Eventualno ti bio prinuđen... (Bala ćuti.)

KOPLAR: Zamisli, Karolj, Kološi me ubeđuje da ću još danas biti slobodan.

KOLOŠI: Zna li već Foti šta smo govorili o njemu?

KOPLAR: Da nisi video usput nekog omanjeg civila?

KOLOŠI: A sad ti ćutiš? Reč je o mom izvotu!

BALA: Ccc...

KOPLAR: Ovo ccc, da li je i meni namenjeno?

BALA: Pustiće te, ne boj se. Da li bi preneo jednu poruku?

KOLOŠI: Ja sam se ranije javio.

BALA: Smiri se. Moja poruka je jezgrovita. Kaži svom malom drugaru da se obesi pre nego što se nađem na slobodi. Šta je za vas čovek, ako ne pripada vašem klubu? Eksperimentalni kunić.

KOPLAR: Zašto u množini?

BALA: Čika-Kalmane: ako hoćeš da se provučeš čitav, onda samo hvali Koplara. Koplar ni za šta nije odgovoran. On nije okoreo, on je samo malo zaveden. Ja sam ga zaveo.

KOPLAR: Šta hoćeš od mene? Da Fotija tresnem u lice?

BALA: Ma ne. Zagrli ga. Poljubac s obe strane, kao što obično činite. Muško rukovanje, uzajamno brbljanje!

KOPLAR: Nisam ti dao razlog da ovako govoriš sa mnom.

KOLOŠI (Bali): Svi su nevini. Istina, čak su istrebili više komunista nego mi...

KOPLAR (Vrišti): Ja nisam istrebio nikoga! Nikoga, razumeš?

BALA: Šta si radio, druže ministre, kada je tvoj najbolji prijatelj, Jožef Vermeš zatvoren?

KOLOŠI: „Raspni ga!"

BALA: Da li si protestovao? Odrekao se budžovanstva?

KOLOŠI: „Raspni ga!"

BALA: Istupio iz te vaše partije?

KOPLAR: Lako ti je da govoriš, kibicu jedan. Sam Vermeš bi mi pljunuo u oči da sam zbog njega istupio iz partije!

BALA: To kaži onom malom tužiocu. On će razumeti.

KOLOŠI: I Ferenc Foti će razumeti. Jer vas trojica ste zajedno bili u Španiji, zar ne?

BALA: Koliko puta ti je tamo Vermeš spasao život?

KOPLAR: Dva puta.

BALA: Lepo si mu zahvalio.

KOPLAR: Ja sam se protivio njegovom hapšenju.

BALA: Znači unapred si znao?

KOPLAR: Ali sam znao, zajedno s Vermešem, da u borbi svetskih razmera nema mesta za lični sentiment. Vera u ideju važnija je i od prijateljstva.

KOLOŠI: Vernici nas okružuju, Karolj.

BALA: U proizvodnji vernika po glavi stanovnika premašićemo Sjedinjene Države.

KOPLAR: Samo kod bih pet minuta mogao da razgovaram s Vermešem...

KOLOŠI: Zajedno živimo. Zajedno umiremo. Zajedno robujemo. Zajedno ubijamo, ali ćemo se zajedno i osloboditi.

KOPLAR: Ako izađem, videćete: zatvor je meni koristio. Ponovo ćemo vratiti čast socijalizmu!

BALA: Hoćeš da mu ponovo našiješ opnicu nevinosti?

KOPLAR: Ne. Neću da bude nevin. Ali samo onda mogu biti pošten komunista ako...

KOLOŠI: Stop. Po tebi, na vlast dolaze i pošteni komunisti?

KOPLAR: Dajem glavu da je tako, stari moj.

KOLOŠI: Bilo bi užasno. Nepošteni su se već zasitili. Ali vi ste još gladni i proždrljivi.

BALA: Otkud gladni? Puni su vere.

KOPLAR (Kološiju): Ti si se najeo nemačke hrane, zaveži! (Bali). Ti se možeš podrugivati. Ali ipak promisli: lakše je ništa ne želeti nego hazardirati na polju akcije...
BALA: Gde je to polje?
KOPLAR: Za akciju svuda je polje.
BALA: Ali za kakvu akciju? — Mirno!
KOLOŠI: Odlaziš. (Postrojavaju se, vrata se otvaraju, ulazi Horecki iza njega Ćelija-Ćelija.)
BALA: Gospodine naredniče, izveštavam, ćelija četrdeset pet, četvorica.
ĆELIJA-ĆELIJA: Gde je ostalo s poštovanjem-s poštovanjem?
BALA: Nalazilo se u intonaciji.
ĆELIJA-ĆELIJA: I bolje. — Koplar-Koplar...
KOPLAR: Izvolte!
ĆELIJA-ĆELIJA: Idete sa mnom.
KOPLAR: Razumem.
KOLOŠI: Sa svim stvarima?
ĆELIJA-ĆELIJA: Stvarima-stvarima? Čemu, do đavola? A ni ne ide on, nego vi.
KOLOŠI: Razumem.
ĆELIJA-ĆELIJA: Ipak Koplar-Koplar... Đavo vas odneo! Jedan ko i drugi. Sačekajte. (Ćelija-Ćelija odlazi.)
HORECKI: Karolj! Ne ljuti se na mene! (Bala seda na pod i zauzima pozu kao da je u okovu.)
HORECKI: Ne kažnjavaj me tako... Ne mogu da lažem po njihovoj volji.
KOLOŠI: Ispljunuo si, Horecki?
HORECKI: Da si bio na mom mestu, i ti bi. Ne možemo žrtvovati poslednje rezerve duše.
KOLOŠI: Špijuniraš, a brbljaš o duši? (I Horecki seda na pod i zauzima pozu kao da je u okovima.)
KOPLAR: Zar ste poludeli?
BALA: Šta, zar si još ovde?
KOLOŠI: Pa šta se dogodilo?
BALA: Odlučio je da je bolje da ja budem nekoliko brzih sati u okovima, nego on do strašnog suda u kotlu.
HORECKI: Moram izdržati svaki moralni pritisak...
BALA: Političar se odupre, radnik skapa.
HORECKI: Pa i ja sam ovde zbog radnika. Sve klase sam već upoznao, onda me je Bog doveo ovde, da se i rad-

ništvo otvori preda mnom. Moćna, očaravajuća snaga — za hrišćanski socijalizam...

KOLOŠI: Samo od te reči mi poštedi sluh. Znaš šta? Bolje da nikada ne izađeš na slobodu, nego da dođeš na vlast.

BALA: Ja ti želim vlast. Posle malo vremena tvoji će te vernici razapeti na Bulevaru Bogorodice.

KOLOŠI: Devet godina mi je otišlo na eksperiment. A sada da se javi i započne jedan novi. Opet bi mi otišla jedna decenija. Pa nismo mi kornjače?

BALA: Dublje se povij. Uhvati članke. (Horecki posluša, stenjući, dašćući.)

KOPLAR: Ne boj se njegovog socijalizma. Nebesko opredeljenje.

BALA: Puno uškopljenih anđela.

HORECKI: Samo pričaj. (Dublje se savija.)

BALA (Koplaru): Nego kako ste se šćućurili naokolo, ni tvoj raj nije mnogo zabavniji.

HORECKI: Njihov raj je nasilje.

KOPLAR: A ti valjda nećeš silom da oboriš društveni poredak?

HORECKI: Neću. Moć pripada Bogu. Ja sam samo uradio naš program, na 2 345 stranica...

KOLOŠI (Peva): To ste rekli. Dajte drugo.

KOPLAR: A zašto si ga uradio? Da organima državne bezbednosti obezbediš toaletni papir?

HORECKI: Ne zato. Nego da ga duše prihvate. I da znaš: i tvoj prijatelj komandant zatvora je obećao da će ga pročitati.

BALA: Kakva si ti životinja, čika-Šandore.

HORECKI: Tebi sada sve opraštam, Karolj.

BALA (Koplaru): Možeš zakazati s njim randevu na polju akcije.

HORECKI: Bog odista pruža mogućnost za delovanje...

BALA: Tako je.

HORECKI: Rugaš se?

BALA: Ma ne. Ubedio si me. Bog postoji.

HORECKI: Iskreno?

133

BALA: Iskreno. Bog postoji. Jedina je nevolja: užasan je nespretnjaković. Lepo je spetljao ovaj kurvinski svet.

HORECKI: (izvrne se, četvoronaške): Antihristu! Do sada sam mislio da si samo njegov sledbenik, ali sada vidim: njegova si inkarnacija!

BALA: Zar si zaista očekivao da će stari lično sići s nebesa i svojeručno glavonjama otfikariti muda?

KOPLAR: Đavola. Nadao se da ćeš ti i tebi slični, bez oružja, izboriti Slobodu, s velikim „S", a onda bi se pojavio on koji je dao caru carevo, ukoriće siledžijske mališe, odnosno one koji su ostali živi, narediće im da kleknu po njegovim crkvicama, i počeće da ostvaruje svojih 2 345 strana. (Horecki ustaje, podrhtava od nervoze.)

HORECKI: Dakle, misliš da sam kukavica? Kukavica, zar ne? Ako smesta ne povučeš to što si rekao, lupaću u vrata sve dok ne dođe čuvar i reći ću mu da je bezbožni sadista.

KOLOŠI: Neću te ostaviti u laži.

HORECKI: Jesam li kukavica?

KOPLAR: Lično možda i nisi kukavica. Ali tvoje gledište je čista prepodobnost i kukavičluk.

HORECKI: Kukavičluk? Je li? (Pojuri ka vratima, onako sedeći Bala ga saplete, Horecki se prostre po podu.)

BALA: Šta si jeo? Otrovne pečurke?

HORECKI: Pusti me!

BALA: Daj caru što je carevo. Ovde sam ja car. Nadležni mene imenovali za glavnog. Nećeš valjda da me nasilno oboriš?

HORECKI: Bog me je smestio među razbojnike.

BALA: Nadmašio si Isusa Hrista. On je imao dvojicu, a ti trojicu.

HORECKI (klečeći): Bože moj, ti koji si spasao Danila u kavezu s lavovima, smiluj mi se! Gori su oni nego lavovi, kidaju dušu! Mučnije su muke njihove od svih muka robovanja, oni su tvoja istinska kazna! Pomozi, pokaži se, neka odjekne glas tvoj...

ĆELIJA-ĆELIJA (glas): Kible!

BALA: Odjeknuo je. (Škljocanje reza na vratima koje se približava. Svrstavaju se, ali pre nego što se vrata otvore. Horecki pada u nesvest. Bala ga hvata ispod pazu-

ha. Ćelija-Ćelija se pojavljuje na vratima.) Gospodine naredniče, s poštovanjem, osuđenik Horecki se onesvestio.
ĆELIJA-ĆELIJA: Što ne iznesete kiblu?
BALA: Jer držim osuđenika Horeckog koji se onesvestio.
ĆELIJA-ĆELIJA (Koplaru): Onda je vi iznesite! (Koplar iznosi kiblu, vraća se. Ćelija-Ćelija hoće da zatvori vrata, Koplar stavlja nogu.)
BALA: Gospodine naredniče, s poštovanjem molim dozvolu da ga prenesemo u bolnicu.
ĆELIJA-ĆELIJA: Bolnica-bolnica? Jeste li pri sebi? Za Božić bolnica? (Koplaru) Nećete skloniti nogu?
KOPLAR: Neću! Smesta prijavite komandantu zatvora da hoću da govorim s njime!
ĆELIJA-ĆELIJA: Vi ste pobesneli? Ja ću progovoriti s vama, Koplar-Koplar!
KOPLAR: U to se razumete! Bezbožni sadisto!
ĆELIJA-ĆELJA: Bezbožni-bezbožni? Kako mi to smete reći? Kako smete da mi oduzmete Boga-Boga?
BALA: S poštovanjem, osuđenik Horecki je u nesvesti.
ĆELIJA-ĆELIJA: Sklonite nogu, sklonite, Koplar!
KOPLAR: Ubica. Fašista.
ĆELIJA-ĆELIJA: Šta rekoste? — Mirno! (Na vratima se pojavljuje Šajtoš.)
ŠAJTOŠ: Da li sam dobro čuo, majstore?
BALA: Gospodine majore, s poštovanjem izveštavam, ćelija četrdeset pet, četvorica, osuđenik Horecki u nesvesti.
ŠAJTOŠ (Koplaru): Izlazite napolje. (Koplar izlazi iz ćelije. (Bali.) Doći će felčer.
KOPLAR (glas, spolja): Ne tucite!
ŠAJTOŠ: Ovde ćeš skapati, a da te nećemo ni prstom taknuti.

2. scena

Komandantova kancelarija. Foti, Šajtoš.

FOTI: Upropastio si mi posao.
ŠAJTOŠ: Stražara je nazvao ubicom. Nisam ga zbog toga mogao poljubiti.

135

FOTI: Razmišljaj na politički način. Takav jedan sadista ništa ne znači ako je reč o Koplarovom oslobađanju. Upravo maločas sam dobio uputstva telefonom da s njegovom kategorijom budemo najtaktičniji.

ŠAJTOŠ: A mene su uputili da ne činimo razlike među osuđenicima.

FOTI: Dok sam ja komandant, dotle ću ja određivati pravac našeg rada. Političku procenu Koplara ne bi izmenilo ni da je u lice pljunuo toj stoki. Zamisli samo sebe na njegovom mestu...

ŠAJTOŠ: E, to već ne, druže potpukovniče. Na to me ne možeš obavezati. Neću sebe da zamišljam u ulozi izdajnika.

FOTI: Dakle, ti si na strani jačanja discipline.

ŠAJTOŠ: U okvirima propisa, druže potpukovniče.

FOTI (Smeje se): Ispravno. Povredu propisa ipak nećemo.

ŠAJTOŠ: Nadam se. Iako nećemo imati lak posao ako poneki robijaši uživaju izuzimanje.

FOTI: Kazniću Koplara. Bez odlaganja ću ga saslušati, u mračnoj ćeliji, tamo gde si ga zatvorio...

ŠAJTOŠ: Neuobičajen postupak. Još će to shvatiti kao kurtoaznu posetu.

FOTI: Pobrinuću se da je ne shvati tako. — A ti ćeš kući na kolač s makom? Ili bi ipak saslušao Košija? (Kucanje).

ŠAJTOŠ: Ne umete da sačekate, majstore? — Ostajem. Ali da obrnemo uloge. Nisam tako osetljiv za psihologiju kao ti, ali ipak jasno mogu da zamislim kakvo je to za tebe opterećenje što moraš da saslušaš negdašnjeg svog prijatelja i druga s robije...

FOTI: Nikada ne uzmičem pred teškoćama. (Polazi.) S Košijem ne treba mnogo cifrati.

ŠAJTOŠ: Mnogo uspeha, druže potpukovniče. (Šajtoš privlači pred sebe Košijeve spise. Foti odlazi. Šajtoš se udubljuje u spise.) Ni polovina ovoga nije šala. Nećeš ti mene nadmudriti. Isteraćemo mi zeca. Kakav tip. Fuj. Mogao sam i bez toga proći. — E, dobro. Neka bude. Srećo, evo me. — Uđite, majstore. (Kološi ulazi.)

KOLOŠI: Gospodine majore, s poštovanjem izveštavam, Kalman Kološi, osuđenik broj 17 393, javljam se po vašem naređenju.

ŠAJTOŠ: Odvikli ste se valjda od upotrebe vrata, majstore? (Kološi se okreće, levom rukom hoće da zatvori vrata.) Desnom zatvorite. (Kološi vadi listić toaletnog papira, premeće ga u desnu ruku i tako zatvara vrata.) Bez papira. Sa sterilnom rukom. Šta je sad? Otvorite, zatvorite. Tako. Lezi. Pet sklekova. Šta je? Tako. Leži. Tako. Hoćete da ostanete čisti među prljavim proleterima, šta?

KOLOŠI: Gospodine majore...

ŠAJTOŠ: Hoćete da ostanete čisti, ali se radujete što će vam drug iz ćelije biti smaknut?

KOLOŠI: Samo smo ga zaskočili.

ŠAJTOŠ: I ja ću vas zaskočiti. Ali kroz prozor. A imaću i svedoke da ste sami skočili. Sanjarite o pogubljenju komandanta zatvora?

KOLOŠI: Mene su ocrnili...

ŠAJTOŠ: Vi ste već tako crni, majstore, da vas više niko ne može zacrniti. Čak vas ni drugovi iz ćelije ne štede. Hoćete li da olakšate svoju situaciju?

KOLOŠI: Nemam šta da olakšam.

ŠAJTOŠ: Vaša situacija se jedino može olakšavati. — Ne želite ni da vidite svoju ženu?

KOLOŠI: To ne zavisi od mene.

ŠAJTOŠ: Zavisiće od vas, majstore. Ponovo počinju razgovori. Je l'da, vaša žena je krupna plavuša, stanovala je u Aleji lipa.

KOLOŠI: Stanovala?

ŠAJTOŠ: Posle devet godina, naravno, te stvari izblede. Vas sigurno više i ne interesuje žena, majstore. Mada dalji razvoj socijalističkog humanizma omogućava da dodeljujemo olakšice onima koji to budu zaslužili. Odšetajte sada malo u mrak i premišljajte da li želite da vidite svoju gospođu. Ali vam ne preporučujem da prisluškujete po vašem običaju. U susedstvu je, naime, komandant zatvora, znate onaj koga ste hteli da obesite.

KOLOŠI: Ja...

ŠAJTOŠ: Bez kokodakanja, majstore. Razmišljajte. Napolje. (Kološi levicom otvara vrata. Odlazi.) Sterilna ruka. Socijalistički humanizam. Kakvo trabunjanje. I s ovakvim seronjama moram da radim.

3. scena

Dve ćelije u mraku. U jednoj Foti i Koplar. Druga je bez svetiljke.

FOTI: Da vidim. Ništa se nisi izmenio.
KOPLAR: Što bih se menjao? Šta se dogodilo? Sedi, osećaj se kao kod kuće.
FOTI: Kako si?
KOPLAR: Hvala, odlično. A ti?
FOTI: Mislim: zdravlje, nervi i ostalo?
KOPLAR: I ja tako mislim.
FOTI: Dobro sam. Radujem se što te vidim.
KOPLAR: Znaš li šta o Eržiki?
FOTI: Znam da je zdrava.
KOPLAR: Znači — živa je.
FOTI: Naravno da je živa. Naći ćeš je kao Snežanu koja je prespavala nekoliko godina.
KOPLAR: Imaš slatka poređenja. I nju ste mučili?
FOTI: Ja nikoga nisam mučio! Nikoga, razumeš?
KOPLAR: Izvini.
FOTI: Naravno, znam da je ženama još teže. Margiti su 1941. naredili da legne. Nehotice je prišla otomanu. Najužasnija uspomena njenog života je kikot koji je tada prasnuo.
KOPLAR: Smirio si me.
FOTI: Sada ja molim za izvinjenje. Izgleda da i suviše mislim na Margitu.
KOPLAR: Šta je s njom?
FOTI: Ništa. Napustila me.
KOPLAR: Muški razlog?
FOTI: Pa... Što da tajim, zbog tebe.
KOPLAR: Ti trabunjaš?
FOTI: Najvažniji njen prigovor je što sam postao tvoj bajbokandžija. Izvoli, oslobađaj se.
KOPLAR: Pusti me.
FOTI: Trudim se. Ali onda, molim te, ne nazivaj čuvare ubicama.

138

KOPLAR: Dopustio bi da se izvrne drug iz ćelije.

FOTI: Ne sećaš se Derviša?

KOPLAR (udari se po glavi): Naravno, Derviš!

FOTI: Očekivao si da će u socijalstičkim zatvorima Ajnštajn biti čuvar?

KOPLAR: Kada sam čekao socijalizam, nisam mislio na tamnice.

FOTI: Nadam se da si i iza rešetaka ostao političar. Preče je zdravlje sveta nego Horeckog.

KOPLAR: Ovde mogu da učinim nešto samo za zdravlje Horeckog. Svet je i inače zaboravio mene.

FOTI: Svet se seća onoga na koga ga mi podsetimo.

KOPLAR: Slušaj, Feri. Kad smo se već ovako lepo sreli, kaži mi što je bilo nužno sve ovo?

FOTI: Zar tebi da objašnjavam da revolucionar katkada mora i da pati za revoluciju?

KOPLAR: Za revoluciju, ali ne od revolucije.

FOTI: Katkada se to dvoje poklapa.

KOPLAR: Zar to nije zlo? (Kološi ulazi u praznu mračnu ćeliju. Smesta se privija uz cev za grejanje. U njegovoj ćeliji ponovo mrak.)

FOTI: Napolju ćemo to raspraviti. Ali najpre moraš na slobodu. Užasne snage i dalje rade da ostanete u zatvoru.

KOPLAR: Na primer?

FOTI: Na primer, moj politički zamenik.

KOPLAR: A iza koga od vas stoji partija?

FOTI: To odavde ne možeš razumeti. Jedino te molim da se toliko ne baviš pojedinostima. Obraćaj pažnju na istoriju.

KOPLAR: Odnosno na tebe.

FOTI: Na nas.

KOPLAR: Na vas koji ste me zatvorili ili na vas koji me oslobađate?

FOTI: Na nas koji radimo na tome da bi ti ponovo postao istorija.

KOPLAR: A šta sam sada?

FOTI: Prepreka.

KOPLAR: Kako jedna prepreka može da pomogne istoriji?

FOTI: U raspravi si uvek bio spretniji od mene. Dalje si i otišao u partiji...

KOPLAR: Mnogo dalje. Uporedi naše uniforme.

FOTI: Da li bi se menjao sa mnom? (Tišina)

KOPLAR: Znaš li koliko je bilo bolje s tobom u jednom zatvoru nego u tvom zatvoru? Šta mi je falilo negde s tobom? Jedino što nisam mogao da te dograbim za kratak vrat.

FOTI: Nikada me nisi mogao zgrabiti. Uvek si govorio da i nemam vrata, sećaš se?

KOPLAR: Kako da se ne sećam. Najlepše godine moga života.

FOTI: Robijaške godine?

KOPLAR: One robijaške godine. Zajedno s drugovima.

FOTI: Verovao ili ne, i ja sam bio uravnoteženiji. Kada si ti osuđen na smrt, plakao sam kao dete.

KOPLAR: Ja sam onda plakao kada je Joška Vermeš uhapšen. Ili kad smo ga uhapsili. Imam nevolje s promenama glagola. Kada sam čekao pogubljenje, mozgao sam šta da viknem pod vešalima. Tražio sam reči koje neće oslabiti veru postrojenih prostih vojnika, ali će drugovima dati na znanje da sam nevin.

FOTI: Divno! Postoji li još pokret koji vaspitava takve ljude tvrde kao dijamant?

KOPLAR: A ako se ispostavi da je bio suvišan ovaj samrtni patos? Ako su neki nepotrebno i zlonamerno žrtvovali svoje drugove, onda mi ubice...

FOTI: Stoj! Kakve su to reči?

KOPLAR: Drukčije doživljaje sam morao da svarim nego ti.

FOTI: Zašto si dopustio da te poremete? Potraži ti meni starog Pištu Koplara.

KOPLAR: Bože sačuvaj. Nije nam potreban.

FOTI: Za njega ćeš ponovo dobiti svoju budućnost.

KOPLAR: Da li ću ponovo dobiti i čitave živce? Ove dve godine koje sam proveo u ćeliji za osuđenika na smrt? U budućnosti će zgasnuti sram ona tri meseca kada... (Zaćuti, celo telo mu se trza ili podrhtava.)

FOTI: Dobićeš pravo na borbu, da se više slične stvari ne dogode. Ali najpre stavi u zagradu svoje povrede.

KOPLAR: Staviću ih u zagradu. I povrede drugih ću staviti u zagradu. I mrtve ću staviti u zagradu.
FOTI: Smiri se... (Tišina) Slušaj: odaću ti nešto. Da bi jasnije video. Ćutaćeš?
KOPLAR: Da šurujem s komandantom zatvora iza leđa robijaša?
FOTI: Nije ovo i suviše zvanično saslušanje. Da li bi potopio prijatelja?
KOPLAR: Neću odati izvor informacije.
FOTI: Ni informaciju. Bar dve sedmice.
KOPLAR: U redu.
FOTI: Na početku smo novog razdoblja.
KOPLAR: Tvoje imenovanje za komandanta zatvora međaš je u međunarodnom radničkom pokretu?
FOTI: Staljin je umro.
KOPLAR: Nije istina.
FOTI: Već devet meseci.
KOPLAR: Užasno.
FOTI: Konačno stari Koplar.
KOPLAR: Užasno je što mi je bio bog, a sada na njegovom mestu jedino osećam haos. Da plačem? Da se smejem?
FOTI: Da se smeješ? Jesi li poludeo?
KOPLAR: I ti si mi u poverenju saopštio da počinje novo razdoblje.
FOTI: Jer samo svi zajedno možemo popuniti njegovo odsustvo. Zato su otpočele revizije. Treba oformiti novi stil rada. Nove metode upravljanja. Za to nam je neophodno poverenje.
KOPLAR: A poverenju mi.
FOTI: Preti nam privredni krah i politička kriza. Igra je to koja važi za ceo svet. A ti se baviš tek Horeckim i Ćelijom-Ćelijom. Širokogrudo iskorači preko njih.
KOPLAR: Da iskoračim i preko Bale? Onda, na čije poverenje računaš? I da iskoračim i preko leševa?
FOTI: Postao si osetljiv i moralizator. Lako je suditi u tvojoj uniformi. Dobićeš ponovo svoju čast, poziciju, ženu. A ja, pak, igram na konopcu iznad provalije, a upravo me gurkaju oni koji su mi bili najbliži.
KOPLAR: Tugovanke jadnog komandanta zatvora.

141

FOTI: Da li bi ti podneo ostavku u službi unutrašnjih poslova da sam ja bio zatvoren? (Koplar ćuti.) Nadam se da ne bi. Nadam se da je i za tebe preča vernost partiji od prijateljstva. A da li bi odbio takvo imenovanje otkuda bi mogao da se boriš za moje oslobođenje? (Koplar ćuti.) Došao sam na prijateljski razgovor, Pišta. A ti počeo da se natežeš sa mnom. Ali ni sada nisi mogao da me ščepaš za vrat. Sklopimo mir. Da sedimo nemo jedan pored drugoga, kao nekada. Sećaš li se koliko puta smo već u zoru sedeli na pločama? Proklinjali smo veslače. „Klasni interesi pecaroša i veslača su nepomirljivi."

KOPLAR: „Njihova klasna borba neće se okončati ni sa svetskom pobedom socijalizma."

FOTI: Kako smo bili mladi, ispunjeni nadom.

KOPLAR: I sada sam ispunjen nadom. (Sede jedan pored drugog, zagledani preda se. Ćelija se zatamni. Osvetljenje druge polovine scene, Kološi prisluškuje uz cev za grejanje. Ulazi Šajtoš.)

KOLOŠI (osvrne se): Pssst.

ŠAJTOŠ: Jeste li poludeli, majstore?

KOLOŠI: Ne, ne, ne, ne, ne, ne, nećemo mi odavde dok nas domaćin batinom ne istera.

ŠAJTOŠ: Izveštaj.

KOLOŠI: Batina ima dva kraja, mališa. (Šajtoš mu priđe, Kološijevu glavu udara o zid, otrgne ga od cevi, Kološi jaukne, prostre se po podu.)

ŠAJTOŠ: Izveštaj.

KOLOŠI (ležeći na podu): Gospodine majore, s poštovanjem izveštavam, tatica je zakovrnuo.

ŠAJTOŠ: Ustanite. (Kološi se ne mrda, Šajtoš prilazi preteći, Kološi ustaje, čisti se od prašine, trza sterilnu ruku.) Šta kevćete?

KOLOŠI: Udario repom o ledinu. Umro. Preminuo. Preselio se u bolji svet.

ŠAJTOŠ: Ne razumem, majstore. Ko je umro?

KOLOŠI: Tatica. Čak taticin tatica. Najglavniji tatica. Taticisimus. Odozdo miriše mauzolej. Sad reče Foti, a ona budala nije znala da li da plače ili da se smeje.

ŠAJTOŠ: Vi budalom nazivate komandanta zatvora?

KOLOŠI: Ne govorim o njemu. O drugoj budali. „Da plačem? Da se smejem?" (Smeje se.)

ŠAJTOŠ: Vi plačite, majstore.
KOLOŠI: Zašto, do đavola. Sada ću već izdržati i na kibli.
ŠAJTOŠ: Stropoštaćete se na nju na kraju. (Kreće napolje.)
KOLOŠI: Što me prepadate? Ne smete više ni da me taknete.
ŠAJTOŠ: Ne mislite valjda da ću vam dopustiti da širite alarmantne vesti? (Otvara vrata.)
KOLOŠI (viče.): Ne! Šta sam sve preživeo i sada da umrem u poslednjem trenutku?
ŠAJTOŠ: Svi umiru u poslednjem trenutku, majstore. (Kološi ga hvata desnom rukom.) Dodirujete me sterilnom rukom? Čime sam zaslužio takvu čast? (Odgurne Kološija.)
KOLOŠI: Kunem se, gospodine majore, da ću ćutati. Doći ću na suđenje kao spasonosni svedok. (Šajtoš opet krene.) Recite mi, šta da radim?
ŠAJTOŠ: Potpisaćete papirić da ćete ćutati.
KOLOŠI: Dobro.
ŠAJTOŠ: I da ćete nam u svemu biti od pomoći.
KOLOŠI: Ne! To ne! Ja hoću da ostanem čist!
ŠAJTOŠ: Među prljavim proleterima? Pogledajte tu svoju sterilnu ruku. (Kološi pogleda ruku, s odvratnošću je gurne za leđa.) Eto, vidite. Evo vam papirče. Evo pero. Ako hoćete, potpisaćete, ako nećete, nećete potpisati. Slobodno birajte. (Šajtoš ode. Kološi seda na ležaj, zagnjuri lice u ruke. Tama. U drugoj ćeliji se pali svetiljka. Foti i Koplar bez reči sede jedan pored drugoga. Škljocanje vrata.)
KOPLAR: Mirno! (Koplar se ukruti u stavu mirno. Foti automatski skoči, zatim brzo ponovo sedne. Šajtoš ulazi.)
FOTI: Samo kad ste uvideli, Koplar. I bilo je vreme. (Šajtošu.) Osuđenik Koplar žali za ono što je rekao drugu naredniku.
ŠAJTOŠ: Pa lepo. Žalite i zbog tuče, majstore?
FOTI: Žali. I njegove izjave tačno se podudaraju s našim obaveštenjima.
ŠAJTOŠ: Raduje me.
KOPLAR: Gospodine potpukovniče, s poštovanjem, ovde se umešao nesporazum. Pomešali ste me s nekim drugim. Ja nisam čuo šta je prethodilo tuči. Od milicijskog saslušanja nagluv sam na jedno uvo.

143

ŠAJTOŠ: A upravo ste to uvo okrenuli prema Kološiju? (Koplar klimne.) Još ste i drski. Lepo, zar ne, druže potpukovniče?

FOTI: Veoma lepo.

ŠAJTOŠ: Dakle, tukli ste se, ali ne znate zašto?

KOPLAR: Ne znam! Sluh mi je slab! Šta hoćete još od mene?

ŠAJTOŠ: On još pita. Lepo, zar ne, druže potpukovniče?

FOTI: Veoma lepo.

ŠAJTOŠ: Njegovog negdašnjeg prijatelja hoće da obese, a on upravo tada ne obraća pažnju. Lepo, zar ne?

FOTI: Veoma lepo. Ali nije tačno.

ŠAJTOŠ: Slagali ste druga potpukovnika. Lažete zbrda-zdola. Računate, majstore, da će vas vaša politička prošlost spasti okova? Primite k znanju da ovde niko nema političke prošlosti, ni budućnossti. Ovde imate samo sadašnjost. Vi kao izdajnik, dobro ćete proći na ovaj način. Još vam je sadašnjost najpodnošljivija.

KOPLAR: I sam tako mislim.

ŠAJTOŠ: Zaveži. Već vam ni sadašnjost nije podnošljiva. Šta mislite, uvek ćete se izvući?

KOPLAR: Da li zato postavljate pitanja, gospodine majore, da odgovaram, ili zato što rado govorite?

ŠAJTOŠ (izvan sebe, Fotiju): Eto kuda odvodi kada doživotni krivac može poverovati...

FOTI: Kako to govorite s drugom majorem? Strogo ću vas kazniti zbog takvog tona, Koplar!

ŠAJTOŠ: Ako nemaš ništa protiv, sačekaću te u kancelariji. Imamo važan i hitan razgovor. (Šajtoš odlazi, Foti počinje da šetka. Koplar sedne.)

KOPLAR: Nemoj se ljutiti. Zaboravio sam da ti imaš šta da izgubiš. Ja mogu da izgubim samo lance.

FOTI: Možeš izgubiti i život ako mene smene.

KOPLAR: Naučio si sve ono iz taktike što sam ja zaboravio. — Ne šetkaj, molim te.

FOTI (i dalje šeta): Nisam te iz taktičkih razloga napao. Ni u snu ne bih pomislio da nasuprot meni držiš stranu jednom fašističkom gospodinu.

KOPLAR: Sećaš li se kako smo onda ćebovali onoga dugajliju? Ti si mu zapušio usta, Vermeš zavrnuo ruke. Nas sedmorica smo dobili disciplinsku.

FOTI: Ukratko, svejedno je da li ćeš mi ti reći nešto o jednom fašisti, ili ako jedan špijun u fašističkom zatvoru potkazuje komuniste?

KOPLAR: Hopa! Sada sledi ono dijalektičko čarobnjaštvo kada se jedan zatvorski potkazivač od gomile govana pretvara u junaka s oreolom?

FOTI: Dolazite s tako jeftinim moralizatorstvom posle petnaest godina rada u pokretu.

KOPLAR (osvrće se): Zar smo u množini?

FOTI: Radovao sam se što te vidim. A ti me zapljusneš Margitinim tekstom. Kao da su robijaši prošlosti i sadašnjosti istovetni.

KOPLAR: Katkada su istovetni. — Ne šetkaj! (Skoči, šetka i on, izbegavaju jedan drugoga.) Znaš li šta je najtužnije, Feri? Slušam te, slušam, i kao da ja govorim tvojim ustima, čak i ne ja, nego jedna moja pobačena mogućnost. Da si se ti našao u zatvoru, a ja postao komandant, možda bismo se od reči do reči mučili istim ovim razgovorom, samo u obrnutoj podeli uloga.

FOTI: Opet morališeš?

KOPLAR: Tako je! I ja bih ti to rekao! Hteo sam ti došapnuti! (Šapće.) Čeka te Šajtoš.

FOTI: Zaista mi je on na pameti. Ima užasno dobre veze. Trenutno, dok se mi ovde kavžimo, sačinjava prijavu.

KOPLAR: Kakva moralizatorska upotreba reči! Podnosi račun našim drugovima o tvom liberalnom kolebanju.

FOTI: Bravo. Ali sada moraš odlučiti. S kime razgovaram: s jednim od robijaša moga zatvora, ili sa svojim budućim rukovodiocem?

KOPLAR: Rado bih na slobodu. Ali najpre bih voleo da razgovaram s Joškom Vermešem.

FOTI: Nemoguće.

KOPLAR: Isposluj. Da imamo neke koristi od toga što si komandant.

FOTI: Budnije motre mene nego vas.

KOPLAR: Preuzmi za nas rizik. I ne samo za nas: za novu politiku koju najavljuješ. Zatvori Jošku u susednu ćeliju.

FOTI: Zašto? Napolju ćete se napričati.
KOPLAR: Hoću da s njime usaglasim svoje gledište.
FOTI: Pokušaću. — Kako da te kaznim?
KOPLAR: Okovima. — Balu nisi poštedeo.
FOTI: Daću ti mračnu ćeliju.
KOPLAR: Sjajno. Bar nekoliko dana neću videti kiblu, rešetke, krv stenica na zidu, iskrivljeno prijateljsko cerekanje ispod okrugle kapice...
FOTI: Kvari ti se politički osećaj. Humor popravlja.
KOPLAR: To dvoje je međusobno u vezi. — Čekam Vermeša.
FOTI: Posle praznika. — Ako uspem da se povežem s Eržikom, šta joj poručuješ?
KOPLAR: Jedino da sam živ. A ako se povežeš s Margitom, kaži da je pozdravljam.
FOTI: Hvala, Pišta. Možda ću joj još danas reći. (Hoće da zagrli Koplara koji se ukruti u stavu mirno.) Nisi mi olakšao stvar. (Foti odlazi, mrak.)
KOPLAR (glas): To je tako u redu. Istorija raspodeljuje istinu. On je tako revolucionar što mene stavlja u mrak ako je potrebno. Ja sam tako revolucionar ako ostanem solidaran s drugovima robijašima. I Šajtoš je revolucionar, s doktrinarnog stanovišta. Foti je juče bio takav kakav je Šajtoš danas. Ja sam bio takav kakav je danas Foti i prekjuče sam bio Šajtoš. A kakav ću sutra biti? Kao Bala? A šta će s nama biti prekosutra?

4. scena

Kancelarija komandanta zatvora. Šajtoš stoji pored prozora. Ulazi Foti.

ŠAJTOŠ: Druže potpukovniče, moram da govorim s tobom.
FOTI: Dosta za danas. Ne valja premnogo ni od dobroga, a pogotovu od lošega. (Maša se kaputa.)
ŠAJTOŠ: Sada moram da govorim s tobom.
FOTI: Čeka te kolač s makom. Mali Isus Hristos već kuca na vrata.
ŠAJTOŠ: Robijaši kucaju na vrata.

146

FOTI (Osluškuje): Ne čujem. ·
ŠAJTOŠ: Možda si i ti ogluveo na jednu uvo?
FOTI: Odbijam takvu šalu. I odoh.
ŠAJTOŠ: Ženi svojoj, zar ne? Danas si pred njom dobio nekoliko poena.
FOTI: Da li sam već smenjen kad smeš tako razgovarati sa mnom?
ŠAJTOŠ: Ne nadaj se. Neće ti se još vratiti. Venac mučenika još je daleko.
FOTI: Zvanično ću tražiti tvoj premeštaj.
ŠAJTOŠ: Dok sam ovde, Koplarov slučaj ne možeš rešiti sam.
FOTI: Da li si dobio posebno ovlašćenje za Koplara?
ŠAJTOŠ: Da.
FOTI: Od koga, ako smem znati?
ŠAJTOŠ: Od tebe, druže potpukovniče. Sporazumeli smo se da ćeš moći računati na mene sve dok se ne sukobimo s propisima. ·
FOTI: Nije protivpropisno što nismo saglasni. Danas niko ne može tvrditi da predstavlja celu istinu.
ŠAJTOŠ: I Koplaru pripada deo te istine?
FOTI: Verovatno.
ŠAJTOŠ: I Kološiju? I Horeckom? I Bali?
FOTI: Njihov udeo me ne interesuje.
ŠAJTOŠ: Pogrešno. Ako je podeljena, onda je važan svaki njen deo. Nepodeljenu smo nasledili od Onoga o čijoj smrti si nepropisno obavestio jednog osuđenika.
FOTI: Prisluškivao si?
ŠAJTOŠ: Ne mološi. Osuđenik nije znao da li da plače ili da se smeje. Čudan deo istine je njemu pripao. Nadam se da ga nisi poslao nazad u njegovu ćeliju? Na Kološiju sam već video dejstvo tvojih alarmantnih vesti.
FOTI: Uputio si ga?
ŠAJTOŠ: On je uputio mene. U dirljivim trenucima vašeg susreta nalazio se u susednoj mračnoj ćeliji.
FOTI: Poslao si Kološija da me prisluškuje?
ŠAJTOŠ: Nema vremena za moraliziranje. Smesta sam hteo da prijavim narušavanje propisa. Ali bi istraga oduzela mnogo vremena.
FOTI: Šta hoćeš od mene?

ŠAJTOŠ: Kološi je već potpisao jednu malu izjavu. Pribavićemo jednu i od Koplara.

FOTI: Samo što je on neće dati.

ŠAJTOŠ: Postoje sredstva za to.

FOTI: Sporazumeli smo se da ćemo koristiti samo zakonska sredstva.

ŠAJTOŠ: Ti si prvi prekršio dogovor.' Treba sprečiti posledice tog kršenja. Onaj ko se smeje našoj koroti, neće biti pušten.

FOTI: Otkud znaš? Neka te ne vode osećanja kao nekog sentimentalnog izviđača. A ako nam budu bili potrebni takvi komunisti koji su se odvojili od ove korote? Mudrost zahteva od nas da ne preprečimo put istoriji.

ŠAJTOŠ: Ta mudrost je polaganje oružja pred svakom budućnošću koja se može zamisliti. Da se cenjkam s istorijom, kao s nekom prodavačicom starudija?

FOTI: Ako ti je potrebna njena roba.

ŠAJTOŠ: U redu. Predlažem ti pogodbu. Ćutaću o tvom postupku. Neću prijaviti ni Koplarevu nečuvenu primedbu. Pružiću ti mogućnost da ispuniš svoje ovlašćenje. Ti ćeš, pak, izdvojiti Koplara i pribaviti od njega papirče.

FOTI: Pa dobro. Još jednom ću razgovarati s njim. Njegovo obećanje...

ŠAJTOŠ: Šta vredi njegovo obećanje? Nije ni on sentimentalni izviđač. Treba papirče.

FOTI: Pogodba ne važi, druže majore.

ŠAJTOŠ: Žao mi je. (Kreće napolje.)

FOTI: Otkuda znaš da će tebe opravdati budućnost?

ŠAJTOŠ: Opet budućnost! Nisam završio kurs za proroke, nego partijsku školu. Otac mi nije bio prorok, nego rudar. Možda će budućnost tebe opravdati, ali dotle ćeš se lako naći pred vojnim sudom, a Koplar će se i bez tebe naći u okovima, pre nego što bude imenovan za predsednika vlade. Tvoja savest će, naravno, ostati čista, kao kod Horeckog. I supruga će ti se vratiti. Još je večeras možeš umiriti: neće dugo biti žena bajbokandžije.

FOTI: Jedan dan ću razmišljati o tvom predlogu. Dotle ću Koplara izdvojiti.

ŠAJTOŠ: Šta će se izmeniti do sutra?

FOTI: Koplar se može obesiti. Tebe može pregaziti auto. Mene udariti kap.

ŠAJTOŠ: Sačuvaj nas bože, potpukovniče. — Đavo neka nosi Božić, sačekaću još jedan sat na tvoju odluku.

FOTI: Dobićeš pohvalu komandanta za svoju budnost.

ŠAJTOŠ (u stavu mirno): Služimo radnom narodu.

FOTI: Možete ići, druže majore. (Šajtoš odlazi.) Medved drži vuka, vuk drži medveda, a lisica obojicu. „Dragi Pišta. nisam hteo da me se po zlu sećaš, zato te prepuštam Šajtošu." „Draga Margita, donosim ti pozdrave od Pište, inače, sada ga bacaju u okove." — Koja varijanta je besmislenija? Obe. (Vadi službeni pištolj, gleda ga.) Lako rešenje. Pošteno, građansko rešenje. A ja se možda plašim? Plašim se da smaknem nekadašnjeg revolucionara po imenu Ferenc Foti? Ali zašto nekadašnjeg? Jer ne smem da se opredelim za najleže. Samo pojačavam sumnju, ako pobegnem, neizvesnost... A i Koplara bih nasamario. Neka me i zamrzi, ipak ga ne mogu predati! I njemu će biti bolje ako ga ja mučim...

ĆELIJA-ĆELIJA (ulazi): Druže potpukovniče, izveštavam-izveštavam... (Zapazi pištolj u Fotijevoj ruci.) Gospode...

FOTI: Šta vam je? Zar nikada niste videli nešto slično? Pešadijsko ručno oružje, poluautomatski pištolj. Ko vas je zvao? Ne izveštavajte.

ĆELIJA-ĆELIJA: Stigao je jedan drug iz ministarstva--ministarstva. Hoće s vama da govori, druže potpukovniče.

FOTI: E samo mi je još on nedostajao. Ove godine nema Božića. — Da li je drug iz ministarstva sam?

ĆELIJA-ĆELIJA: Razgovora s drugom majorem.

FOTI: Neka uđu obojica. Možda ni Nove godine neće biti

5. scena

Ćelija. Koplar i Kološi uz gvozdenu ogradu kreveta, Bala sedi na hoklici. Horecki stoji u uglu.

HORECKI: Uskoro će se paliti sveće i prskalice, vertep će da krene ulicama, i veseliće se deca po tamnim panonskim salašima i osvetljenim gradovima. Kao da s tvrđave gledam, vidim ih, strine zabrađene koje bezubim ustima predaju jedna drugoj radosnu vest da se rodio Isus Hristos, vidim vojnika oslobodioca u majčinom zagrljaju, mlade bračne parove koji se umiljavaju jedno drugom, crkve koje čekaju prazničnu službu...

KOPLAR: Sedi. Opet ćeš se skljokati.

HORECKI: Vidim moju staru majku u malenoj budimskoj sobici, koju sam joj ja namestio, misli na mene i plače, vidim po ovoj dragoj domovini na sve strane rasutu braću i sestre, koje sam ja uzdigao s najnižeg položaja služinčadi, i oni misle na mene i mole se za mene.

KOPLAR: Vidim stenice na zidu, u žicama...

BALA: I one misle na tebe i capćući čekaju svetu noć.

HORECKI: Ostavite mi bar ovo veče. Ovo jedno od tri stotine šezdeset pet.

KOPLAR: Sedi. (Bala ustaje s hoklice i seda na pod u pozu okovanog.)

HORECKI: Karolj, preklinjem te, ne muči me!

BALA: Popuj sada dalje o svojoj majčici i ljubavi!

KOLOŠI: Kako se takav pobožan čovek može srozati do potkazivača?

BALA: Prekidaš li popovanje?

KOLOŠI: Da li si ovima nešto potpisao?

HORECKI: Da nije Badnje veče, tresnuo bih te.

KOLOŠI: Ni ja nisam potpisao. Iako se ta škrabanja mogu izigrati. Ono što čovek potpiše ovima, ne uzima se u obzir.

KOPLAR: Šta se ne uzima u obzir?

BALA: Ono što čika Kalman radi, ne uzima se u obzir.

KOLOŠI: Ja ništa ne radim iza vaših leđa. Ali ako bi trebalo da biram da li da potpišem nešto i da ne pljunem ili da pljunem bez potpisa, ja bih odabrao ono prvo. Ili još radije bih izvršio samoubistvo.

HORECKI: Odbacio bi život koji ti je Bog dao?

BALA: Život poklon? Što ga onda Bog uzima nazad? Nije imao dečju sobu?

KOLOŠI: Saslušajte i mene jednom do kraja! Nemojte se večito natezati s tim otrcanim Bogom!

HORECKI: Ima li modernije knjige od Biblije? Modernije i lepše? Naročito Novi zavet...
KOPLAR: Novi zavet lepši od Starog?
HORECKI: Ako je moguće, još lepši.
KOPLAR: Ali oba je Bog pisao? U međuvremenu je došao u formu?
BALA: Hahaha, došao u formu, kao kuče u lavež. (Horecki zagnjuri lice u ruke, glava mu se trza.)
KOLOŠI: Odvratni ste! Samo umete da se džapate kao psi! Pa znate li vi kroz šta sam ja prošao? Oblizala me je njihova prljavština!
BALA: Dovoljno si prljav.
KOLOŠI: Kuš! Mene ne mogu uprljati. Otkrio sam da sam slobodan među njima! Njihovi zakoni me ne obavezuju, njihov moral ne važi za mene, njihova prljavština ne prianja za mene!
KOPLAR: Zavcži.
KOLOŠI: Uvredio si se? Međusobno ste se grizli i lizali, a? Srce vam je kucalo u istom ritmu. I visićete u sitom ritmu.
BALA: Ne diraj čika-Pištu i njegove drugove. Svi su sveti i nepovredivi. Ne možemo ih 'dosegnuti. Svaki od njih pojedinačno više vredi nego nas deset miliona.
KOPLAR: Napolju će se videti koliko ko vredi!
BALA: Ali nećemo svi izaći. Jedino ti i tvoji drugovi. Istina, tebe ništa drugo i ne interesuje.
KOPLAR: Ako zaista budem oslobođen, sve ću učiniti da me slediš.
BALA: Gle, do đavola. Uzdižeš me u bandu nevinih?
KOPLAR: Stvorićemo takav socijalizam u kojem će svaka poštena namera naći svoje mesto. Sami ćemo sagraditi svoj dom. Zadovoljstvo će biti živeti, raditi...
BALA: Amin.
KOLOŠI: Čas se jedan moli, čas drugi.
KOPLAR (Bali): I ne veruj praznim rečima. Ali ja ću... Mi ćemo dokazati...
BALA: Mirno! (Vrata se otvaraju. Felčer zastaje na vratima.)
FELČER: Ko je ovde bolestan, bratijo?
HORECKI: Ja.
FELČER: Šta ti fali?

151

HORECKI: Srce.

FELČER: Momentalno imam samo aspirin i kalmopirin. Evo ti.

BALA (priskoči): Ti si nov, felćeru?

FELČER: Dve sedmice.

BALA: Ima li kakva šuška?

FELČER: Novi je glavonja. Navodno dobar čovek.

BALA: Onda u njegovoj masti treba ispeći ostale. Još nešto?

FELČER: Amerikanci uputili ultimatum Rusima da će ih zasuti atomskim bombama, burazeru, ako se ne počiste iz Srednje Evrope.

KOLOŠI: Šta ja ono rekoh?

FELČER: Kod nas je već i formirana nekakva prelazna vlada.

KOPLAR: Ko je predsednik?

FELČER: Đavo će ga znati.

BALA: Zar nije svejedno?

KOPLAR: Nije.

BALA: Otkuda si došao?

FELČER: Iz vojnog.

BALA: Poznaješ li Jožefa Vermeša?

FELČER: Zajedno smo bili na belom hlebu.

BALA: Šta je s njim?

FELČER: Pogubljen je pre godinu i po, burazeru. — Pazi, glavonje!

BALA (ne dozvoljava mu da zatvori vrata): Nije istina. Sigurno?

FELČER: Skloni tu lopatu, stoko.

ĆELIJA-ĆELIJA (glas): Felčer-felčer, šta raspravljate, šta raspravljate u ćeliji-ćeliji! (Felčer odlazi. Stiže Foti, iza njega Civil, za njima ulazi Šajtoš. Ćelija-Ćelija stoji na vratima.)

BALA (boreći se s plačem): Gospodine potpukovniče, s poštovanjem izveštavam, ćelija četrdeset pet, četvorica.

FOTI: Šta vam je?

BALA: S poštovanjem izveštavam, božićna tronutost.

FOTI (odmahne, zatim Koplaru): Vama donosimo dobru vest. Pokupite svoje stvari.

KOPLAR: Izlazim?

FOTI: Ništa ne pitajte.

KOPLAR: Nismo se tako dogovorili. (Tišina) Najpre hoću da govorim s Jožefom Vermešem. Uradi to kao što si obećao. (Šajtoš i Foti gledaju u Civila. Ovome ni crta na licu da se pomeri. Tišina.)
ŠAJTOŠ: Sa „ti" se obraćate gospodinu potpukovniku? Zajedno ste čuvali svinje?
KOPLAR: Imao si obraza da mi obećaš da ćeš me povezati s Vermešem? (Foti i Šajtoš posmatraju Civila.)
ŠAJTOŠ: Ja ću vas povezati s Vermešem.
KOPLAR: Napred, gospodine majore. Možete me ubiti kao i njega.
FOTI: Vermeševu sudbinu ne možete prosuditi bez poznavanja činjenica.
ŠAJTOŠ: Šta je to, možete me ubiti? Pogubili smo ga zajedno s ostalim izdajnicima.
FOTI: Ne držimo se tvrdoglavo reči.
KOPLAR: I to su tebi tvrdoglave reči? (Podiže ruku na udarac, Bala ga zgrabi, zavrne mu ruku.) Zašto 'si prećutao?
FOTI: Nisam hteo da dalje kvarim vaše zastrašujuće stanje. Već onda sam video da vam je neopohdna bolnička nega...
KOPLAR: U bolnicu me vodite?
FOTI: Za sada. Žena vas već čeka.
KOPLAR: Nikuda ne idem.
ŠAJTOŠ: Vi ne odlučujete, majstore. Niste svojom voljom ni došli ovamo, nećete svojom voljom ni otići.
FOTI: Napolju će biti potreban izlečeni Ištvan Koplar.
KOPLAR: Ne želim posebnu kuru! Neću da idem u bolnicu! Neću posebno da budem oslobođen!
ŠAJTOŠ (Civilu): Šta ćemo? (Civil sleže ramenima.) Bala, skupite Koplareve stvari.
KOPLAR: Nemoj da skupljaš. (Bala počinje da pakuje. Na Šajtošev znak Ćelija-Ćelija ulazi u ćeliju i izgura Koplara koji se odupire.)
ĆELIJA-ĆELIJA: Na slobodu, Koplar-Koplar, na slobodu-na slobodu, jer ću vas inače tako osloboditi... (Ćelija-Ćelija izgura Koplara. Slede ih Foti, Šajtoš i Civil. Bala i dalje pakuje: stavlja u ćebe Koplarevu porciju, čašu, kašiku i čaršav, od svega toga načini zavežljaj.)

153

KOLOŠI: Nisam mogao ništa da poručim ženi. Ne mari. Sad već neće dugo.
BALA (Horeckom): Reci mi, čika-Šandore, zašto je baš Jožef Vermeš morao da izgine? Imao sam toliko boljih kombinacija.
KOLOŠI: Jeste li videli šta sve sebi dozvoljava ovaj Koplar.
BALA: Ubio bih sebe zbog Vermeša.
HORECKI: Da se pomolim za njega?
BALA: Pomoli se. (Horecki sklopi ruke.)
KOLOŠI: Jesi poludeo? Pa valjda se ne moliš za jednog boljševika? Sada kada više nije tu Koplar, mislim da hrabro mogu reći: jedan manje.
BALA: Stoko. (Krene prema njemu.)
KOLOŠI: Šandore, u pomoć!
BALA: Ko će tebi pomoći, đubre? (Dograbi ga za vrat, počinje da ga trese. Horecki ni da mrdne. Vrata se otvaraju, pojavljuje se Čelija-Čelija. Bala ga primeti, ali ne prekida, podiže ruku na udarac.)

Zavesa

II
DNEVNIK

NARICALJKA

Sama si umrla na bolničkoj postelji,
na bolničkoj postelji sama,
prva ljubavi moja, jedini prijatelju,
do prozora na bolničkoj postelji
na rubu beskraja —

zeleno drveće napolju mogla si shvatiti kao porugu,
obožavam tvoju otrovanu krv,
odšuljala si se s oduzetom nogom,
do pojasa oduzeta, uzimajući možda predujam
za smrad raspadanja,
pred tvojim oduzetim bubregom plačući, padam ničice —
najpre sam te ljubavlju ljubio,
kao krvoločna neman te voleh,
prisiljavajući te na pobačaj,
u Palati Straha sam ti uzeo sobu,
odmamio sam te u podrum, tamo su te sapeli lancima
Doktori što ti matericu iskidaše —
ali ti si spavala sa mnom i na operacionom stolu,
preko minskih polja si mi donosila užinu,
stajala si kraj iskopanih raka da ne skočim u njih,
čekala si me upravo na onom delu obale gde me je kit
                                                    izbljuvao,
ritmično si se okretala na gramofonu ljubavi —

poslednje noći naše iskočila si iz postelje
krikom omraze uzvraćajući na moje uživanje
iskrivila si Betovenovu ploču
na urološkom odeljenju si pokušala da se spaseš,
posle te više nisam poželeo

157

Kao kada smo posle filma *Hirošima ljubavi moja*
dojurili kući jedva smognuvši vremena da za sobom vrata
zatvorimo,
ili kada sam ono pre podne posle četvorogodišnjeg zatvora
došao kući, ti si mi upravo pisala pismo,
pritrčala si mi i smesta smo pali u postelju,
i prvi ljubavni pokušaj u šumi među dahtavim drvećem
kada je žudnja bila brža od mene,
odvojila me od tebe jedna druga ljubav,
potom me je storuka hidra ženskosti uvukla u sebe,
povukla me u duboko more, otuda se sve do dana
današnjeg
ne mogu ili neću na površinu da iskobeljam,
koliko godina je minulo od kako se tvoja postelja odvojila
od moje postelje, skele bez gospodara,
sedim sa suzama u očima za pisaćom mašinom koja je znala
tvoje prste —
znao sam tvoje prste
i zglobove, tvoju ruku, rame,
znao sam te kao rukavica ruku,
kao čorbast sneg rupu na cipeli,
kao pas kost koju zakopa kad je sit,
a gladan je iskopa iz zemlje,
kao skakač u vis letvicu koju
tek što nije uspeo da preleti —

kada si na sahrani filozofa Đ. L.
plakala kod rake i obesila se o moju ruku
joj, rekla si, od sada te niko neće moći zaustaviti,
joj, jadniče, plakala si, nastavnica Kasandra
u ulozi poraznog anđela čuvara,
žena drugoga, ali čiji bi otisak
dlana mogao biti moja mapa,
o, kažem, o, o, pijem konjak,
pet meseci u humanim bolesničkim sobama, o, o,
na intenzivnom odeljenju fabrike smrti,
Božić, novogodišnja noć opet zajedno,
nešto se uspostavilo, netelesno, još lepše,
moja ženska polovina, više nego ja u celini,
odlazio sam do tebe kao do osuđenika na smrt

na razgovor i kod tebe sam se osećao kod kuće,
i znao sam da ćeš otići i da ćeš sa sobom poneti
moj dom i znao sam da to znaš,
i znao sam da je vredelo što si se dva puta
vraćala iz smrti za ovo saznanje,
i znao sam da se treći put više nećeš vratiti,
i znao sam da ćeš odneti bolji deo mene,
preostaje mi starost koju ću bez tebe
teže nakljukati humorom —

video sam tvoje samrtno lice, sklopljenih
očiju, lice koje opominje na uzdržanost
kada su te izgurali iz hladnjače prosekture —
prvi put tad me nisi posmatrala
od onog osunčanog dana
kada sam te upoznao na Sportskom bazenu,
ti šesnaest, ja osamnaest godina,
jela si trešnje, kalajući svaku pojedinačno,
crvljive si ostavljala na klupu,
i kada si zdrave već pojela,
ja sam šakom zagrabio i požderao mnoštvo
crva, tako je započela naša veza,
koliko li sam od tada crva pozobao,
u senci tvoga bikinija — drveni sanduk
u crvljivoj zemlji tvrđi je od meke postelje,
hirurg ti je svakodnevno gledao kičmu,
proliv te je mučio poput usuda,
„Hrabra si" — rekoh pre deset dana,
„Šta da radim kad je već tako",
severno od slabine poput sunca svetlelo je tvoje srce —

ali onog četvrtka kada te je tresla štucavica,
i budnu i u snu, neprekidno si štucala,
otvorivši oči koje su više od trideset godina
moja mera za plavetnilo, samo taj par očiju
nije štucao, nego je sijao
iz kosmosa štucavice, nisi me ni zapitala
kao dva puta ranije: „Šta će sada biti?" — na ovim šinama
nije bilo više skretnica, kotrljala si se napred
nesvesno i tada sam ti stavio na čelo
ruku i štucavica je prestala,

sklonio sam ruku, počela si kašljucati,
opet sam stavio ruku i smesta si se smirila,
sklonio sam ruku, opet je rupila štucavica,
opet sam stavio ruku i opet si se smirila,
pa ipak sam te ostavio iako još nikada nisam imao
tako važan posao nego da ti pridržavam glavu
kako bi uminula bez štucanja — i sama si
umrla u ponedeljak na bolničkoj postelji,
kada sam upravo hteo da pođem ka sreci
novog sastanka koji se jedva može podneti.

MANDELJŠTAM

Sirena kola u noćno vreme
i koče — pred susednom zgradom.
Ježi se zid: opet se penje
lift — još ne — nema ih kradom.

Zvonce. Komšinica moli soli.
Dečja soba skrovište beše.
Ostanite još, prijatelj moli.
I blede usne se smeše.

Novo jutro propisuje san,
poklon mi je svaki novi dan.
Izlazim u kožnom kaputu
kroz jedina vrata ka putu.

Pod dodirom koče se nemilice
brave, telefonske slušalice,
a čekaju me čekaonice
svake železničke stanice.

DNEVNIK IZ JUGOSLAVIJE U STIHOVIMA
(1976)

SIMBOLIČNO, KONKRETNO

Struga, 24. avgust

I ona ode, a ja sam sada sam.
(To je konkretan fakat ali molim
shvatite i simbolično. Inače
sve je već simbol: i voz,
poljubac kod voza, jednokrevetna
soba u hotelu, čak i jutarnji
gutalj rakije.) Pa ukratko, ona
ode i započinjemo život nov
u konkretnom značenju reči, to jest:
ja ću lutati — baš kao i dosad —
između raznih otelotvorenja
ženskog principa, a i ona će, pak
— baš kao i dosad — nastojati da
skrasi sebe sa onim pravim ali
novina je — što odavno znamo — da
za takvu stvar nisam dobar ja. (*Pravi*
zvuči simbolično ali molim vas da
shvatite konkretno. Čak je potrebno
uputstvo za upotrebu baš svake
naše reči — a dati i to samo
usmeno možemo, bolje pustimo sve.)

ISTOVREMENOSTI

Skoplje, 25. avgust

Još si u vozu? Baš na trgu
Skoplja recitujem mađarski.
(Misliš li na me? Mislim na te.)

Stigla si kući? Rakiju sa
anisom ispijam u Skoplju.
Odlučujuće telefonske
razgovore vodiš? Blenem u
plavu Rumunku u plavom.
(Misliš li na mene? Mislim na te.)
Hitaš na sastanak? Ovde sam
u skopskoj hotelskoj sobi.
Za skup prevodilaca, evo¡
pripremam trezven referat.
Šetkaram po mekom tepihu
bos. Obula si cipele?
Na platnu moje mašte film
za one iznad osamnaest
s više ženskih rola. Tebe
nema. Istovremenosti
je kraj. (Misliš li na me?
Mislim na te.) Bar da zaspim.

MOJA NOVINSKA AGENCIJA JAVLJA

Ulcinj, 28. avgusta

Novinska agencija javlja:
jugoslovensku morsku obalu
zaposeli Nemci. Motokolone
njihove prodrle u punktove
svih naselja. Hotele, motele,
kampinge i plaže čvrsto drže
Nemci. O gubicima još nema
izveštaja. Izgleda da je kraj
partizanskom ratovanju. U dve—
—tri prodavnice još se govori
srpski — tada prisutni uzdrhte
i vazduh se zgusne.

11*

KRUNA

Ulcinj, 29. avgusta

Nikada za brak dobrovoljno
dara nisam imao dovoljno,
a sjajno se rastavljam: volim
deo koji se oslobađa mene.
S ljubavlju čekam: nek počne,
kroz ogledalo gledam za njom.
Lepa rastava kruna je
veze raznolike.
Za kompoziciju velim
dobra da je ako nastavlja
zatvoreno delo na mnoge načine
i na sve strane nova okna otvara.
S koliko li prozora gledam već
sebe pred put, nespremnog,
lice moje iščekivanje sâmo,
a potiljak još u staroj toploti.

DA LI SE NEŠTO ZBILO?

Ulcinj, 30. avgust

Iznad omamljene obale
treperi vazduh a u vreloj
prezli peska peče se
nekoliko komada
ljudskog mesa. I ludi fudbaleri
klonulo padaju po pesku.
Na ivici vode još se mogu
iskusiti posustala koketovanja,
ali dugog pokreta nema, sem kad
se pojavi zaprega i kočijaš
vikne „Gud melon" — tada se
nekolicina otklati po lubenice,
zatim ih smažu, a kore ostave
na vrelom pesku. Zeleni i

crveni čirevi otvaraju se
na živopisnom licu obale.
Onda iz suprotnog pravca
iskrsnu tri krave. Idu
od kore do kore. Docnije
ponovo otvaram oči: ni
lubenica, ni kora, ni krava.
Iznad omamljene obale
nad vrelim peskom
vazduh podrhtava.

KREVETI

Sveti Stefan, 1. septembar

U nizu vila na obali
za mene nema dobre sobe,
samo monstruozni kreveti
namešteni za dve osobe.
Ulazim. Dva noćna ormarića
čak, al' ni stola ni stolica.
Samo mi *jedan* krevet treba,
čudna im je moja računica.

Sumračna sobetina se beli,
čaršav pustinjom razapet,
porodica, posed, država i
ustanova je ovo, ne krevet.
Gramziva gazdarica jastuk
nameša, lupka metodično —
„Solo!" — vičem — „Jedan person!"
i bežim bezobrzirno, panično.

NIŠTA NAROČITO

Sveti Stefan, 2. septembar

Ništa se naročito juče nije zbilo.
Oblacima se vreme jesenje najavilo.

165

Radio sam onako kako zveri jedu.
U međuvremenu sam jeo sve po redu.
Praćakao sam se na visokom valu.
Grivasti belac baci me na obalu.

Jedna Francuskinja, plavuša teška,
pogleda moju knjigu pa mi se smeška.
Blesnuše i dva para starih naočara.
Šteta, s njom su i dva gospara stara.

I jedan oblutak me neodoljivo podstiče
— iz tamne morske dubine izniče —

da ga pogledam, bez moguće vesti
da ćemo se ikada još u životu sresti.

Uveče grad nudi živopisne rezerve.
Jurcam žensku i otvarač za konzerve,

oboje zalud. Zabubnjala je plaha kiša
i cele noći nije mogla da se stiša.

KAD SAM TE ZVAO

Petrovac, 6—7. septembar

Kad sam te zvao od sebe bez daha
    ili slao da budeš bliža i ti,
već godinama strepim od straha
    da ću te zadržati il' izgubiti.

Bliže me gura moje ludilo
    a tvoje će privlačnije biti.
Godinama nadom kuca bilo
    da ću te zadržati il' izgubiti.

Od čega strepim, čemu se nadam,
    kakva će tvoja odluka biti?
Svejedno. Kome to ja tu pričam,
    ta zadržaću te i izgubiti.

RASTANAK

Petrovac, 7. septembar

Poslednji dan sam na moru.
Od vidika se rastajem u zoru.

Od obale gde se plavo i sivo spaja negde,
od obale gde je drukčije sam biti no drugde.

Od druma gde na putu okuka svaka
drukčiji beskraj drugačije zaklapa.

I rastajem se s tobom: kraj je umoru?
Zauvek ćeš ostati ovde na moru.

Ovdc si drukčija: prisutna trajnije,
docnije zaspiš, budiš se ranije.

Nisam skidao: oblačio sam odelo
na te, svetlom i vodom satkano delo.

I rastajem se od vas, crnogorske muve —
mudra vam politika, grizle ste ko gluve,

ta muve ubija putnik zemnog raja,
ako će da se sveti, predelom zavičaja.

BUDIM SE S BOLOM

Između Titograda i Beograda, 8. septemiiar

Budim se s bolom u stomaku. Šator
sklapam bez jela, pisanja, pakujem,
za volan sedam u kola i vozim
preko dvaju zmijolikih lanaca
planinskih. More i planinska čuda
gledam iz visine gadljivo ali
savesno. Zatim duboki kanjon i
novih tri stotine i nešto pride

kilometara, nad raspomamljenim
vodama fantazije od mostova,
ali nikako da se sporazumem
sa pejsažom. Opustošilo me je
što apetita nemam. I pisati
tek mogu kad me stomak dobro služi.

SRPKINJA

Beograd, 10. septembar

Levi obraz natečen od zubobolje,
posmatram je zdesna da se ne vreda,
sudar joj je izrovašio stomak,
lepo je kad joj gledam mlada leda,
mucamo razne jezike pomalo,
ne očekuje da besede ređam,
samo bi da strošimo jedno drugo,
bačeni smo na ostrvo bez meda!
Halapljivo se gutamo bez kraja,
kao ratno dete hlebac bez kvasa,
nepristrasno smo se pili zatim,
baš ko u podne sok od ananasa
U praskozorje se tuširam dugo,
gledam bolan obraz, nebesa bela,
kratak oproštaj pred kapijom zubara,
tad odahnem: nije me ni volela.

HENDIKEP

Beograd, 16. septembar

Mađar biti na međunarodnom
pozorišnom festivalu, a uz to
znati položiti ponešto na sto,
kad bi stola bilo — zamorna je
zabava. Motam se u vrtlogu
stvarnih i lažnih veličina,

u džepu mi besplatna ulaznica
za stajanje koja važi *gotovo*
za sve predstave. Čak da sam ja
napisao Antigonu i Hamleta,
ali na mađarskom, isto bi se
ovako gurao na hodniku ispred
kancelarija, objašnjavajući
ko sam, šta radim, dok bilo koji
pozorištarac, Englez ili
Holanđanin s počasnom
ulaznicom baškari se unutra
u kancelarijskoj fotelji i
sa svemoćnom sekretaricom čavrlja.

PET SONETA

Beograd, 20—23. septembar

1.

Savest nek nema uzaludne bitke
što vaša ljubav baca me u bedu,
naći ću način da bude u redu,
s kamatom vraćam i sve te gubitke.

Toplina struje i srcem i telom
nikada nije isplativa bila,
kad na šatoru ja napinjem krila,
svest broji: novac ostaje ucelo.

Ako vas otrov optužbe razjeda,
mom džepu želeć novac onaj znani,
istinsku čar, ne u metaforama:

sa pet soneta — blistavo srezani,
petsto forinti vrede svi odreda —
sa pet soneta evo me pred vama.

2.

Sa pet soneta evo me pred vama,
a pet put petsto: dve hiljade petsto,
dinare svoje, dakle, i još resto
— toliko nije ni stan niti hrana —

čuvam za naše, za forinte čvršće,
da i ne mislim o pesničkoj slavi,
o čistom zlatu — žig utisnut pravi
sa obe strane „Svet je pozorište!"

Račundžija sam sa dobrom poentom,
vas i ono sve što dobijam od vas:
vreme i drugo što se obuhvata

sedmicom, i zelenaškim procentom,
strpaću u džep i šeniti ko pas:
i od uloga veća je kamata.

3.

I od uloga veća je kamata:
teška vremena, imetak je žena.
Računam sada oskudna vremena,
i ne računam, mala mi je rata.

Korist mi od vas može da nestane
brzo, jer neću gledati vas dugo,
spaja nas želja, zgoda, ništa drugo,
samo sećanje može ove dane

povratiti da preraste u svetak
sedmica naša, sedmica slučajna,
danas dan radan, sutra nostalgija.

Ma šta da bude: novi je početak.
Ma šta da beše: večno ti si sjajna,
no raste Nikad, buja, znam to i ja.

No raste Nikad, buja, znam to i ja,
na sedmicu će pasti tamna mrena,
čim pod šatorom bude pomerena
nežna ivica dušečnih linija,

potom bungalov, kući kad i zora,
u tri obroci čak na ručak liče,
pa valjuškanja, zbrda-zdola priče,
malo Ti pa Vi, to je od zamora.

U snovima „Ti" kažem mojoj zvezdi,
al' budan -- sa mnom ako je zajedno —
ako smo skupa, opet sa „Vi" hitam.

Među „Ti" i „Vi" i ljubav se gnezdi,
il' što je važno, za mene vanredno:
naša sukrivnja ko zverče se rita.

5.

Naša sukrivnja ko zverče se rita,
izbegava reči podvodne grebene,
da kosti lomne ne budu slomljene,
dok nam mine rok — pričam bez upita:

kada čekasmo jutros na voz, tela
samrtno morna šta može da spreči
da razumemo zadnje naše reči,
i ja sam znao šta si tada htela,

opet rastanka rok: kompozicija je
uvek nosila sve po strogom redu
one što s nama žure ka uranku.

Čučimo, tvoje lice pored šina je
preda mnom, iza su slike u sledu:
bioskop nemi žena na rastanku.

RIMOTINE DOBROVOLJCA I. E. U FORMI SMISLENOG I BESMISLENOG GOVORA

SAVETI I PORUKE I. E., PENZIONISANOG OBRŠTERA, DOBROVOLJCU I. E., U MIRNA VREMENA

1.

Crve,
preseli se u kristalnu kuglu
prerastao si tu jabuku.

2.

Ako ti se prst
pomoli izvan tebe,
spremno ga odgrizi,
ako ti ruka
zamlatara izvan tebe,
hrabro je odseci,
ako ti noga
odbatrga izvan tebe,
odvažno je otfikari,
oko ako izviri,
nos ako onjuška,
uvo ako očekne
izvan tebe,
izbij, slomi, otkini.
Ono što ostane, to budi.

3.

Svuci kao sinoć
odelo
svoje uloge,
zaigraj obezuložen,
ne premeći se,
ne klinči se,
ne hvataj tuđe mušice.
(Drži se sopstvenih.)

4.

Kiflo, ne skreći desno,
ne skreći levo,
ali kako pojam kifle
sadrži u sebi skretanje,
skreći uopšteno.

Kiflo, ne budi slana,
ne budi slatka,
nauči verovati
da možeš biti *nikakva*
kifla.

5.

Veliš: nož je to?
Prislonjen uz tvoje grlo?
Šta je to nož?
Nož je tek mala reč,
a i ta krv tu,
ne deluje užasno.
I krv je tek mala reč.

6.

Što sedaš na nož
ako pravi je?
Što pomorandžu
ne ljutiš radije?
Dobićeš kriške.

7.

Pravda je nedeljiva.
Pomorandža deljiva.
Od pravde
ne dajemo parče,
ali izvoli
od pomorandže.

8.

Uhvati
naš konopac,
da te prebacimo u čamac za spasavanje.
Već deset dana svežeg mesa okusili nismo.

ZAPAŽANJA I PROMIŠLJANJA DOBROVOLJACA I. E.,
ZASNOVANA NA PROMATRANJIMA, POVODOM
TOGA ŠTO JE U SVOJOJ ČETRDESET DEVETOJ
GODINI PRVI PUT SOPSTVENIM OČIMA VIDEO
PRAVU BORBU MAČKE I MIŠA

1.

Potrči miš,
mačka ga zgrabi,
ispusti, pa se koncentriše.

Potrči miš,
mačka ga zgrabi,
ispusti, pa se koncentriše.

Potrči miš,
mačka ga zgrabi,
ispusti, pa se koncentriše.

Dvorište je igralište
oko bunara je trkalište,
potrči miš,
mačka ga zgrabi,
prodrma ga, zaljulja ga,
ispusti, pa se koncentriše.

Potrči miš
s veseljem nosi želje
namiguje mačka
i za nju je veselje.

Uživaju u šali
kao da su jedno,
pravila su igre
smislili zajedno.

Potrči miš,
mačka ga zgrabi,
ispusti, pa se koncentriše.

Miš zna znanje to,
uvek će proći dobro,
mačka je mleka sita.

I mačka zna
kakva je ta
mišija sudba.

Potrči miš,
mačka ga zgrabi,
ispod njuške rezervni brk.

Iza bunara pogleda me.
Zadovoljna je.
Za mleko ne haje.

Ništa ne vidiš.
A ja zagledam u njušku —
gde nestade miš?

2.

Zamišljen pod strehom
stojim sada ja.
Ovaj novi obrt
mene zanima.

Mačka je pravila
prekršila?
Ili izmenila?

Drukčije protumačila?
I u kršenju pravila ima pravila.
Protestvuje li miš
iz stomaka mačkina?

3.

I već eno drugog miša
mačka ga zgrabi,
ispusti, pa se koncentriše.

Potrči miš,
mačka ga zgrabi,
ispusti, pa se koncentriše.

Pod strehom stojim
prizor me vara.
Nova je igra,
pravila stara.

METAFORIČKE REFLEKSIJE
DOBROVOLJCA I. E. POVODOM TOGA
ŠTO VREME PESNICOM POČINJE DA
UDARA U NJEGOVA OKNA

„Telo moje, moj viteški druže"

Adi

1.

Grožde je preslatko. Drveće se
unapred iskosilo
ko trkači a senke njine
cepaju zemno krilo.

Telo moje, moj viteški druže,
ne napuštaj ti više mene
ni tamo, na tamnijem putu
u suvom koritu reke.

2.

U gaju ružinu
poiznad latica
od mirisa zolju
hvata nesvestica.

Crveno je mami
kako odoleti
boji se gušenja
pre nego što sleti.

3.

Zabludela lađo, telo moje,
nespretna, rasejana vidro —
baš u najdublju vodu
palo ti je sidro.

Mislio sam nikad
mira naći nećeš.
Sad pod večnom burom
u mestu se krećeš.

Uz rebra se tvoja privijaju ribe
— mnoštvo usta, oči pada na dno —
pa otplove dalje
prezrivo i hladno.

Motor ti zabruji i opet
počinje da gura,
ali ti znaš da ćeš utonuti
ako te tlo ne osigura.

ORACIJA KOJU JE IMPROVIZOVAO
DOBROVOLJAC I. E. 19. JULA 1979.
STAROM KUDRAVOM PSIĆU ZVANOM
VAHUR

Kako se znanim hodom
doklatiš svakog jutra kod mene
u kuhinju, kako me
pogledaš ne znajući da pitaš
s ljubavlju, kako se
neočekivano opružiš i već
spavaš sluteći u sebi smrt,
kako satima paziš na vrata,
kako lošim uvetom svojim,
tragajući za izvorom buke,
ćuliš se uvek na pogrešnu stranu —
obgrlivši te oko vrata, ležim
ovde u sumračnom holu zabavno
besedeći, a ti me posmatraš
nemo, bez pokreta, poslaniče
Svetskog skupa starih — što li
igraš za mene pseću verziju
lošeg pozorišnog komada, zašto
prolaziš do kraja isto tako zadihan
stepenicama prolaznosti, samo da bi
podsetio na ono drugo dahtanje,
na borbu stegnutih zuba, zašto
ležiš po ceo dan na kamenom podu
kuhinje koji me podseća na krajnju
malu toplinu prvog i najboljeg doma —
a zašto ja nalećem na tupe zidove,
kada mnogo dublje znanje zrači
iz tvojih očiju, poznato znanje,
spretno razlažem iako tamo leži
obeznanjeno na dnu moje jame — i već
gotovo želim da dosegnem tebe i
da se šćućurim pred vratima koja
treba da se otvore na granici bića sna.

NEPOTPUNO SVOĐENJE RAČUNA I
KRATKA PROGNOZA DOBROVOLJCA
I. E. 31. DECEMBRA 1979. NOĆU
IZMEĐU 10 I 11 SATI

1.

Nasmešeni političari, između
ograničenih odbrambenih ratova
prvi put stupam u godinu bez majke.
Posle jedne jedine izvesnosti
još zatajena morska bolest.

2.

Godina koja odlazi: pepeo na šljaci.
U vitrini poređane kosti i pijavice.
Vojna vežba na vrh table leda
i plovidba ka mlakim vodama.

3.

Usta moje majke pajserom smrt
razglavila. Zinula
raka, grob moga detinjstva.
U toj mračnoj duplji
ko u utrobi polaznoj negda.
U tom bezdanjem bunaru
leš mačke
moja je tajna koju ni ja ne znam.

4.

Tu pećinu neće zakopati
nanosi nove godine,
između gomile otpadaka,
raskvašenih novčanica zevaće
jasno crna duplja.

5.

Moje suze cede se u nju: sve guta.
I sad jedna kaplja: možda isceđena.
Boli ako boli i boli ako ne boli.
Ne praznina, već usta i praznina već, ne usta.

6.

Otvaraju se vrata nove decenije.
Sređujem kao olovne vojnike
svoje pokojnike. Ovde-onde nabasam
na sebe, ali ne mogu se proglasiti
za sopstvenog mrtvaca jer sam
preživeo nekoliko nemogućih
skandala. Na stolu
na drškama hrizantema glave
mojih samoubica, ljubak buket.
Nekoliko još živih lica sanjare iz idile.
Osamdesete godine će imati posla.

DOBROVOLJAC I. E. POKUŠAVA DA PROSUDI VREDNOST DANAŠNJEG STANJA KLASNE BORBE U PESMI KOJA TEŽI EGZAKTNOSTI

U borbi za vlast svako se na pravo može pozvati — nego
šta!
Radnička klasa se ne može osuđivati ako zbog većeg
okrajka hleba
juriša, bogme, i na tenkove — pa koštalo koliko košta.
Niti vladajući sloj ako misli da istrebiti narod treba.

San svakog vladajućeg sloja je da bude iskreno voljen,
i da vladavina mu na brutalnoj sili ne počiva.
Užas svakog vladajućeg sloja jeste haos ogoljen
koji prisiljava da nered neredom uklonjen biva.

Srećan je ako može dobar biti i srećan ako bez dara nije,
i ako iskreno može verovati i uveriti, eto,
da suprotnost lošem nije dobro, nego još lošije —
a i radnička klasa je srećna dok veruje to.

Ali joj stomak počne da lebdi ako u njemu nema hleba,
a s njim i ona uzleće, nevezan balon koji neće pasti,
i za tili čas se osvesti, dotičući se visoko neba,
da najpre nije potrebno jelo, već nešto malo vlasti.

Mora se, dakle, oboriti, jer se reči glože,
od složene stvarnosti glasnije je stomačno zavijanje,
gladno društvo se preurediti nikako ne može,
jer za to treba vreme i strpljenje i znanje.

Radnička klasa s pravom žiga poput žive rane,
ali vladajućem sloju silom dublje brazde ožive,
kratkovida nužda i suvišnost kad bane
čine čoveka osetljivim na nove perspektive.

SANOVITA TRILOGIJA KOJU JE VIDEO I ZABELEŽIO
DOBROVOLJAC I. E. PRED ZORU 24. VIII 1980.

1.

Zabijam kočiće u blatnjavo
tlo parka
da bih razapeo šator
pod kojim ću konačiti. Sve se to
zbiva u provincijskom gradu,
možda Bekeščabi, otkuda nikako
nisam mogao da otputujem kući.
Dva mlađa čoveka
iskrsnu iz mraka,
pitaju me zašto me traže.
„Da me stavite pod prismotru.''
„Prava avantura'' — odgovoriše
i kao dokaz pokazaše prstenje

sa znakom. Zatim nestadoše
i ja nisam znao kako su
nabasali na mene. — „Nema tu tajne"
— reče vični B. s kojim sam pre
toga do dva raspravljao —
„ne prate te sustopice,
već znaju približno
gde se nalaziš pa doputuju
i nanjuše te po mirisu."

2.

I već špartam ulicama Pešte
zajedno s pesnikinjom i razgovaramo
da li ću prihvatiti neki prevod.
Docnije navraćamo u poznati
espreso u Ulici Minih, -
oko stolova nabijene stolice
sve zauzete, prazne blistaju
samo ležaljke iza stolova,
tako nismo mogli ni sesti.
Izlazim iz espresa — pesnikinja
nestade — opet u provincijskom gradu,
na zadnji prozor kola, na trgu,
kačim neko ceduljče, ali
tekst ne mogu da pročitam. Tada
primećujem da je tablica izbledela.
Trebalo bi belim premazati brojke,
ali znam da sam nesposoban za to,
i tada, možda kao pomoć,
tada iskrsnu...

3.

Tada iskrsnu Teri, moja mrtva majka.
Odjednom se stvori tu, stade pred mene.
„Teri — pomislim — moja majka."
Ona sede naspram mene ili je tek stajala.
„Tako je čudno — rekoh — nisam umeo da odem kući."

Ona gleda. Nemoguće je prosloviti
takvim očima. „Zbog toga si došla?" —
pitam. Ipak proslovi: „Zbog toga."
„Primila si pismo?" (I već verujem,
čak i vidim lažljive retke olovkom
koji znaju da ostajem još nekoliko dana.)
„Jesam. *Tako* si ljubazan bio."
Mucam nešto kao izvinjenje,
ona me ne čuje,
govori o drugom: „Tako beše čudno,
bila sam već jednom ovde, a ne mogu izaći,
jer je i on otišao." Nisam znao ko je otišao:
moj brat? Veoma davno umrli otac?
„Nisam umela izaći — reče — tamo sam
sedela u kolima." I tada me
razbudi samooptužba ili pre
neka samrtna tuga.

NEJASNI PASAŽI OSEĆANJA DOBROVOLJCA I. E. DOK PRESLUŠAVA MAGNETOFONSKA ĆERETANJA KOJA JE NEGDA VODIO SA NA SMRT BOLESNIM FILOZOFOM ĐERĐOM LUKAČEM

1.

S jedne strane
u pravu sam
s druge strane
takođe sam u pravu
a te njegove omiljene
reči — poput bruja
listova hrasta —
odapinje rastrojen
nesalomljiv glas starca

2.

Cerio sam se ugledavši
na njegovom boljševičkom nadgrobnom
belegu:

„Mir pepelu njegovome",
povorka je do rake prolazila
između vojnika pod oružjem
— mir pepelu njegovome —
u tome grlu
od tada je pesak
— mir pepelu njegovome —
iz usta pesak curi
teče po mom nameštaju
— mir pepelu njegovome —
pesak njegove kože
sipi na moje hartije
vrti se na ničijoj zemlji
levak peščani, bujica praha
— mir pepelu njegovome —
i ja se vrtim između
zaošijanih vretena
i preklane sene
sada već prašnjava
grla stružu
i leti na leto peščano
peščana jesen, peščana zima,
svetski umu, gde je ono
u šta si verovao
i leti pesak
— mir pepelu njegovome —
u svim ustima udice.

3.

Pero iz ruke
cigara iz usta
istovremeno ispadoše
i vrti se traka
sa zapada na istok
i vrti se svet
s istoka na zapad
zustavljam magnetofon
a glas dalje teče
iako se zemlja već

izmakla ispod njega
čujem sopstveni glas
— poput konca u iglu
udenut u njegov glas —
s jedne strane
u pravu sam
s druge strane opet
neosporno sam u pravu
a kao odapeta strela
u oblaku dima cigare
stoji gore glas starca.

III
BAGATELE

NOVO ZLATNO PRAVILO

„Pesniče, laži, al' niko da te ne ukeba" —
reči Aranja, zlatne kao kiša sa neba,
danas zvečite šuplje, bogme, nekad bilo,
jer drugačije zvuči danas zlatno pravilo:
„Pesniče, ne laži! Istinu reći treba!
Al' dobro pazi da te niko ne ukeba!"

MONRO

„Ako se sada popnem do vas — javlja se melodičan ženski glas u slušalici — hoćete li onda leći sa mnom na vašu slamaricu?" „Da — odgovaram — dođite, ali zarad istine moram reći da ja nemam slamaricu, nego postelju." „Ništa ne smeta" — odgovara ženski glas. „A inače — nastavljam — zanimalo bi me ko ste vi." „Monro — odgovori — ali ne Merlin, ona je već mrtva, inače tvrde da ličim na nju, iako nisam glumica, nego policajka. O ostalom ćemo se dogovoriti na slamarici." „Vidi se da ste policajka — odgovaram — koliko puta da vam ponovim da nemam slamaricu?" „Ne mari — odvrati melodični glas — zapazila sam ja vas kako vozite kola naginjući se napred-nazad, kao da jašete konja. To mi se veoma dopalo, jer sam i ja seljanka." „I vi? — pitam nespretno. — I još ko?" „Dogovorićemo se — odgovara — evo krećem." „Jeste li u uniformi?" „Naravno, ali ću je svući." „Morate je svući već na stepeništu — kažem — jer ja, ako mi na vratima zazvoni uniformisano lice, smesta padam u nesvest." „Onda ću vas ja položiti na slamaricu i pomoći vam da dođete sebi." Jauknuo sam i tresnuo slušalicu.

Od tada su minula tri dana, a ja ne mogu da radim, niti da spavam. Unezvereno čekam zvono i pojavu plavog čuda, „Narednik Monro", reći će, a ja ću da se prostrem po podu, ona će, pak, da baci svoju bluzu preko mene i nadneće se nada mnom svojim ogromnim, belim grudima.

SLOBODA, LJUBAV

K ljubavi! K slobodi!
Progutaću smesta te dve udice,
Samo mi to godi,
Kolektivne odričem se grobnice.

TRAGEDIJA

Probudi se s osećanjem da je izgubio čulo ukusa. Osetio je to i pre nego što je okusio jelo. Izađe u kuhinju, skuva čaj, popi ga i jedino oseti da je vruć. Spremi sebi sendvič sa puterom i šunkom, pojede ga krupnim zalogajima, ali kao da je žvakao čvrst vazduh i gutao ga. Zatim dođe red na hleb i med, rezultat isti. Tada me je pozvao da ga posetim smesta, jer je u velikoj nevolji. Kada sam dojurio do njega, zatekao sam ga za stolom s punim tanjirom kostiju, i veoma gorkim izrazom lica. Naime, u međuvremenu je pojeo celo pile. Ispričao mi je kakva ga je nesreća zadesila i zamolio me da se nekoliko dana hranim zajedno s njim. Nadao se da će moja poznata oblapornost opet probuditi njegovo osećanje za ukuse; istovremeno bih ga spasao od opasnosti jedenja pokvarenog jela. Imao je tako jadan izraz lica da sam klimnuo glavom bez razmišljanja. Konačno, ako jedan uvaženi psiholog od četrdeset sedam godina neočekivano poludi, a uzgred je i moj stari prijatelj, onda ga ne mogu ostaviti na cedilu. Istina, primetio sam da bi možda bolje bilo da gladuje nekoliko dana, ali me je on prekinuo tonom koji ne trpi protivljenje: „Ne — reče — s time se ne mogu pomiriti." Dogovorismo se da ćemo zajedno ručati kod „Tri fratra". On se, međutim, ne pojavi, tako sam ja sam pojeo goveđu supu, potom jagnjeći but i, konačno, pitu od jabuka. Nemirno sam ustao od stola, jer je moj prijatelj bio poznat kao izuzetno tačan čovek. I pored svojih obaveza, opet sam pošao do njega, ali uzalud sam zvonio pet minuta. Već sam hteo da pođem, kad li se začu iz stana cviljenje. Odjurim do nastojnika kuće i zajedno s njim kalauzom otvorim vrata.

Moj prijatelj je ležao na kamenom podu kuhinje, oko njega načeti i ispovraćani ostaci hrane, kosti, prazne tegle od pekmeza i kompota, koštice od voća, čaše od pavlake, nešto kao kajgana i nekakve pomije od testa koje se raskašilo u pivu. Kada sam ga okrenuo porebarke, zapahnuo me je izrazit smrad. Dugmad pootpadaše s njegovih pantalona, stomak mu užasno iskoči. Zatim ugledah mrlje krvi na njegovim pantalonama, pomešane s drukčijim mrljama. „Pa on se raspukao — reče nastojnik, stari, suvonjavi čovek, koji je bio na frontu — pozovite hitnu pomoć." Dok sam okretao brojčanik, moj prijatelj je, nesvesno i dašćući, iz bare zagrabio jela, a ruka mu je pošla prema ustima.

NOSTALGIJA

Socijalizam je lep, a lepota sama biće komunizam,
od suvog zlata, po Lenjinu, biće javni klozetizam.

Po Marksu, pandura biti neće, svi će u pesnike,
i čuvarke po klozetima biće ko Safo otprilike.

Tada hoću da živim, u komunizmu zbrinut.
Kasnije ni sat i ranije ni minut.

VAN HOUDEN I JA

Jedna izrazito lepa, riđokosa devojka priđe mi u mojoj omiljenoj gostionici u Zapadnom Berlinu, koju inače vode Grci, i upita me da li bih je podučavao u crtanju. Ponudih je da sedne, ona tada skide kaput i zabaci slap svoje riđe kose, koja joj je — tek tada primetih — sezala do pojasa. Zagledah se u njeno lepo lice koje dovodi čoveka u nepriliku kako bih izbegao izazovni prizor njenih krupnih, čvrstih grudi. Nasuo sam joj piće u jednu čistu čašu i kucnuo se s njom. Ona ponovi, sada već u formi molbe: volela bi kada bih je učio crtanju. Potražila bi me s nekoliko svojih radova da bih mogao prosuditi da li vredi da se njome bavim.

U svakom slučaju vredi, odgovorih, i neka ponese svoja dela, ali je ne mogu učiti crtanju, jer sam na tom području veoma nespretan. Ne umem nacrtati ni krug, a i drvo tek šematično, kao nespretnije dete od pet godina. Devojka se glasno nasmeja, kosa joj se sruči napred, ona je opet zabaci i reče mi da je pre tri godine videla moj autoportret na jednoj izložbi u Amsterdamu, zato se odvažila da me oslovi.

Odlučnost devojke me zaprepasti. Zapitah je da li pamti i moje ime. „Ma gospodine Van Houden — reče — šalite li se ili mislite da sam luda?" Oboje smo se smejali. „A ako bih vam rekao da nisam holandski slikar, nego mađarski pisac, i da se ne zovem Van Houden, nego Ištvan Erši?" Devojka se zaceni od smeha. „Sjajno — prostenja — kakvo ste samo fantastično ime našli sebi!" „E pa, vidite — rekoh — fantazije imam, ako i ne umem da crtam." Uzdišući napisao sam svoju adresu na parčetu papira i rekao joj da je uveče čekam, neka ponese svoje crteže. Ime

„Erši" nisam sasvim izmislio, tako se zove moj stanodavac, i na vratima je to ime ispisano. Tog trenutka iskrsnu Ingrid. „Halo, Erši! — viknu već s vrata — opet kasnim, pardon, pardon." Riđokosa skoči. „Erši? — upita. — Odvratni hohštapler, zaslužili ste da vas išamaram!" I kao vetar odjuri iz gostionice. „Šta joj je?" — upita Ingrid. „Mađarica, obožavalac poezije — odgovorim — prepoznala me po fotografiji pa je tražila autogram. A ja sam joj slagao da sam Van Houden i da sam holandski slikar . . ." „Zanimljivo — prekide me Ingrid — i meni je često padalo na pamet da vas dvojica, ti i Van Houden tako ličite jedan na drugoga kao jaje jajetu." Obuze me sablasno osećanje. Verovali ili ne, postao sam nesiguran. Da li nas je dvojica? Tada našem stolu priđe konobar i saopšti mi da imam telefonski poziv. „Ko?" — zapitam. „Vi." „Odnosno?" Ingrid prasnu u smeh, ja, pak, neodlučno ustadoh od stola.

„EXTRA HUNGARIAM..."

Lepo joj je? I sad se ponosi svojim delom:
sa šeširom zamišljenim igra ulogu cveta.
Za stolom bogatih čika iz velikog sveta
lepo bi mesto. Svojim novim odelom
deluje malko provincijalno, ali moderno.
Iz prevelikih cipela odmah iskoči
čim hoće u svet brže da zakroči.
I za svoju prošlost tek je prorok šaškav.
Na cedilu je ipak ne ostavljam,
zbog nje brbljam i do nje mi je stalo,
njen iskreni i besplatni pajac sam,
iako je ja ne zanimam baš nimalo.

MAJSTOR ŠALE

— Gospodine, da li biste kupili bresaka?
— Ne.
— Imam i slamni šešir.
— Ne interesuje me.
— Dajem dva za jedan. Podignem pogled. Ogroman, riđ čovek, ruke kao lopate, zubi konjski. Mogao bi me smrviti, pomislim. U plavoj majici uzdiže se ispred mene kao toranj.
— A gde je taj slamni šešir?
— Još je na njivama — odgovori. — I breskve su još na njivama. Vidim: stojim oči u oči s majstorom šale. Nasmejem se kako ga ne bih uvredio. Mrko me pogleda.
— Kako se možete smejati takvoj gluposti? I već podiže pesnicu. Nagnem u beg, on za mnom. Juri me kroz grad, pa kroz njive, sunce plamti. Preda mnom u daljini kamare slame, nizovi bresaka, iza mene vatreno dahtanje.

DOK*

Dok me, razume se, neprekidno činiš srećnim, tako se ose-
ćam s tobom
    kao dete kome je najdraža igračka oduzeta
    kao robijaš kome je sagovornik oduzet
    kao bokser kome sudije zaslúženu pobedu oduzimaju
    kao glumac kome je najbolja uloga oduzeta
    kao svetski putnik kome je pasoš oduzet
    kao najmljeni čistač snega kada mu već proleće preti
    kao seljak kome je letina oduzeta
    kao revolucionar kome je nada oduzeta.

Dok se, razume se, neprekidno mučim zbog tebe, tako se
osećam s tobom
    kao begunac kada se nađe iza granice područja s bod-
ljikavom žicom
    kao jehovista kad pomisli na bitku kod Armagedona
    kao ratoborni vojnik kada konačno može da padne u
zarobljeništvo
    kao umetnik kad ga nepoznati ljudi u tramvaju hvale
    kao policajac kad u slobodnom danu uhvati užasnog
                                ubicu
    kao spavač koga neko probudi iz teške more
    kao starac kada mu na ruku padne sunčeva svetlost
    kao trkač kad se baca u cilj i grudima kida traku.

---

* Dve strofe mogu izmeniti mesta u zavisnosti od čitaočevog
raspoloženja.

POVESTI O Z.

1.

Sa Z., dok šetam s njom u Vackoj ulici, spada sva ode-
ća. Naga korača pored mene kroz popodnevni metež ljudi.
Posle izvesnog vremena kao da je i svoju nagost skinula,
njen žar nije prosijavao kroz kožu, nego neposredno. Vit-
ko, smeđe stvorenje, i onaj slap kose. Senzaciju ipak nije
izazivala, jer niko nije smeo da pogleda njeno telo. Pogle-
di su se usmeravali iznad njene glave, jedino bi poneki
odvažniji dodirnuo njeno čelo. I. F., urednik novina, međutim, presrete je. „Ljubim
ruke, Z. — reče sedo i ćopavo — opet imate divnu mara-
mu." Z. se zahvali na komplimentu. I. F. je cenio klimu u
Kanu, zatim ruševine Taormine. „Miris mošusa — reče i
sklopi oči — mogu li vam dotaći rame, draga Z.?" I već
ispruži kažiprst leve ruke, ali kako dotače golu kožu, prst
se polomi. I. F. se zagleda u patrljak. „Ne boli me" — reče
i briznu u plač. Onda malim prstom pokaza na mene: „On
je upalio, zar ne? Završiće na vešalima, budite spokojni."
Šetamo dalje Vackom ulicom. „Što ste to učinili, dra-
ga?" Z. me pogleda, odmahnu glavom — i malene grudi
joj zadrhtaše — a mene obuze beskrajan spokoj.

2.

Posle višečasovnog kupanja i iscrpljujućeg sunčanja
Z. je zaspala na pesku. Kada se probudi, najpre primeti da
je pokrivena tuđim bademantilom. Potom, kad se osvrte,
sudari se s pogledom muškarca mekog tela s naočarima:
sedi podavijenih nogu ponad njene glave i snebivljivo se

smeši. „Ko ste vi?" — upita iznenađeno Z. „Ne ljutite se — reče on — dok ste spavali ja sam vas učinio svojom." Z. odgurnu mantil sa svoga nagog tela, pokri se svojim frotirskim peškirom i sklopi oči. On prodrma rame Z., pomilova joj ruku: „Ne možete se tako ponašati prema meni posle onoga što se među nama zbilo." Z. ne reaguje, a on prestade da je miluje i poče da priča o svom detinjstvu. Majka stroga, otac slabić, izlet do pećina, gde se zaglavio u nekom udubljenju, tri sujetne i glupe žene-advokati, jedan dirigent koji uzaludno pokušava da ga zavede, putovanje u Grčku s jednim slepcem koji je hteo da ga preobrati, ali ne zna u koju veru, jer je neprestalno samo tražio ženu, dok je nije našao ovde na obali. Nije je uzeo zbog sladostrašća, nego da bi zapečatio susret. Sada sedi ovde podavijenih nogu ponad glave svoje sudbine i čeka odgovor. Odgovor, međutim, nikako da se rodi. Čovek s naočarima uplašeno primeti da Z. opet spava, duboko, slatko.

3.

P. L., filmadžija, najpre je s ulice primetio Z., zbog toga je bez kolebanja ušao u espreso, maskiran u akvarijum, gde smo sedeli. Tek kad je stigao do našeg stola, primeti i mene. Zastade, ali više nije mogao uzmaći. Ponudih ga da sedne. „Žurim" — reče, i sede. „Odavno te nisam video — obrati se Z. — pa zar se vi znate?" Sve troje ćutimo, kao jednom davno, u kolima, kada su njih dvoje još živeli zajedno. P. L. glavom pokaza prema meni: „Tebi su se uvek dopadali ovakvi infantilni kočoperi, ali uzmi se u pamet, za tvoju ljubav predmeti neće padati prema gore." Uze moju šolju od kafe i baci je pored stola; konobara, koji dohita na zvuk loma, umiri: upravo je dobio nagradu za svoj novi film, biće dovoljno i za šolju Z. Konobaru tutnu stotinarku, dohvati šolju, ali mu je Z. uze iz ruke. „Ovu ostavi" — reče i spusti je pored stola. Šolja zastade u vazduhu, zatim poče polagano da se podiže i dok sam ja uravnoteženim rečenicama karakterisao prizemne trikove najnovijeg filma P. L., šoljica je opisala tri počasna kruga ispod lustera i sletela ponovo na sto, tačno ispred Z.

Z. je slušala muziku u mračnoj sobi kada se vrata otvoriše i u snopu svetlosti pojavi se A. Smesta se prepoznaše, iako se još nikada nisu bile susrele. A. sede pored Z. na kauč — dve lepe žene, jedna puna i jedna vitka — a sa ploče se razleže *Peta brandenburška.* Posle muzike Z. upali lampu iznad postelje i upita: „Želite jabuka?" „Napolju pada sneg" — reče A.

Diskretno grepkanje: ispod postelje se pomalja divan kržljav psić. „Toni!" — obe kliknuše istovremeno, potom se iznenađeno zgledaše. „Otkuda ga poznajete?" — upita Z. „Pa moj je" — odgovori A. „Ne ljutite se — reče Z. — ali ovo je moj pas." Toni je jedno vreme zazjavao, zatim je legao ispred dveju žena, na sredinu, na tepih, i smestio glavu među šape.

„Već je i njegov otac bio moj pas — tvrdi A. — tri dana pred smrt ga je stvorio, danas je tačno godina." „Čudno — reče Z. — već dve godine ovde spava, uglavnom ispod moje postelje." Potom se opet istovremeno oglasiše: „Toni!" — ali pas se ni ne pomeri, jedino je dahtanjem davao do znanja da je živ. „Ne možemo ga raščerečiti, a ni bacati kocku — reče Z. — da stavim novu ploču?" „Drugom prilikom — reče A. — Odoh kući. Ako krene za mnom, moj je." „Što toliko žurite? Ta još niste ni jabuku pojeli. Napolju veje sneg. Ne stavljajmo Tonija pred i suviše težak izbor." „Što da ne?" — upita A.

Z. sleže ramenima. „Spavajte ovde — predloži. — Onaj divan je danas slobodan. Pa i inače, pogledajte, već spava. Srećan je što može biti zajedno s onima koje voli."

5.

Jednog lepog jesenjeg sumraka Z. je šetala u budimskim brdima, po šumovitom i stenovitom terenu. Odjednom tek začu glas: „Maknite se, molim vas, hoću da skočim." Z. podiže glavu: navrh visoke stene stoji punačak mladić lepog lica, go do pojasa, u pozi samoubice. Z. se i nehotice maknu u stranu, što vidljivo iznenadi mladića. Pa i pored toga, posle kratkog oklevanja, zabaci ruke kao pred skok naglavačke. „Morate li?" — upita Z. Mladićevi mišići se olabaviše. „Čekajte — viknu — silazim i sve ću vam objasniti."

Zatim su sedeli u travi jedno pored drugoga. Sunce već beše zašlo, ostavivši iza sebe rumenilo. Ogromna tišina, samo se iz daljine čuo hirovit lavež. „Obucite se, jer ćete se još i prehladiti." Mladić posluša. U kariranoj košulji odjednom je izgledao zgodnije. „Ovaj mladić se ozlojedio — pomisli Z. — zato što ne zna svoje najbolje mogućnosti." Glasno, međutim, samo reče: „Drugi put ćete ispričati svoju povest." Zatim ustade i svojim sitnim hodom krete prema gradu. Pet minuta kasnije na svoju veliku radost oseti korake iza sebe.

BAJKA

Vidim još na grani
pticu nestalu,
i sen joj na strani:
pod stablom zastalu.

Čaram je na granu
koje nema više.
Sen leti u stranu
ispod stabla bivšeg.

PIŠČEVO IZDAJSTVO

Piščevo izdajstvo počinje u trenu
kad umesto govno kaže izmet.

VLADAVINA SVETOG PRESTIŽA

Maleni oblačić obilazi svet: avet atomskog uništenja. Ljuljne se iznad Švedske, skokne u poljski vazdušni prostor, zvirne u Rumuniju, prebrodi preko okeana, putuje nekih osam hiljada kilometara da vidi i Ameriku i Japan, zatim ponovo čezne za Evropom, na Španiju baca svoju malenu senku. Krenuo je iz Černobilja i još godinama će kružiti iznad naših srca, sem ako ga (zajedno s nama) ne dokrajči neki veći oblak.

Primećujem na sebi blage pojave posledica ozračenja: osećam muku, vrtoglavicu, a nisam jeo svežu salatu, nisam se šetao po majskoj kiši i nisam se igrao u pesku. Kao da gledam neki apsurdni pozorišni komad, pa odjednom tek se osvestim: nisam gledalac, nego učesnik. Celo gledalište ispod oblačića: sve sam učesnik. Naime, najvažnije karakteristike apsurdnih drama jesu što njihovim junacima upravljaju neshvatljivi zakoni, stvari se događaju njima, a ne preko njih.

Bolest mi se pojavila kada je televizija emitovala prvo sovjetsko priznanje o katastrofi. Visoki vladin funkcioner je u kratkoj i kozmetički doteranoj izjavi pridodao rečenicu po kojoj Sovjetski Savez neće menjati svoj energetski program koji je zakonom predviđen do 2000. godine. „Otkud zna da ništa ne treba menjati? — pitam se pred ekranom u mučnini — ta još ne zna ni šta se dogodilo? Ne zna koliko će ljudi umreti od ove jedne nesreće ni sutra, ni sledeće godine, ni kroz deset ili trideset godina, niti koliko će nakaza biti rođeno i koliko dojki će morati da se odseče — jedino je siguran da su državni planovi dobri."

Ali da li će se završiti vladavina Sv. Prestiža na sovjetskim granicama? Pre nekoliko meseci, u vreme američke vasionske katastrofe, sam Regan je najavio, gotovo istovremeno s užasnim događajem: vasionski program će se nastaviti. Sitne deliće nesrećnih žrtava spajali su kako-tako u cilju agnosciranja (možda se smatralo da se neki terorista prokrijumčario u vasionski brod?), i američkom narodu je dato na znanje: duh hrabro poginulih zahteva da vlada ne skrene sa starog puta. Sve mi je lošije bivalo kako je štampa saopštavala zvanične stavove. „Nema nikakve opasnosti — rekao je ministar unutrašnjih poslova Cimerman, kada još ništa nije mogao da zna — kod nas se nešto slično ne može dogoditi." U Saveznoj Republici Nemačkoj Sv. Prestiž je stavio naglasak na superiornost nemačke atomske industrije. Propagandisti nisu imali lak posao: ako su šibali zaostalost sovjetskih odbrambenih uređaja, onda nisu bagatelizovali opasnost; a ovamo morali bi da je bagatelizuju da se ne bi ostrvili protivnici atomske industrije. Iz njihove zabune nastala je pometnja: s jedne strane, situacija se normalizovala, s druge, deca neka po kiši ne idu u školu. S jedne strane, naši reaktori rade pouzdano, a, s druge, uzalud bismo ih zaustavljali ako reaktori izvan naših granica i dalje rade. Objavljeni su podaci po kojima se ispostavilo da je na području reaktora sve relativno pouzdano. U Zapadnoj Nemačkoj je godine 1982. bilo 142 „vanredna događaja." Godine 1983. bilo je pet slučajeva koji su po opasnosti svrstani u „A" kategoriju. Razume se, svaka nova tehnika se usavršava putem nezgoda. Samo što kad eksplodira jedna parna mašina, nastrada nekoliko ljudi; ali ako se u reaktoru istopi uran, celo čovečanstvo je u crno zavijeno. Može li se staviti na kocku ono što je nepopravljivo? Koliko mali da bude rizik ako je ulog život čovečanstva? Ako nepristrasno čitamo novine, dobija se utisak da smo se našli u rukama maloumnika.

Apsurdna drama, u kojoj uzimamo učešća osuđujući sopstvene bespomoćnosti, izgrađena je na jednostavnom konfliktu. Tehnika se bar na dva područja brže razvijala nego naše moralne sposobnosti. Kompjuterska industrija omogućava potpunu državnu kontrolu života čoveka, atomska industrija, pak — čak i u slučaju miroljubive primene — uništenje života čoveka. Duh koji je ostvario ovaj razvoj ne može da odbrani svoje pronalaske od vlasti. Sudbine Openhajmera i Saharova izražavaju to simboličnom snagom. Duh se iznenadi kakvo je oružje pružio i u čije ruke ga dao; pobuni se, ali prekasno, bude odbačen kao isceđen limun. Za preostali posao nije potrebna genijalnost, obaviće ga tehničari.

Kakva je uloga pozorišta u ovoj apsurdnoj komediji nakićenoj i atomskim arsenalima? Ako bismo bili dosledni, sve druge teme bismo morali proceniti kao jadne i smešne. „Was sind das für Zeiten, wo / Ein Gespräch über Bäume fast ein Verbrechen ist / Weil ein Schweigen übes so viele Untaten einschliesst!" Srećom, ni Breht nije bio dosledan. Kultura bi se sasušila ako ne bismo okrenuli glavu od provalije; i srozala se ako ipak ne bismo tamo pokatkad zvirnuli. Da se malo razumem u fiziku, namamio bih na zajedničku pozornicu Openhajmera i Saharova. Iz njihovog ćaskanja bi se možda videlo da današnje demokratije i diktature ne obezbeđuju opstanak čovečanstva. „Dalje dosadašnjim putem" — kaže u Bonu ministar za nauku Rizenhuber. Koja velika partija u demokratijama može prihvatiti da poskupi struja, naročito pred izbore? Koja bi smela da objavi rat kapitalističkim grupacijama koje su investirale ogromne sume u ratnu i mirnodopsku atomsku industriju? „Dalje dosadašnjim putem" — kaže u Hamburgu moskovski partijski sekretar Jelcin, kandidat Centralnog komiteta. Partija ne može da pogreši. Sovjetski Savez mora da prestigne najrazvijenije industrijske sile. Njemu je olakšan posao, jer njegovo stanovništvo ne dobija informacije, a ako neko glasno razmišlja o tome, smesta će mu biti zapušena usta. Jelcin politiku informacija vezanu za atomske centrale proglašava za unutrašnju stvar. U diktaturama se može proglasiti za unutrašnju stvar sve ono što vlasti rade s građanima. Inače i Amerikanci i Englezi su bagatelizovali svoje manje ili veće smetnje u radu. O

207

unutrašnjim stvarima, naravno, nisu govorili, jer bi ih novine ismejale. Jelcina u njegovoj domovini niko neće ismejati. Šteta što ga nije poslušao mali oblačić iznad Černobilja. Sada luta od države do države, njegovim tragom lagano se truju krave, voda, zemlja. Kod njega bi Jelcin trebalo da agituje, neka ostane unutrašnja stvar.

U ovoj apsurdnoj drami sa svih strana nas umiruju da imamo savršeno pouzdane atomske centrale, za incidente su odgovorni samo „subjektivni činioci", „lični propusti". Za dobar rad bez nesreća, dakle, jedino treba likvidirati čoveka. Napredujemo u tom pravcu.

TELEFON, DOK PREVODIM

Danski kraljević
uvučen u mašinu
ponovo odlaže
svoju osvetu, dok
dižem slušalicu.

Berlin, devetsto
osamdeset šesta, jul
deveti, sunce na
drveću Grinvalda —
lektor iz Hamburga
upozorava me
na ribe u Danskoj.

Rekama istoka
zagađenost zrači
i Istočno je more
strujanjem oskudno,
putujem li u Dansku,
što mi iskreno želi,
da ne zaboravim,
tamo nešto smrdi.

Uz danskog kraljevića
ponovo sedam
i zavidim mu na nosu,
jer sve smrdi do neba —
„okusiti il' ne okusiti"
u Elsinoru pitanje je sad,
bez metafizike,
svakodnevno, pusto.

IV
RAZOČARENJE

POKLON BRIŽITE BARDO

— Vidi — P. skreće pažnju na fotografije — kakvo sjajno telo još i danas. — Pućio je usta od ushićenosti — u ilustrovanom listu blistala je naga Brižit Bardo, u osam primeraka, osam poza, osam osmeha, osam razbludnih pogleda — osam poklona kojima je iznenadila svoju publiku u leto 1969, na svoj trideset peti rođendan. Nije samo lepa na tim fotografijama, nije samo ružičasto obilna i podatno gipka, nego iz nje zrači i neki zadovoljni ponos, radost nekoga ko može prikazati sopstveno uspešno umetničko delo zainteresovanim i stručnim pogledima.

— Ruku, pogledaj njenu ruku! — uzviknu tada P., i gle, zaista, na fotografiji u kadi, gde su joj prsti ruku prepleteni ispod grudi, i na drugoj, gde je nalakćena i leži postrance, i na fotografiji gde stoji naslonjena na drvo, držeći se za granu, vidim kako lukavom poziturom malko podupire svoje sjajne grudi, podiže ih, gotovo neprimetno, uzgred, slučajno.

— Odvažna je — reče P., dok sam se ja i dalje divio fotografijama — ne može pretpostaviti da niko neće primetiti varku, pa ipak sme da se ovako pojavi, jer je uverena da će njena privlačna snaga pobediti manu.

— Trideset pet joj je godina — rekoh.

— Ali ona nije uverena da je savršena u odnosu na svoje godine, nego da se uzdiže iznad svih poređenja.

Kao da to P. govori sa skrivenim trijumfom; kao da se raduje što je njegov ispitivački pogled skrozirao proračune B. B. Razdraženo posmatram dok kažiprstom kruži oko kritične tačke na jednoj fotografiji; ta mi nećemo postati lepši ako je ona prinuđena da koristi podupirač. Hoću da objasnim P. da je to poraz svih nas, ali dok biram reči, već odustajem. Pogled mi ponovo klizi niz fotografije. Ako

213

bi samo malo manje bile fenomenalne ovih osam ženskih prilika, onda bi jadno bilo malo lukavstvo ruku, ovako, međutim, samo se napajam tugom. Ali ovu tugu lagano smenjuje neki trijumfalni osećaj. Kako se domišljato izbavila iz svoje zabrinute situacije ova žena! Svi smo prinuđeni na sopstvenu potporu, neko podupire svoje grudi, neko samopouzdanje, snagu volje, veze, talenat — da, i talentu je neophodna potpora štapa sopstvene izrade, ali podupirati možemo samo ono što imamo. B. B. nas nije samo darivala ovim lepim fotografijama za svoj rođendan: podstakla nas je da se ne predajemo vremenu, koristimo svoje ruke, lukavstva, jer ni inače savršenstvo ne postoji, ali njegov izgled, dok se drži koliko-toliko, doseže se i uz škrtu računicu.

— Hajdemo — kažem P. — da u čast njenog rođendana pogledamo neki njen film. Neki rani, iz vremena kada se probijala i kada je postajala moda.

— Kada još nije koristila podupirače? — upita P. — Ne vredi, onda još nije bila ovako dobra.

I dalje gledamo fotografije.

RAZOČARENJE

Prvi put sam ga doživeo u Tatrama, pre nekoliko godina. Sedeo sam na uspinjači i kako se uspinjem, odjednom primetim kako ispod mene nestaju listopadne krošnje i započinje carstvo borova. Uspinjem se dalje, a tek odjednom oštro povučenom linijom zbili se borovi, još malo više pa moram da se oprostim i od patuljastih crnogorica, ispod mene već samo nisko šiblje, mahovina i trave održavaju se u životu.

Užasno razočarenje: pa zar je zaista tako i u stvarnosti? Ta ja sam to tako od reči do reči učio u školi, tada je još trebalo odverglati tačnu nadmorsku visinu zona, bolje da to i ne proveravam, jer će i to zasigurno tako biti. Ali ako je to tako, onda moram da proverim ceo svoj dosadašnji osnovni stav: ja već godinama polazim od toga kako ništa nije onako kako sam učio, a zbog toga se relativno lako snalazim u životu.

Ovaj doživljaj na žičari, međutim, umalo mi nije izmaknuo tlo ispod nogu. Nije čudo što sam se iz sve snage potrudio da ga zaboravim. Kao veliko olakšanje poslužilo mi je što je dobroćudni život postavljao preda me jedan za drugim neoborive protivdokaze: naši svakodnevni konflikti potvrđivali su se kao apsurdi, apsurdi, pak, blistali su svojom realnošću. Za ljubav se ispostavilo da je fiks-ideja, i obratno. I kada sam čuo dečaka kako pita oca: „Tata, ako se u jednoj sobi nalaze dvoje a četvoro izađe, koliko njih treba da se vrati pa da niko ne bude unutra?" — onda sam se konačno potpuno smirio: matematika i svakodnevni život se međusobno opovrgavaju. Vitke i ljupke jednačine lažu, podaci i teorije su sumnjivi, čak i činjenice: očito su mi oči bile zasenjene na onoj žičari, niže je bila mahovina, a više, gore listopadne lepe krošnje.

Ali kad sam već u to poverovao, sustigao me je novi udarac. Kratko ime ovoga udarca: Pariz. Neću se baviti detaljima, jedino ću vam otkriti u svom očaju da je isto tako čudesan kao što sam o njemu učio, čitao i zamišljao. Nije mi dozvoljavao da se na utešan način razočaram u njega: njegove ulice, ljudi, žene požudne od zdravlja, sve čime je uveče na sebe nabacivao svetlosti, svaki njegov gest pružao mi je ono što sam od njega i očekivao. Čak i Mona Liza, da, čak i ona je baš tako savršena kao što sam o njoj učio; posle mnogih viđenih reprodukcija s pravom sam se mogao nadati da me bar ona neće ostaviti na cedilu, i da neće biti tako lepa kao zvanično: ipak mi se ona smešila kao poslednji udarac.

Vratio sam se kući, sređujem svoje doživljaje, trudim se da se iskobeljam iz škripca. Mogu da biram između dva rešenja: ili da izbrbljam iz sebe Pariz, kao uspinjaču, ili da se pripremim za jednu novu, težu vrstu života. „Sve je drugačije" — učio nas je Karinti, a ja sam mu verovao. Ali nisam bio dovoljno dosledan. Ta čak i „Sve je drugačije" drugačije je, ne mogu mu slepo verovati. Smem se razočarati i u osnovni princip koji podstiče na razočarenje.

SPAVA MI SE

Ne mogu da zaspim, neprekidno mi sleće na glavu
jedna muva, uvek ista, prepoznajem je po načinu sletanja,
tri počasna kruga, zatim brzo sletanje, pa još brže uzleta-
nje s ritama mog rastrzanog sna. „Šta hoćeš?" — pitam je
neskromno, kao da je moja beznačajna ličnost cilj muvine
delatnosti,
    nedavno sam čuo da je neki muškarac u Americi theo
da otera muvu koja mu se šetuckala po ruci, a ona se upor-
no uvek vraćala, sve se to, pak, zbivalo u nekoj krčmi gde
je čovek postao predmet opšteg smeha, dok nije potegao
pištolj i pucao u životinjku, koja je ovaj put uznemirenija
nego obično uzletela uvis, a on je odjurio kod lekara s pro-
streljenim dlanom, „Lako je njemu — mislim u polusnu
— on ima dozvolu za nošenje oružja", ali onda mi ponovo
sleti na čelo moja muva, i prisili me da razmišljam da li
bi Amerikanac pucao i da mu je neprijatelj sleteo na gla-
vu, da, očito bi tako uradio, mora da je odlučna, čvrsta
ličnost, obuzet aktivnošću, on ne merka bojažljivo posledi-
ce, sigurno bih i ja morao biti takav, konačno ni muva nije
neki bezveznjaković,
    kako su višeznačni predmeti, za mene je pištolj peša-
dijsko ručno oružje s povratnim sistemom, tako sam učio
u vojsci, njime se može gađati u cilj (pogađati već ređe),
i mada smo svojevremeno pucali u mete prenatrpane po-
raznim atributima i nazvane po državnicima, ipak je neos-
porno izgledao kao igračka, a igračka je bio i pod šatrom,
gde se pištoljem moglo gađati u kapriciozno skakutava
jaja, ali gle, znatniji deo ljudi puca iz pištolja ako je besan,
otuda ima neke osnove za onu staru sumnju po kojoj se
pištolj poteže u cilju ubijanja,

217

već se i ne smejem onom junačkom Amerikancu, o kakvom ljudskom idealu svedoči njegov zabavni postupak, pravi muškarac puca (ili bi pucao) ako mu psuju majku, domovinu, principe, ako mu usrećuju ženu, ako ciljaju na njegove grbe, to je onda univerzalno rešenje, muva i pištolj upadljivo i alarmantno otkrivaju nesaglasnost da su se i spontani gestovi srozali, od muve sam već i mogao zaspati, srećno sam je ubio jednim udarcem, ali sada mi ne da mira brundanje ove bubice u glavi, ne mogu je ubiti, ne mogu ni pucati na nju, ali srećom mogu je opisati, a onda će mi dosaditi i verovatno ću i zaspati.

VOLIMO SE BEZ EROTIKE

Ovaj pasus treba citirati od reči do reči. Evo ga: „Evi Kraus, u novom filmu Zoltana Fabrija *141. minut*, muva se mnogo bez odeće pred našim očima, a vidimo je i za vreme ljubavnog akta. Njena kreacija je ipak tako jednodušno potpuna, predana i time zrači čistom ljubavlju da zapravo uopšte ne izaziva erotičko dejstvo."

Piše tako Peter Radi u svom tekstu *Beleške jednog gledaoca*, na stranicama lista *Népszabadság*, ne naravno o kreaciji Evi Kraus, nego o ostvarenju Mari Čomoš. Trudim se da shvatim uzajamnu povezanost. Ljubav je, dakle, čista ako je potpuna i predana, a potpuna je i predana ako uopšte ne izaziva erotičko dejstvo. U pojmu potpunosti i predanosti, dakle, obuhvaćen je nedostatak erotike, čak i za vreme ljubavnog akta. To navodi na porazna iskustva.

JEDNAČINE

„Razumeš li ovo?" — pita me prijatelj ekonomista. Sledeći njegov prst vidim dve jednačine s razlomcima. „Ja ne" — odgovaram bez kolebanja. „Nije ni čudo — odgovara. — Nađi ti meni profesora koji će to razumeti." Jednačine se nalaze u dvadesetom poglavlju druge knjige *Kapitala*. Svako ko otvori knjigu na tom mestu, može im se čuditi. I ja sam to učinio na podsticaj prijatelja, a stara klonulost, koju su u meni pothranjivale jednačine i formule, prerasla je u neku novu vrstu zbunjenosti. Gledao sam tekst, pa jednačine — nisam mogao da shvatim, jedino sam i ja primećivao: ovde nešto nije u redu. „Štamparska greška?" — „I još kolika! — odgovori moj prijatelj. — Pusti ono v i m, posmatraj jednačinu kao da nije razlomak. Kao da ova slova samo označavaju šta je promenljivi kapital i šta je višak vrednosti. Da li sada štima?" Jedno vreme opet gledam jednačine. „Verovatno — odgovorim. — Ali što mene mučiš tom prokletom štamparskom greškom? Nisam ja bio korektor."

„Korektor je ovde savršeno nevin — odgovori moj prijatelj. — Čak i prevodilac. S jednog višeg stanovišta ne mogu se osuditi ni urednici knjige. Ta ne mogu valjda menjati jednačine koje su se takve pojavile u svakom dosadašnjem merodavnom izdanju *Kapitala* na svetu! U nemačkom, u engleskom i ruskom izdanju blista ovaj razlomak."

„Dakle, Marks bi bio krivac?"

„Njegov rukopis. Ili Engelsov koji je njegovu ostavštinu priredio za štampu. Jedan od njih je verovatno podvukao v i m i napisao ispod njih kolika im je vrednost u datim jednačinama. Tada još nisu bile u upotrebi pisaće mašine, nije čudo, dakle, da je slagač video razlomačku crtu u rukopisnom znaku. Što baš on da razume o čemu je reč? Od tada su sva izdanja preuzela ovu besmislicu."

„Ti tvrdiš — pitam ga zaprepašćeno — da od tada niko nije razmišljao o tom delu? U redu, sledbenici su čitali nekritički, ali kako je to promaklo kritičarima i protivnicima *Kapitala*?"

„Možda su i razmišljali nad jednačinama — odgovori moj prijatelj. — Možda čak i oni marksisti koji delo nisu smatrali svetim pismom. Ali njihovo mudrovanje ostalo je njihova privatna stvar, a na tekstu nije ostavilo traga." .

Ponovo sam se zagledao u jednačine. Ovaj put su mi izgledale poučnije nego na prvi pogled.

ZAMIŠLJAM JEDAN DIJALOG

U svojoj knjizi *Deo i celina* Verner Hajzenberg opisuje kako mu je je Maks Plank ispričao jedan razgovor s Hitlerom. Na mestu gde se susreću ova dva imena podižem oči sa slova i pokušavam da zamislim scenu. Tvorac teorije kvanta ima tada sedamdeset pet godina, „njegovo lice finih crta bilo je uzduž i popreko preorano dubokim brazdama", a njegov sagovornik, nemački kancelar zašao je u četrdeset četvrtu. Pokretač revolucije u prirodnim naukama, najveća snaga našeg doba s konzervativnim ukusom, u čijem je stanu iznad stola visila petrolejka, ovaj put se našao oči u oči s reakcionarnim „revolucionarom" koji je došao na vlast. Već je ponižavajuće i jezovito što je do ovakvog susreta uopšte moglo doći. Radije zamišljam svadbeni pir anđela i majmunice nego ova dva čoveka koji se upravo rukuju. Jer očito su se rukovali; Hitler nudi gosta da sedne, kao uvod izmenjuju nekoliko ljubaznih reči. Šta su mogli reći jedan drugome?

Naravno, ništa ne zavisi od reči; ni od osmeha. Jer se mora pretpostaviti da su se pokušavali osmehnuti jedan drugome, Firer je blistao svojim uvežbanim osmehom, a fizičar je mučno, starački razvlačio usne. On je bio u težoj situaciji: došao je da moli. U lošim strukturama vlasti duh se može naći u zaprepašćujućem škripcu: ne samo da se mora ponižavati zbog života i mogućnosti rada nego upravo moralnim osećanjima se dodvorava onima koji i samim svojim bićem poriču ovim osećanjima pravo na opstanak. U Plankovom mučnom osmehu skrivalo se saznanje da mora potisnuti u pozadinu moralna gledišta svoje posete, i mora se koristiti logikom ako želi da postigne svoj cilj. U međuvremenu je mogao naslutiti da za ljubav nekog osećanja halabuke treba da izađe izvan logike, ali čovek iz svoje kože ne može.

Plank je hteo da ubedi sabesednika s druge strane stola da „nanosi nenadoknadivu štetu nemačkim univerzitetima — u prvom redu istraživanjima u fizici — ako protera Jevreje". Kakvi su mu argumenti stajali na raspolaganju? Pomenuo sam već da je veoma ograničeno mogao tek koristiti moralne i humane argumente. Istina, izložio je misao da je „nerazumljiva i sasvim nemoralna stvar progoniti ljude koji su se u svom životu smatrali Nemcima, koji su davali svoj život za Nemačku kao bilo ko drugi". Ovaj moralni razlog, međutim, već u sebi samom krije klicu nemoralnosti. Da li je moralno progoniti one koji se ne smatraju Nemcima, i nisu nudili svoj život za Nemačku? Plank bi očito odgovorio na to pitanje sa „ne", ali ako je uopšte želeo da se razume sa svojim partnerom, morao mu se približiti, makar se i spustio za nekoliko stepenica. To je kazna broj jedan duha zato što želi da posreduje između sebe sama i vlasti bez duha. Druga je kazna još teža. Prema mom zamišljanju, posle ovog neuspelog pokušaja, Plank je pribegao političkim i praktičnim razlozima, dakle, hteo je da iznudi pobedu na području svoga neprijatelja. Očito je predočio šta gubi nemačka nauka, dakle tehnika a u njenim okvirima i vojna tehnika gubitkom ovih izvanrednih stručnjaka. Mada i nije upotrebio termin „vojna tehnika", ali je morao predočiti kakve će se teške vojne posledice javiti s usporavanjem tempa istraživanja u fizici. U vazduhu je mogao biti i razlog da će se minusi pretvoriti u pluseve na drugoj strani — već zamišljenog streljačkog rova — jednačine. Duh je, dakle, bio prisiljen da dželatu ponudi duše žrtava u ime spasa tela. Ne znam da li da žalim što je Hitleru nedostajala neophodna gipkost za prihvatanje predloga? Plank je zaprepašćeno primetio da je Firer rob sopstvenih irealnih fraza. Obuzelo ga je zlokobno osećanje kada je uvideo da njegov sagovornik „i sam veruje u te presne gluposti, do guše tone u sopstvene obmane, i izdvaja sebe od svakog spoljnjeg uticaja". Fizičaru bi više bilo po volji da je Hitler, kao što je do tada verovao, ciničan tip koji sam igra svoju ulogu. Tek onda se istinski užasnuo kada je otkrio da vlastodržac nije samo ubica nego

223

i sopstveni prevarant koga upravo zbog toga čak ni ogavnim praktičnim argumentima, niti sopstvenim jezovitim gledištima nije moguće odvratiti od njegovih fiks-ideja. To je bila treća kazna duha: uzaludnost, osećanje kraha. ŠTO SAM UOPŠTE DOLAZIO? — pitao je u sebi, dok je pogled upirao samomučiteljskom upornošću u usta s brkovima čoveka koji se nalazio naspram njega. Pokušao sam da zamislim i kako su se rastali. Da li su se rukovali? Da li su se nasmešili jedan drugome? Kako su se pozdravili: Do viđenja? Laku noć? Ne, njihov oproštaj nisam mogao da zamislim. Ali starinu još i sada vidim: s mučnim smeškom priča svom mladom kolegi fizičaru o ovome razgovoru, u svom domu, u Grunevaldu kod Berlina, pod svetlom jedne stare petrolejke.

SLIKARKA TELEFONIRA

Tepih boje maline, mrka kap;
uzmem naočari — bubašvaba.
Zgrabim „hemotoks" i saspem.
I dalje spava, ni da mrdne.
Zatim jurne. Žutom drškom metle,
metlaš prirodni, dotučem je.
Mrka boja ima drukčiji ton
nego na tepihu malopre.

— Halo, ćao, vidi šta se dogodilo. Smetam li? Već je ponoć? Kako vreme leti! Zamisli, maločas stignem kući, a u predsoblju, na tepihu boje maline vidim mrku kap. Sećaš se tepiha? Pa onaj na koji se stalno spotičeš. Uzmem naočari i, zamisli, vidim bubašvabu, mirno spava. Halo, čuješ li? Šta bi ti radio? Ja nisam tako brutalna, ja nikoga i ništa ne mogu tako podmuklo da spljeskam, čak ni Temešija, likovnog kritičara ne bih zdruzgala, možda što se bojim da će ostati trag — čemu onda civilizacija? Da sopstvenu agresiju katkada izvedemo u beskrvnom obliku. Poprskam životinjku „hemotoksom", ona i dalje spava, gledam sat, četiri minuta i dvadeset sekundi ni da mrdne, gotovo hrče iako je poprskana, a onda, bez ikakvog prelaza, poče da trčkara po crvenoj osnovi, ja počnem, naravno, da je gonim, halo, šta se cerekaš, bacim na nju karirano, sivo ćebe, zatim je gađam crnom kućnom haljinom, onom s crvenim vezom, ali bubašvaba se izmigolji, i bez vidljivog plana trčkara gore-dole po predsoblju, možda je trebalo da sačekam dok se ne odvije objektivni proces, odnosno dok „hemotoks" ne razvije svoje spasonosno dejstvo, ali sam se plašila da ta tečnost kod nje izaziva samo svrabež, sumnjivo se češkala o lajsnu boje lešnika, tako je jurila dalje,

pa se u sobi, sudarila s nogom stočića, pa pojurila oko nje-
ga, a ja u stopu za njom, tresnula sam je zelenom džokej-
skom kapom, nju baš briga, konačno dograbim metlu i žu-
tim krajem od metlaša, koji je već tako raskuštran od mno-
ge upotrebe kao naslovna strana Pinokija, moje omiljene
knjige iz detinjstva, e pa, tim raskuštranim metlašem je
malko bocnem, a ona, halo, čuješ li?, neočekivano se oteg-
nu. Vidiš, ipak nisam uspela da izbegnem grublji oblik
agresije, celokupna civilizacija samo se dodvorava licemer-
nim rešenjima, ali pokaže se prava boja, odnosno žuta
drška metle, zahvati me samooptužba, ne cerekaj se, samo-
optužbi se pridruži nada, možda je ipak „hemotoks" ubica
nesretnice, uzmem metlu od metlaša i nametem jadnicu na
svetlozeleni dubrovnik, a mrkost dobi sasvim druge ka-
rakteristike, požurim na balkon i izbacim je na ulicu, da
ako dođe sebi na svežem vazduhu, dok pada sa šestog
sprata, znam na što misliš, ja nisam humanista, i ne tiče me
se, ako oživi, da li će se ušuljati kod nekoga drugoga, neka
je onda taj drugi ubije konačno, može je zgaziti, baciti u
ve-ce šolju ili niz svetlarnik, može je spaliti, pojesti, od-
neti na izložbu, mene je tada jedino zanimalo koliko je
mrka kap bila drukčija na tepihu boje maline nego na
svetlozelenom dubrovniku, pa da, naravno, znamo odavno
da boja sama po sebi nema značenja, tek u odnosu s dru-
gim bojama, međutim, tek sam sada došla do toga da je u
meni potpuno razdvojen čovek i umetnik, kao čoveka mene
je uzbuđivalo odstranjivanje bubašvabe, a kao umetnik već
sam se natezala s problemima boja, i verovao ili ne, već mi
je palo na um, dok je bubašvaba još dremala, kako da
smestim još tri mrlje mrke na plohu crvenu kao malina, a
kad se mrka našla u polju svetlozelene, počela sam da je
gurkam da se nađe u najzanimljivijoj poziciji, ne na sredi-
ni niti nazad, nego negde između sredine i desnog prednjeg
ugla, značenje predmeta sam stavila u zagradu, od tepiha
boje maline, na primer, interesovala me je samo boja ma-
line, a onda malo i tekstura materijala, čija je zagasita me-
koća bila u kontrastu s tvrdim sjajem mrke mrlje. E pa
sad već mislim, šta se cerekaš, nisam ja šenula, čini mi se
da je nama zato tako teško jer moramo u sebi da razdvo-
jimo čoveka od umetnika, ne možemo se kao umetnici

upuštati u probleme bubašvaba, koje nam svakodnevni život tako obilato nudi, ali ti bi, naravno, na svoj patetično-ironični način, tematski prikazao neravnopravnu borbu čoveka i bubašvabe, neravnopravnu jer čovek nema izgleda na uspeh, samo jednu datu bubašvabu može da spljeska, ali ne bubašvabe, ali to je opšte mesto, i baš zbog toga, po meni, mi umetnici moramo da uzmaknemo iz ovoga tematskog kruga, a i iz ostalih, ne prekidaj me, nikada ne dozvoljavaš da dođem do reči, treba da zanemarimo niže sadržaje koji nam se nude, treba da se opredelimo za najveću žrtvu, za razdvajanje naše ličnosti, čovek treba da baci bubašvabu s balkona, slikar, pak, neka mrko namesti u zelenom i u boji maline na najdinamičnijem mestu, neka se odigraju oba toka, ali da ne vode računa jedan o drugom. Naravno, za to je potrebna druga vrsta umetnosti, izričito rečeno, umetnost života, ako se crv preseče napola, obe polovine se bodro i dalje uvijaju, umetnik, pak, pobeđujući žiganje otvorenih rana usmerenih jedna prema drugoj, ispunjava zahteve koji ga pozivaju na dve strane, a po tome mi opet pada na um — Gospode, eno nove mrke mrlje, jedva da se izdvaja od lakovanog poda boje lešnika, ćao, ćao, pozvaću te opet posle pola sata, ako na podmukao način hoćeš da zaspiš, isključi telefon.

RAZGOVOR POSLE DORUČKA

Mirno sedimo za stolom, dan nam je dobro krenuo. Ginzberg je završio jednočasovnu meditaciju, a ja sam već nešto i napisao posle ustajanja. Onda je on pripremio rovita jaja, izneo na sto hladne nareske, posle doručka je oprao sudove. Ja sam u međuvremenu usisao stan kako bih uklonio tragove gostiju od prethodne večeri.

Nalazimo se u Bulderu; ovaj lepi grad podno Stenovitih planina broji šezdeset hiljada stanovnika a od toga četrdeset hiljada su studenti ili ljudi zaposleni na univerzitetu. Ovde predaje i Ginzberg, na institutu Naropa koji ima budističku orijentaciju. Takođe, ovde deluje i njegov duhovni mentor, guru Vajra Ahajra Hegjam Trungpa, kome on iskazuje poštovanje brojnim pobožnim i profanim pesmama. Već mi je ranije pričao o svom budizmu, priklonio se njegovom ateističkom krilu. Ali sada vidim da ga se svakodnevno i veoma ozbiljno pridržava. Pre nekoliko dana Ferlingeti je to ovako prokomentarisao, uz crno vino u jednoj krčmi u San Francisku: „Alen i njegovi prijatelji provode dnevno jedan sat u lotos-položaju gledajući svoj pupak, obraćajući pažnju na disanje i ne znam na šta sve još, i preporučuju Americi da sledi njihov primer. Samo što Amerika nema dnevno jedan sat za to, jer dirindži, jurca i održava se na površini."

— U intervjuu sa Žan-Žakom Lebelom, Ferlingeti tvrdi da se tvoja poezija, pod uticajem budizma, okrenula prema unutra — počinjem oprezno.

— Šta je to prema unutra? — Jedva primetno mu se razvlače debele usne koje se istaknuto uzdižu između nosa i brade. — Razlikovanje spoljnjeg i unutarnjeg sveta je predrasuda. Za pesnika postoji samo jedan svet: njegov svet, jedino o njemu govori.

— Ferlingeti misli da meditacija isključuje spoljne impulse i usmerava prema zatvorenom unutarnjem svetu. Nasuprot tome, činjenica je da ti i dalje pišeš najznačajnije političke pesme u Americi.

— Šta zna Ferlingeti o budizmu? Celog života nije proveo ni jedan sat u meditaciji. Nema ni pojma šta se za to vreme zbiva u čoveku.

— A šta se zapravo zbiva? — pitam glupo.

— Kada se probudim, prepun sam raznolikih impulsa. Besan sam na Regana, na argentinsku tajnu policiju, na Ruse, besan sam na kućepazitelja, na tebe, besan sam na jednog dečaka s kojim sam hteo da legnem, besan sam na institut Naropa jer ne organizuje tvoje književno veče pa sada ja moram to da uradim, besan sam na vreme, na mnoge poslove koji me čekaju. Ako poslušam svoj prvi impuls, načiniću milion gluposti. Da li bi, na primer, imalo smisla da pozovem Ferlingetija i da se s njime podžapam? I čemu svako jutro satima da telefoniram organizujući svoj život? Za vreme meditacije sve se rasčisti.

— O čemu razmišljaš za vreme meditacije?

— Ni o čemu. U tome i jeste najveća tajna. Koncentrišem se na to da ne mislim ni na šta. A u međuvremenu iščili iz mene bes.

— Imaš ga napretek. Tvoja nova pesma Parlamentarni napev s eksplozivnom mržnjom napada moćnike sveta.

Ginzberg sipa sebi čaj, ali ga još ne pije. — Za vreme meditacije ispare samo nebitni impulsi.

— Kako ih razvrstavaš kada ni o čemu ne misliš?

— Ne biram ih ja — kaže. — Ako uspem da ne mislim ni na šta, onda posle izvesnog vremena naiđu mi misli koje su važnije i snažnije nego one ranije.

— A kakva je uloga disanja u tome?

— Usredsređen na disanje mogu da isključim svaki drugi nadražaj. Stare kulture, na primer, hindu i kineska kultura, pridaju veliki značaj disanju. Evropljani se podsmevaju tome, samo što se u tome krije dobra porcija kulturnog šovinizma.

Ginzberg me pogleda a u očima mu blesak, raduje se nađenoj reči, čak je i ponavlja:

229

— Zar ne misliš da je nekritičko odbijanje hiljadugo-
dišnjih kulturnih tradicija običan šovinizam?
Počinje da srkuće čaj, odlaže šolju.
— Faustovski čovek — kaže. — Onaj koji je nepre-
kidno užurban. Za koga je akcija jedina vrednost. To je
evropski ideal. Zar ne misliš da je jednostran?
— I ti si hiperaktivna konstitucija — odgovaram. —
Možda to stišavaš svojim budizmom. Ali zašto?
Ginzberg ćuti, sam moram da odgovorim na svoje pi-
tanje. Počinjem da objašnjavam kako sam bit-poeziju i
njegova dela iz mladih dana uvek dovodio u vezu s ruskim
futuristima i Majakovskim. Krici i Kadiš su u srodstvu s
Oblakom u pantalonama i Flautom kičmom. Futuristi i
bit-pesnici podjednako su očekivali revoluciju, od nje su
im se nadimale grudi, a dah im je postajao orkanski. Za-
tim su nastale dve vrste tragedije: revolucija je kod Rusa
pobedila (potom se degenerisala), a kod Amerikanaca je
izostala. Kao izbor Majakovski je izabrao smrt, a on, Ginz-
berg, pak, budizam. Njegova hiperaktivna konstitucija ne
nalazi za sebe prostora, zbog toga pokušava da je pripitomi.
Ginzberg klima glavom, zatim primećuje da je već i on
pomišljao na paralelu s Majakovskim. U međuvremenu
meni je palo na um da je za njega moja analiza i suviše
„evropska". Ipak nastavljam:
— A što se tvog disanja tiče: još ni iz daleka nisi bio
budista kada si ukazivao da je najvažnije temeljno jedinst-
vo pesme: stih je u idealnom slučaju istovetan pesnikovom
dahu. A sada si, pak, našao filozofiju i religioznu praksu u
kojima je dah, prevazilazeći estetički kvalitet, dobio me-
tafizičko značenje.
— Moguće — kaže Ginzberg. — U svakom slučaju,
posmatram njegovo dejstvo. Zar ti nikada nemaš preten-
zija da se isprazniš za nove zadatke?
— Ja, kao nekakav Evropljanin, pokušavam da mislim
na ono na šta želim da mislim. Na primer, ako bih želeo
da zabeležim ovaj razgovor, onda bih direktno o tome moz-
gao.
— Ja sa punom glavom i ne vidim suštinski zadatak.
— Ispada da je za tebe budizam: metod, psihološka
tehnika.

Ginzberg odmahuje glavom.

— Nije mi po volji razdvajanje metoda i sadržine. Oni su istovetni, isto kao i sadržaj i forma, ili unutarnje i spoljašnje. Nedavno si rekao da je Đerđ Lukač za najbitnije smatrao razlikovanje subjektivnih i objektivnih činilaca. Po meni, uopšte se ne mogu razlučiti. U taj ćorsokak nisam hteo da uđem. Bolje da razgovaramo o njegovom, a ne o mom učitelju. Brzo ga priupitam da li za svoj osnovni filozofski stav treba da zahvali svome guruu.

— Moj guru — kaže Ginzberg — veoma je nepropisan učitelj. Najpre, skoro da se i ne trezni. Zatim, oko njega se neprekidno zbivaju skandali, jer hoće da pojebe sve svoje učenike. Saglasan je sa starim Grcima da se nastava najuspešnije prenosi u postelji.

— Da li tako postupa i sa učenicama i sa učenicima?

— Ne. U suštini je heteroseksualan. Sa dečacima će leći jedino ako to smatra neizbežnim s pedagoškog stanovišta.

Malo se zamisli, pa doda:

— I ja obično ležem sa svojim učenicima, i to veoma jako deluje na njih.

A posle kratke pauze:

— Mudrac. Uči me samospoznaji. Ali nije lak učitelj, neprekidno stavlja čoveka na probu.

Gle, učenik usvaja preko učitelja samo ono što može da koristi. U budizmu se meša metafizička prefinjenost i svakodnevna celishodnost. Čuvši to, trgne se.

— Cilj, kakav cilj? I ako nema cilja? Postojim na svetu — čemu još i cilj?

Znam, zalud bih mu govorio da ima cilj i njegovo pisanje pesama. Unutarnja prinuda tera ga pred hartiju, to je težak razlog koji i bez cilja deluje u njemu. Zatim ipak rizikujem:

— Parlamentarni napev prepun je imperativa. Poslednja strofa je poziv čovečanstvu kako da pomogne sebi. Imperativ pretpostavlja cilj.

— Prepraviću poslednju strofu — i smeje se. — Biće sve same izrične rečenice.

— Cilj ne možeš odbaciti iz svoga mišljenja sve dok nešto hoćeš od sveta. Budistička tehnika ti možda upravo olakšava razbistravanje cilja.

Ginzberg ćuti. Zamislio se nad mojom argumentacijom, ali svoju kontraargumentaciju zadržava za sebe. Pretpostavljam da me smatra za čoveka uskog vidika, u već pomenutom faustovskom smislu. Pijemo ostatak čaja.

— U pravu si — javlja se Ginzberg posle duge pauze.

— Moje pesme su pune protivrečnosti. Šta mari? I ja sam sam ispunjen njima, sve je sama protivrečnost na celom svetu. Zašto da ih uklanjam baš iz mojih pesama? Stižemo do tačke gde je saglasnost potpuna. Budizam i dijalektika miroljubivo sede jedno uz drugo ispod svoda protivrečnosti i zure u prazne šolje.

•

PISMO NESAVREMENOM KLASIKU

Majakovski,
Pozdravljam Vas povodom budimpeštanske pojave
Vaše knjige *Rusija, umetnost i mi,* zbirke Vaših napisa
i govora o umetnosti, u izboru Larise Oginske, s njenim
predgovorom i beleškama, uz priloge retko bogatih i lepih
fotosa. Nadam se da me nećete žigosati kao straćitelja tra-
ke za pisaću mašinu zato što pišem jednom mrtvacu — na-
činili ste i Vi već nekoliko ovakvih zvrčki, a i dobro ste
znali zašto!
Priznajem koliko za uvod: ne mogu da prigušim svo-
ju pakost što ste u međuvremenu postali klasik. Kada ste
1912. a potom još nekoliko puta opalili šamar javnom uku-
su i hteli da izbacite Puškina, Dostojevskog i Tolstoja — i
druge ruske klasike — sa Broda Savremenosti, nije Vas
brinulo što će te drske reči docnije, kada i Vi zauzmete
mrtvačku pozu, biti iskorišćene protiv Vaše ličnosti i Vaše
umetnosti. E pa, da Vam saopštim na Vašu srdžbu da se to
danas — bar ne glasno — ne događa baš često. Vi spadate
u nastavno gradivo, baš kao i oni goreimenovani, u bare-
noj i proceđenoj formi sipaju Vas na levak u vredne glave.
Živimo u učtivim vremenima, živi i mrtvi autoriteti uvek
mogu da računaju na naše divljenje. Čak i Vašu srdžbu
kojom ste obarali autoritete okružuje opšte uvažavanje i
poštovanje, s ograničenjem što je ova plahovitost sasvim
istorijska, nastala je iz istorijskih uzroka, a danas više nije
aktuelna. Upravo zbog toga se i ne nadajte da će Vas neko
gađati iz praćke rečima-kamenjem. Vaše mrzitelje spreča-
va što — hahaha! — uživate zvaničnu zaštitu. A Vaše pris-
talice Vas hvale tako otrcanim rečenicama kao da ste ne-
davno dobili neku državnu nagradu.

Pređimo na ozbiljniju temu. Mogu Vas uslužiti i drugim neprijatnim novostima. Vi, Majakovski, ne samo da ste postali klasik, nego nam uz to još zaista mašete s vrhunaca nesavremenosti: Vi ste najnesavremeniji mogući klasik. Preciznije: Vaša se aktuelnost krije u duhovnoj potrebi jedne moralne elite, i nema praktičnog značaja; naime, Vi ste celog života pljuvali na sve vrste elite, a svoju pažnju ste usmeravali na praksu. Iz dveju decenija-Majakovskog, u kojima ste nastavali, dovikujete nam sve nešto o praktičnom pokretanju masa i sličnim stvarima, što, istina, može da hrani našu nostalgiju — onima kojima još može, mada mislim da je malo takvih — ali ne znamo šta bismo s njom. Već i Vaš gromki glas i obli megafon, kojima nam šaljete svoje dnevne zapovesti, izvinite, čist su anahronizam. Mi govorimo tiše, uzimamo u obzir opterećenost bubne opne našeg sagovornika, potom njegovu eventualnu hipertoniju, neuraseniju, položaj i veze, ono što imamo da kažemo, podređujemo nepisanim kodeksima pristojnosti, nikoga ne nazivamo glupakom, kao Vi, nikoga pred širokom javnošću ne označavamo kao netalentovanog, ne psujemo zvanične ličnosti kada govore gluposti — naravno, danas više i ne govore gluposti kao svojevremeno pokojni Lunačarski, imale su vremena da se opamete — ukratko, drukčiji su stil i ton. Vi, naravno, kao klasik — ponavljam: uz pomoć odozgo — bićete zadovoljni ovim svojim načinom, ali šta mi da radimo s njime, na žalost, na žalost.

Ali čak je i od Vašeg stila nesavremeniji Vaš osnovni estetički stav: Vi hoćete cakum-pakum umetnost da podredite propagandističkim i agitacionim zadacima preobražaja sveta. U ovoj vrsti svoje težnje sručili ste na glavu svojih savremenika silesiju preteranih i nepravednih srdžbi, a svoje pero zabadali ste do balčaka ne samo u trula i prazna srca; ja Vas ne korim zbog toga, mislim da krajnja istina zahteva krajnje držanje, a Vi i krug Vaših prijatelja — genijalna bulumenta pisaca, slikara, filmadžija i pozorištaraca — opravdali ste nizom trajnih dela pravo na opstanak i ovoj istini. Zlatna podloga ovih dela jeste onaj patos istorije koji prevazilazi slučajnosti i trenutnosti agitacionih tema i reklamnih zadataka. Mislim da Vaše pesmice i crteži u izlogu Roste nisu svi remek-dela, ali plahovitost i odanost, kojima su ostvareni hiljade izloga Roste, više govore o ljudima toga doba — o revolucionarnosti i istorijskom trenutku u kojem se ova revolucionarnost odomaćila i izrazila — nego bilo šta drugo što je od tada nastalo, sazrelo i staloženo. Vi ste, naravno, apsolutizovali i svima ste hteli da nametnete ovu stvaralačku metodu koja je tako dobro pristajala istorijskom trenutku. Velikom Pikasu ste, na primer, savetovali da ostavi sobno slikarstvo i neka noću izmala francusku skupštinu. „Ta i kod nas je prefarban Strasni venac!" — dodali ste kao dokaz. Pikaso nije pristao, a Vi ste mu to blago zamerili; a Pikaso je možda još i znao šta da namoluje na tu javnu zgradu. Međutim, danas — a to je najpotresniji dokaz vaše nesavremenosti — niko ne zna, bar u Evropi, koji su to propagandistički, agitacioni i reklamni zadaci kojima bi mogao podrediti svoj ogromni talenat jedan Majakovski ili Pikaso. Ulice i parlamenti ni inače ne podnose boju — hoće da izgledaju normalno, zbog toga su pod stražom čuvara. Ali kada bi se još i raspalila stvaralačka želja, gde su one konkretne čarobne reči i čarobne slike koje bi razorile dosadu velike uopštenosti i koje bi nastupile sa zahtevom da izmeste svet iz njegovih polova? Uopšte uzev, Majakovski, moramo se pomiriti — to nam jasno kao dan potvrđuju prirodne nauke — da svet i nema polove, kugle se okreću podmazane, u poslednje vreme tek škripuću zbog nedostatka ulja.

A sada se vraćam razlogu koji me je podstakao na pisanje pisma. Meni se veoma dopada što ste imali odvažnosti da napišete: „Pljujem ja na to što sam pesnik. Ja nisam pesnik, nego čovek koji je svoje pero stavio u službu današnjice, današnje stvarnosti i njene projekcije — sovjetske vlade i partije, zapamtite, stavio u službu." Pljujete na to što ste pesnik, ako treba, napisaćete bilo šta drugo, knjigu snimanja, reklamni tekst, pozorišni komad, ili ćete crtati, stati pred kamere, uzeti učešće u svakodnevnom radu u pozorištu Majerholda, i svim time tek želite da služite. Divim se Vašoj istrajnosti s kojom ste se borili za ovo svoje pravo na svim područjima — za to Vam je bila potrebna ogromna energija, ogromni revolucionarni optimizam. Duhovna pretpostavka Vašeg daljeg delovanja mogla je biti što ste i bez saglasnosti različitih kulturno-političkih organa svoje saglasno protivljenje knjižili na račun slučajnosti. Budući da su ovi organi zastupali onu vladu kojoj ste Vi — prkoseći protivljenju ovih organa — hteli da služite, Vi, naravno, niste mogli izbeći očaj koji je katkada izbijao kroz Vaš optimistički patos kao krv kroz zavoj. Vaš očaj — kao što je to često slučaj — kuljao je iz Vas u obliku pitanja: ,,Zašto knjigovođa da ima presudnu reč u kulturi i umetnosti, kada radnik u kulturi i umetnosti nema čak ni savetodavno pravo u knjigovodstvu?" Ispred ovakvih pitanja, shodno Vašem optimističkom ustrojstvu, bežali ste u najvarljiviju utehu: ,,Rukovodstva prolaze — umetnost ostaje." Ne da to nije istina; samo što i umetnici prolaze — i Vi ste otišli — a i rukovodstva ostaju. Veoma je poučno kako u ovoj knjizi s optimističkom borbenom spremnošću napredujete, nesalomljivi iz bitke u bitku, prema totalnom porazu. Poraz je očito usledio kada protiv odluka raznih organa i mišljenja zvaničnih novinara više niste mogli ulagati priziv radničkih kolektiva i niste više mogli računati na spontanu potporu stanovništva. Zanimljivo je — i to je ono možda što me u Vama najviše zadivljuje, za mene je to najčarobnija tajna Majakovski — da ni Vaše samoubistvo nije demanti Vašeg optimističkog patosa, već poenta, poslednji iskaz, kruna konačnog jedinstva života i dela. Umesto uzimanja kisele čorbe kašičicama deziluziranja, čorbe koja je zbrkljana protiv Vašeg ukusa u đavolskoj kuhinji istorije, radije ste pojeli malo baruta. De gustibus... Ja sam privržen Vašem ukusu, ali ne mogu da prećutim: ni ovaj Vaš izbor nije preterano savremen. Morate se pomiriti s time da Vam se divimo zbog Vaše nesavremenosti. Već oni samo koji Vam se dive. Jer ni divljenje nije savremeno. Vi upravo time određujete osobenost našeg doba: savršenu drugojačnost. I zbog te drugojačnosti pozdravlja Vas — ne ljutite se, ali — s poštovanjem.

Ištvan Erši

JEDAN NACRT ZA UČEŠĆE U DISKUSIJI

Uzajamnost delovanja u prevodilačkom i pesničkom radu

Tema se može uraditi

a) *objektivno.* Estetička terminologija, primeri iz književne istorije. Ton koji se preporučuje: probirljiva upućenost (kulturno uzvišen) ili neodlučna naučnost (adekvatan temi).

b) *subjektivno.* Bez terminologije, primeri poglavito iz sopstvene riznice. Ton koji se preporučuje: dostojanstveno (ili s blagom ironijom) sećanje, skromno (ili iskreno) razmetanje.

Izrada u obliku nacrta ujedinjuje neprijatne osobine ova dva načina pristupa. Dakle: izrada u obliku nacrta!

I. Očigledna (banalna) uzajamnost delovanja

a) Prevodilac prevodi da bi pesnik mogao da peva. Prevodilac izdržava pesnika; pesnik pribavlja posao za prevodioca (primeri iz istorije književnosti + sopstvena riznica).

b) Prevodilac i pesnik obogaćuju jedan drugome osetljivost, rezervu poetskih sredstava i rutinu (primeri svakakvog kvaliteta).

c) Prevodilac navikava pesnika na sitne poslove (pipav rad); pesnik pozajmljuje prevodiocu neku vrstu nadahnuća.

d) Prevodilac dokazuje pesniku da se pesma može i drukčije napisati nego kako on voli (ili ume); pesnik dokazuje prevodiocu da lekcija nije bila uzaludna (bila je uzaludna).

237

II. Skrivenija uzajamnost delovanja

a) Poezija: odnos prema stvarnosti značajne ličnosti koja je opremljena poetskim shvatanjem, sredstvima itd. Prevođenje: odnos prema odnosu jedne značajne ličnosti koja je u vezi s odnosom prema stvarnosti značajne ličnosti koja ume da se prilagodi, a opremljena je poetskom prijemčivošću, sredstvima itd. Prevodiocu, ako je pesnik, ne preostaje ništa drugo nego da stavi pod oštar nadzor svoju prijemčivost, delom pesnika koga tumači, delom sopstvene značajne suštine. Ili: njegov odnos izgrađen s pesnikom ne može protivrečiti s izgrađenim odnosom stvarnosti pesnika o kojem je reč. Ili: prevodilac mora razviti asketske vrline (odricanje od sebe) i igrati ulogu, vrline koje su u upravnoj srazmeri sa sopstvenim pesničkim značajem.

b) Prevodilac upozorava pesnika ne samo na individualne nego i na njegove nacionalne ograničenosti. Ono što kod nas nije pesma, drugde je možda pesma, čak pesma sama. Nasuprot lirskim (unutarnjim, tananim, patetičnim, „lepim") modelima pesama postoje i drugi modeli (konkretni, strukturni, poentilistički, „ne-lepi"). Pesnik može ubediti prevodioca da dobar deo tradicionalnih, „lirskih" sredstava, shvatanja itd. pretransponuje u novu, „ne-lirsku", tuđu sredinu. Prevodilac može ubediti pesnika u nesavremenost njegovih sredstava, shvatanja itd.

c) Prevodioca može sputati tabu-sistem koji okružuje pesnika; pesnika oslobađaju iskustva prevodioca pribavljena u zonama detabuizacije.

III. Eventualna uzajamna delovanja

a) Prevodilac uvećava pesnikovo častoljublje; pesnik uvećava prevodiočevu samouverenost.

b) Prevodilac uvećava pesnikovu samouverenost; pesnik uvećava prevodiočevo častoljublje.

c) Pesnik se zadovoljava u prevodu: prevođenje je odšteta za poeziju.

d) Pesnik prevođenje shvata kao progonstvo; prevođenje se pretvara u dodatni čin.

238

e) Prevodilac dezorijentiše pesnika, budući da mu daje gotove vrednosti i pomodnosti; pesnik pokazuje put prevodiocu (i sebi) ako ume da bira između vrednosti i pomodnosti.

f) Prevodilac usisa u sebe pesnika (najgora vrsta epigonstva: nije imitacija pojedinih pesnika, nego poezije kao takve).

g) Pesnik usisa u sebe prevodioca (manirizam u prevođenju — u boljem slučaju: uspeli tekstovi, ali bez autentičnosti).

Primedba:

1) Broj eventualnih uzajamnih delovanja može se gomilati prema volji.

2) Tačke b) i c) skrivenijih uzajamnosti delovanja mogu se shvatiti i kao eventualne; ali one su opštijeg značaja, odnosno one imaju korena ne toliko u ličnosti pesnika-prevodioca koliko u prirodi stvari.

IV. *Optimalna i pesimalna uzajamnost delovanja*

(sa gledišta pesnika)

Optimalna: za pesnika je prevođenje probanje odela.

Pesimalna: za pesnika je prevođenje odeća koja mu nije po meri.

Između ove dve krajnosti cveta prevodilačka praksa, u odnosu na koju je, kao što se zna, zelen svaki plod teorije.

PRIPREMA JEDNE STUDIJE

1. Ocena teme

Najpre treba osetiti ton koji uvek odgovara temi; ovaj put je ton dat unapred. Oblije me topla ljubav kada pomislim na svoj predmet; u meni uzavri pristrasnost. Preti mi opasnost preosetljivosti, otužnosti, zbog toga svoja osećanja moram održavati u ravnoteži igrom i oporošću. Moram da obezbedim privid minimuma objektivnosti, uzdajući se da će moja skrivena nežnost zračiti kroz zaštitni omot poput radijuma. Potom moram odlučiti šta smatram vrednim za saopštavanje. Bilo šta da obrađujemo, moramo računati s dve ometajuće krajnosti: ako premalo znamo o predmetu, izazivamo osećanje apstraktnosti i praznine; ako i suviše rasprostranimo svoja poznavanja, beznadežno se možemo izgubiti u pojedinostima. U našem sadašnjem slučaju postoji osnova za obe opasnosti: premalo znam o predmetu kao društveno-prirodnom rezultatu koji je nezavisan od moje svesti, a previše znam o njegovim osećanjima, mislima, činjenicama prožetim plahovitošću. Nudi se rešenje: strogo rešetanje činjenica — mogu se smilovati samo malenom broju takvih koje su sposobne da ponesu simboličnost; možda ću tako, uz pomoć njihove višeznačnosti, popuniti praznine moga objektivnog znanja. Evo.

2. Nekoliko simboličnih činjenica

a) Kada sam imao tri godine na Margitsigetu mi je jedan paun kljucnuo parčence mesa iz noge. Pojurio sam ga kako bih i ja kljucnuo njega i tek sam onda briznuo u plač kada se ispostavilo da ga ne mogu sustići.

b) Kada mi je prvog dana prvog sata prvog minuta u peštanskom zatvoru jedan čovečuljak sivog lica, sivih očiju, u sivom civilnom odelu posle kaiša od pantalona zatražio i pertle od cipela, drsko sam mu rekao: „Zašto? Ni onako se neću obesiti"; karakteristično je za moj neizlečivi optimizam da sam tek onda shvatio gde sam se našao kada me je čovečuljak začuđeno upitao: „A što da ne, molim vas?"

c) Mesto: šuma; na nama tek poneko parče odeće, a ona me pogleda — očito kao samoopravdanje, ta bila je veoma jasna situacija — i upita: „Voliš li me?" — „Draga si mi" — odgovorio sam, što je odgovaralo istini. Iskrenost je, naime, dobro došla mojoj duhovnoj ravnoteži, ali je dokrajčila, zauvek, prijatnu situaciju.

3. Zamke iskrenosti

A povrh toga iskrenošću sam kompenzirao jednu drugu iskrenost: svojoj ženi sam odao prethodne noći da ću s nekom drugom poći na izlet. Na taj način mi je pošlo za rukom da ona postane nesrećna, a onda sam postigao i to da njena žrtva — kojom je pod pritiskom primila k znanju moju slobodu — postane suvišna i sa moga gledišta. U oba slučaja izvor moje iskrenosti pothranjivao se iz neke irealne, samoreklamerske manije poštenja. Irealnom je nazivam zato jer je zasnovana na nipodaštavanju stvarnosti i stvarnog stanja.

U studiji koju pišem treba da iskažem da sam u najvećem broju slučajeva takozvanih iskrenih trenutaka svog života delovao sa sklopljenim očima. Tako se moglo desiti, na primer, da sam 1952. godine, kada sam mislio da živim u carstvu neograničene sreće, protivrečio državniku Jožefu Revaiju pred svečanim skupom, a on je i sam bio prisutan i žestokim, nehotičnim mrdanjem glave izražavao je svoje iznenađeno neslaganje. Objašnjenje mog neočekivanog i retkog čina: u spasonosnom nepoznavanju činjenica bez kolebanja sam poverovao da se radnici i seljaci već nalaze u raju — ali u nespasonosnom poznavanju romana Odgovor Tibora Derija nisam mogao prihvatiti da je ova knjiga rak-rana svih književnih nevolja. U mojoj iskrenosti, dakle, izražava se na izgled moje poznavanje stvarnosti; ispunio me je ponos i sledećih dana sam dolazio na fakultet kao neki junak koji, povrh svega, s pravom očekuje izvrgavanje ruglu. I doista: kolege s godine, s malo izuzetaka, izbegavale su me jedno vreme, partijska organizacija je, pak, počela da prosipa na mene svoju revnost. Na kraju mi ipak nije bilo ništa, a jedan mladić seljačkog porekla s prezrenjem mi je očitao: „Lako je tebi da se junačiš, zar ne? Dobio si nagradu — pa te neće dirati. Ali da mi pokušamo to reći! Neka pokuša da protivreči jedan seljak — ne Revaiju, nego samo sekretaru saveta! Pojma nemaš gde živiš, a još osećaš da si izuzetan. Zaslužio si da te izbace s fakulteta!" — Moja iskrenost je, dakle, cvetala na malenom ostrvu stvarnosti — ali ovo se ostrvo prosto gubilo u okeanu irealnosti. Ta irealnost mi je onda još bila neophodna.

4. Interes i vera

Ako makro koji se zove Interes posluje s potrebnom obazrivošću, iskrenost stupa u divlji brak s laži. Ovakav savez se raspada pre ili kasnije, jedino je pitanje koja će strana zadaviti onu drugu.

Ja sam, na primer, iskreno verovao početkom pedesetih godina da je Obećana zemlja već tu, ili će bar nastupiti kroz pet minuta. Za ovu svoju veru ja bih i život dao — samo što sam umesto smrti za nju dobio. književnu nagradu.

5. Upozorenje

U studiji koju pišem ne smem se previše zadržavati na ovim starim stvarima. Vera je izašla iz mode zajedno s mirnodopskim obveznicama državnog zajma — danas najviše cveta iracionalna nada, živimo u razdoblju lota. Trebalo bi ukazati na mogućnosti ubeđenja — razume se, ne na ona koja se očituju u štednim knjižicama — mislim na ubeđenja koja se danas skrivaju iza oklopa ironije, različitih dvosmislenosti i sumnji, čak — oprosti mi, Gospode! — iza lepog cinizma.

6. Rehabilitacija

Ružan cinizam: za prepunim stolom gladnom objašnjavati da nije dobro zaspati punog stomaka; najuriti iz službe onoga koji tvrdi da zbog iskrene reči ljude najure s posla; zadaviti u vodi onoga koji se sunča kako ne bi dobio sunčanicu. Bedna varalica, razume se, učiniće sve to ako se od njega zatraži — samo će utrošiti ogromnu energiju kako bi najpre ubedio sebe u savremenost svojih dela (mišljenja). Lepi cinizam se buni protiv dva postupka koji su se zaglavili između ideala i njihovih ostvarenja; ne prikazuje ih kao slučajne, već otkriva njihove neminovne strane, s veselom pseudoravnodušnošću, bez patosa navodi naličje stvari; lepotu mu daje zlatna smeša gađenja koja se oseća zbog predmeta i — otkrivanje i raskrinkavanje uživanja.

Nedavno je društveno rehabilitovano nekoliko ljudi koji su bili nepravedno osuđeni; ali nisu rehabilitovani oni oblici ponašanja koji bi jednom zasvagda učinili nemogućim nepravične progone. Tako su sumnja i, naročito, cinizam — čak i njegova plodna, napred skicirana vrsta — usputni predmeti uslužne bruke. Budući da u svojim napisima bar deset godina pokušavam da branim ove vredne načine shvatanja i postupaka, bilo bi umesno da se pozabavim njima u svojoj studiji.

7. Neka vrsta ars poetike

Na ovom mestu bih mogao ispaliti i pesmu kao neku vrstu ars poetike. Ispaljivanje pesama ionako mi zadaje brigu, po nekima zato što nisu dovoljno dobre, po drugima zato što su i suviše provokativne. U ovom trenutku se ne mogu upuštati u samoocenjivanje — i inače me mnogi smatraju nepodnošljivo samouverenim — jednostavno samo treba da iskoristim činjenicu što mi tumačenje pojmova cinizma i sumnje u eseju o meni daje povoda i za pesničko očitovanje.

Moj stari prijatelj — i sam pesnik, čak urednik rubrike za poeziju — kritikujući jednom moje pesme lakonski je primetio da od govna nikada ne može biti poezija. Ovu pesmu bi možda trebalo uneti u tekst studije, jer je napisana kao protivdokaz:

STVARNOST I POEZIJA

Dizenterični ratni zarobljenici
iznemogli padaju u kloaku
i dok tonu, naherene glave
gledaju mesec.

U usta im ulazi zagušljiva, krvava
masa, a u očima im se ogleda zvezda —
poetska nadoknada za gad kloake
koji ih prekriva.

Naime, idealni pesnik se po tome razlikuje od nas običnih ljudi što mi u topcu osećamo masu o kojoj je reč, ali je zbog pristojnosti ne izgovaramo, liričar, pak, traga za zvezdama sve dok i oči ne prekrije večna materija. Šteta je što ni ovaj esej o meni ne može dovesti ovu pesmu do estetičkih građanskih prava. Ali, tekst će možda ovako biti objavljen — to je ipak važnije nego obavezne norme. U nejasnoj asocijaciji nazirem u svom sećanju idilu iz zatvora Marijanostra. U pismu iz redovne kvote napisao sam majci pesmu za rođendan. Rečeno mi je da je pisanje pesama zabranjeno, ali uz obavezno karanje dozvoljeno mi je da ponovo napišem pismo. U njemu sam opet prošvercovao pesmu, uz poštovanje forme pisma, pišući stihove jedan za drugim do kraja stranice. Moj postupak tada već nije narušavao propise.

8.

Iz gornje anegdote mogao bih razviti dva idealna programa:
1) Bio sam sklon da ponovo napišem pismo; ali sam isto to napisao u njemu. Treba praviti razliku između taktičkih i principijelnih kompromisa. Ako se pokažu neop-

hodnima, od prvih se ne mogu ustezati probirljivo kao poštena lepojka koja, kao što se zna, ima samo jedno blago. Razume se, i za druge se katkada može javiti potreba; ali neka se rve s njima onaj koji je rođen za tu ulogu. Ne smetati s uma: periodi nagodbe stvaraju svoje junake, i to po svojoj slici i prilici; čija je slika drukčija, pa stavi masku, svoje lice je izgubio zauvek.

2) Vodila me je rutina života zatvorenika i trenutno nadahnuće kada sam nadmudrio Pravila. U umetnosti, u ljubavi i u škripcu podjednako tragati za prepredenom ravnotežom rutine i nadahnuća...

9.

Pročitao sam ovaj nacrt za studiju i zahvatila me je sumnja: ne bi li bilo bolje pisati na osnovu čistih činjenica? S potrebnom stručnošću ocrtati moju dosadašnju delatnost, posvetiti pažnju planovima, uzorima i tako dalje? Evo skice:

Erši, Išt. (Eörsi) rođ.: 1931. Porekl. iz intelekt. porod. Dipl. na Fil. fak. Oženjen, dva deteta, razveden. Pesme, drame. Prev. stud., član. Stan obezb. Voli prirodu. Puca od zdrav. Prima odgovore samo uz priložene fotografije.

BAUK BAUCIMA...

(Marks po drugi put među radnicima)

Sala za kulturu Fabrike sanduka. Govori Marks, a za vreme govora sve je više nakašljavanja, kašljanja.

Marks: Javio sam se za reč i time pogazio zakletvu koju sam dao, ali za to ste jedino vi krivi, dame i gospodo, jer vas ne mogu nazvati drugovima, čak ni kolegama, slušam vas već ceo sat susprežući se do krajnjih granica, ne mogu više. Ja sam obavešten da je ovde sindikalni sastanak Fabrike sanduka — samo što ovo nije fabrika sanduka, nego fabrika mrtvačkih kovčega, ovde se izrađuju kovčezi u kojima se sahranjuju interesi radnika, i mrak je ovde kao u mrtvačkom kovčegu, možda ja govorim leševima, vi ste leševi, da leševi, kada dođemo na vlast, obračunaćemo se s vama, vi ste za đubrište! Koga vi predstavljate? Na kojoj teoriji zasnivate takozvano svoje delovanje? Na ovom skupu vas jedino interesuju sendviči, besplatni sendviči i besplatni sokovi, postavili ste jedno jedino kritičko pitanje, „Konjaka nema?", neverovatno kako ste se srozali za poslednjih stotinu godina — u odnosu na vas Macini, pa čak i Bakunjin, je teorijski genije! Sva vaša mudrost iscrpljuje se u tome što usaglašavate neusaglasive interese, pravite pitu od govana. Dobio sam zapaljenje uva od mnoštva ulizičkih govora, curi mi iz njega gnoj, i desni su mi pune gnoja, ispunjen sam gnojem zbog mnoštva gnoja koji je iscurio iz vaših usta. Muči me misao da sam i ja sam kriv! Centralizovao sam radničke organizacije, a nisam mislio da će se glava pretvoriti u vodenglavost, da će se glava, glava zakrečiti, da će zakrečena naređenja prenositi zakrečenim organima! A i od zakrečavanja je gora izdaja. A ovi švie i ne znaju šta su izdali. I jedino hoće da služe, za dobre pare, za veći okrajak vlasti, gospodarima proizvodnih

sredstava i državne vlasti! Boje se reči „klasna borba" kao
đavo krsta. Iako je herojski program, i ujedinjenje interesa
samo privremeni kompromis, na osnovu trenutne situacije
klasne borbe. Ali šta ja to vama objašnjavam? Kao da u
balegu hoću da udahnem život! Ko ste vi? Iz kakve ste se
to plesnive rupetine izvukli? Ako su vas zaista birali rad-
nici, onda se srozala i radnička klasa, i kraj je svemu, i
sve se mora započeti iz početka drugde i u drugo vreme.
(Neposrednoj okolini.) Ispustio sam nešto? Da li se zbilo
nešto u poslednjih stotinu godina, nešto sa čime ja nisam
mogao održati korak? Ne vidim, takav je mrak. Hajde, os-
tavimo ovde ovu bandu, pređimo u neku drugu prostoriju,
gde je upaljeno svetlo, pa da izradimo jednu sindikalnu
platformu i da sazovemo naše ljude, ako takvi još postoje,
pa da izglasamo program, a da ove ovde pošaljemo do
đavola, ja ću, na žalost, i suviše opširno pristupiti radu, ali
treba na easygoing način začas skicirati principijelne os-
nove, nemamo vremena, Britanski muzej je daleko, ose-
ćam kutnjake, neizdrživo žigaju, desni su mi u zapaljenju,
zapaljena mi je jetra, ali nije to ništa ako se uporedi kako
mi ključa mozak, eksplodiraće, ovoliko glupih tipova, mla-
konja, moramo izraditi opštu teoriju i strategiju koja će
važiti za ceo svet, naročito moramo raščistiti u čemu se
razlikuje zaštita interesa radnika u kapitalističkim, odnosno
državno-kapi-socijalističkim ili državno-soci-kapitalistič-
kim ili pretpostkapitalističkim društvima, od koga ovde
sindikat da štiti interese radnika, očito od poslodavaca, od-
nosno države, ali ako bi država bila radnička, onda bi tre-
balo da se štiti sama od sebe, što je besmisleno, ili bi tre-
balo da međusobno odvojene delimične interese sukoblja-
vajući ih izmire ili izmirene da sukobe međusobno, ako,
pak, nasuprot njima stoji država kao neprijateljska vlast,
onda tu istovetnu strategiju treba primeniti u svim delovi-
ma sveta, odnosno organizaciju sindikata tokom rada na
zaštiti interesa treba pripremiti za totalni, totalni totalni
totalni preokret, za revoluciju, jer koliko god to želeli oni
koji su na vlasti, nismo napisali konačno poglavlje istorije
klasne borbe u *Manifestu komunističke partije,* klasna bor-
ba teče dalje, iako ne priliči da se o tome govori, jedino

prihvatanjem klasne borbe, žiga me u ušima, očima, zubima, jedino otvorenim prihvatanjem klasne borbe, klasne borbe, klasne borbe, čujem da je papa zabranio klasnu borbu, sutra će zabraniti i gravitaciju, a jedna druga stoka, pak, neki Nemac, propagira narodni ustanak bez nasilja, a jedino klasna borba, klasna borba... (Žagor u sali se pojačava. Odjednom mrak.) Kratak spoj! Ovako hoće da me ućutkaju?!

OPKLADA

Komedija u dva dela

LICA:

MARKS
SVETLANA
PRIMARIJUS
BOLNIČARKA
PALIĆ
KONOBAR
ANTONIJA
DRUGARICA
STARA SKITNICA
ČUVAR
ŠACI
PORTIR
MUŠKARCI (bar trojica, za masovne scene i manje uloge)
ŽENE (bar tri, za masovne scene i manje uloge)
MILICIONERI (čas uniformisani, čas u civilu)

Mesto: grad u jednoj zemlji postojećeg socijalizma.
Vreme: 1984.

PRVI DEO

1. scena

Psihijatrija, soba za lekare. Uz jedan zid otoman. Pred Svetlanom čašica za konjak. Primarijus stoji pored table s tastaturom. Kada god pritisne taster, na zadnjoj četvrtini pozornice, kao na nekom ekranu, javlja se bolesnička soba s bolesnicima. U jednoj bolesnik vuče za sobom na kanapu cipelu, kao da vodi psa u šetnju; u dru-

249

goj bolesnik sam igra šah; u trećoj bolesnik secka hleb, parčiće stavlja u kapu, kucka: hoće da nahrani mačiće. Neki zure apatično. Neki hvataju nepostojeće muve. Primarijus može da kaže koju reč komentara, na primer: „Avgust i njegov pas." „Eliza, depresivna vila." U poslednjoj sobi vidimo Marksa, piše za pisaćim stolom. Na zidu 'fotografije, na policama, podu, stolicama svuda knjige, sem na postelji.

PRIMARIJUS: Radi Karlo. Nećemo mu smetati. (Isključi ekran.)

SVETLANA: Da li je to bila večernja kontrola?

PRIMARIJUS: Hteo sam da pred vama menažerija još jednom prodefiluje. Večeras ste prvi put ovde.

SVETLANA: Moram da krenem.

PRIMARIJUS: A kada bismo i jutarnju vizitu obavili zajedno?

SVETLANA: Zar vam ne dosadi, gospodine primarijuse?

PRIMARIJUS: Časovi bi samo leteli.

SVETLANA: Joj, bože.

PRIMARIJUS: Dva puta sam vas sanjao. Najpre ste mi bili majka, zatim kći. Terate me na incestuozna osećanja.

SVETLANA: Odlučila sam se za Karla. Neverovatno kako se na njemu ne primećuje zatvor od šesnaest godina. Ako pomislim da ste bili drugovi iz razreda, da obojica imate trideset osam godina...

PRIMARIJUS: Trideset šest.

SVETLANA: Da i ne poverujem za njega.

PRIMARIJUS: Ako hoćete da uzmete temu s graničnog područja psihologije i sociologije, i ja vam njega preporučujem. Počnite od njegovih pisama. Juče je napisao 4625. pismo. Očaravajuća lektira, ne samo sa stanovišta istorije bolesti.

SVETLANA: Vi pišete knjigu o njemu, a ja stručni rad. On, pak, ovde čami do kraja, sam samcit u bolesničkoj sobi.

PRIMARIJUS: Kad god sam ga stavljao s drugima, prebili su ga pre ili kasnije. Neprekidno drugima nešto objašnjava, čak ih budi iz sna. A s druge strane, ostali bolesnici su ga ometali u radu. Gotovo da rekoh: poludeo je od njih.

SVETLANA: Mora da mu je teško. Konačno, još i sada je mlad muškarac.

PRIMARIJUS: Niste vi jedina žena kojoj se dopada.

SVETLANA: Meni se ne dopada. Mene interesuje. Sociološki.

PRIMARIJUS: Bolničarke ne interesuje sociološki. Redom mu ležu u postelju.

SVETLANA: A vi to posmatrate ovde, na ekranu?

PRIMARIJUS: Čovek je biće žedno znanja. Pre akta većinom ih naziva Lenhen. Tako se zvala služavka porodice Marks. Kažite mi, niste raspoloženi da ga kidnapujete? Bilo bi zanimljivo i sociološki, i psihološki videti kako na našu stvarnost 1985. reaguje jedan čovek koji je uobrazio da je Marks.

SVETLANA: Što ga onda ne oslobodite?

PRIMARIJUS: Tako bolesnog čoveka? Kao lekar, to ne mogu učiniti. Pa i inače: mene mrzi, podozriv je prema meni. A vas bi, pak, smatrao za Dženi. U koju god se zaljubi, smesta je pretvori u Dženi.

SVETLANA: Što bi se zaljubio u mene?

PRIMARIJUS: A svoje prijatelje, po Engelsu, naziva Fred ili General. Jednom, za kratko vreme, i ja sam bio proizveden u taj rang.

SVETLANA: Ne prihvatam ulogu Dženi.

PRIMARIJUS: Šteta. Poslednja mi je nada da jedan veliki potres poljulja sistem njegovih fiks-ideja. Trebalo bi pokušati i kada bi postojala šansa od jednog promila. Kada bi se suočio sa onim svetom koji njegovo ime obeležava...

SVETLANA: Ime mu je fatalno.

PRIMARIJUS: Već u gimnaziji smo ga time sekirali. On je besneo, tukao se, „Moje prezime se piše s ka-es!" Tako je samo dodavao ulje na vatru. Na fakultetu je odlučio da okonča s fantomom svog rođaka po prezimenu. Bacio se na njegova dela. Identifikovao se s njihovim autorom. Odista je progutao i svario autora zajedno s biografijom.

SVETLANA: Neko bi od toga danas napravio karijeru.

PRIMARIJUS: Sposobnost trezvenog prosuđivanja načinila je nepodnošljivom njegovu ludost. Ako bi neki profesor, na primer, citirao Marksa, on bi vikao: „Istrgli ste me iz konteksta!" „Vi me svesno krivotvorite!" A uz to, svuda bi namirisao bonapartističku zaveru, tvrdio je da svaki njegov korak prati ogromna organizacija koja je dirigovana iz jednog centra.

SVETLANA: A ne prati?

PRIMARIJUS: Policija se odista zanimala za njega. Otac mu je tada još bio živ, advokat koji se eksponirao u katoličkim procesima. Svoj katolicizam je inače razrešio veoma radikalno: izvršio je obrezivanje. Ali nije zbog toga bio zatvoren. U proleće 1968. hteo je da organizuje đačku komunističku internacionalu. Izbačen je s fakulteta. Nekoliko sledećih meseci skriva gusta tama. U septembru, pošto smo Čehoslovake oslobodili od jarma njihove suverenosti, dopremljen je ovamo iz Praga, bio je u užasnom stanju. Tokom saslušavanja pozivao se na sopstvene spise iz 1849. godine, u kojima je osuđivao invaziju carske Rusije na Mađarsku.

SVETLANA: Da li su sačuvani zapisnici?

PRIMARIJUS: Kod mene se sve čuva. Hoćete li ga kidnapovati?

SVETLANA: Želela bih još jednom da ga vidim.

(Primarijus pritisne dugme na tastaturi. Na četvrtini pozadine na sceni javlja se „na ekranu" Marks kod koga upravo ulazi Bolničarka.)

PRIMARIJUS: Kakva sreća. Dežurna Lenhen.

SVETLANA: Isključite!

PRIMARIJUS: Ne bojte se. Najpre će se upustiti u objašnjavanja, to ga dovodi do uzbuđenja.

MARKS: Hvala što ste došli. Plava haljina vam bolje stoji.

BOLNIČARKA: Šta je, Karlo?

MARKS: Veoma me štreca karbunac na preponi.

BOLNIČARKA: Da ga sredim?

SVETLANA: Zaista ima tamo karbunac?

PRIMARIJUS: Ma ne. Čitao je u prepisci. Pozajmiću vam je.

MARKS: Tek što je uminuo pod pazuhom, a evo napeo se dole. A uz to, odjednom dva, tamo gde je i inače sve parno. (Smeje se.) To je Fredov vic.

BOLNIČARKA: Pokažite mi, Karlo.

MARKS: Čekajte. Da li ste čitali današnje novine? Predsednik vlade tvrdi da državu treba voleti.

BOLNIČARKA (spotiče se na jednu knjigu, seda na postelju): Jednom ću ovde slomiti vrat.

MARKS: S jedne strane, navodno hoće da ukinu državu, a, s druge strane, žele da je volimo. Ali zašto da volimo ono što hoćemo da ubijemo?

BOLNIČARKA: Polomila se štikla! (Izuva cipelu.)

MARKS: Možda je još potrebna, ali je zato ipak ne treba voleti. Nije za voljenje.

BOLNIČARKA: Sedite već ovamo pored mene!

MARKS (seda pored Bolničarke): Rusko-pruski mentalitet voli državu kao Jevrej pare! I tako hoće da je ukinu, kao Jevrej pare!

PRIMARIJUS: Sada obratite pažnju!

BOLNIČARKA: Kako si ti pametan, Karlo!

MARKS: Pazi na karbunac!

SVETLANA: Isključite!

BOLNIČARKA: Zarazi me! Zarazi!

MARKS: Lenhen! Kakve ruke imaš!

SVETLANA: Isključite već jednom! (Primarijus se ne pokreće, Svetlana isključuje ekran. Marks i Bolničarka nestaju.)

PRIMARIJUS: Vi ste uvek ovako stidljivi?

SVETLANA: Konačno jedan zanimljiv muškarac. Veruje u nešto.

PRIMARIJUS: Lako je njemu. Lud je.

SVETLANA: Znate šta je lako? Podsmevati se reformatorima sveta. Tužno pijuckati šampanjac posmatrajući ispala rebra izgladnelih!

PRIMARIJUS: Draga Svetlana, alaj ste se zagrejali!

SVETLANA: A bratu mi je ime Vladimir. Otac mi je odrastao u Rusiji. Bio je sudija prekog suda u staljinističko doba. Posle je dospeo u sanatorijum za nervne bolesti.

PRIMARIJUS: Gospode! Vi ste njegova kći?

SVETLANA: Znali ste ga?

PRIMARIJUS: Kao mlad lekar započeo sam u centralnoj bolnici. Tamo je on bio krupan slučaj. Optuživao je sebe da je na smrt osudio sopstvenog oca, Staljina.

SVETLANA: Već izlečen, 1979. je ispio otrov. Do tada sam se ja zarazila željom prema idejama. Ili bolje željom prema takvim ljudima...

PRIMARIJUS: Kidnapovaćete Karla?

SVETLANA: Ja hoću da amnestiram oca. Hoću da oživim onu lepu energiju koja je u njemu ukaljana.

PRIMARIJUS: Kidnapovaćete ga?

SVETLANA: Gde bi onda stanovao?

PRIMARIJUS: Neće imati stambenih briga. Ubrzo će se vratiti.

SVETLANA: Pa, onda, zašto da ga kidnapujem?

PRIMARIJUS: Da bismo videli kako na njega deluje spoljni svet.

SVETLANA: I on na spoljni svet.

PRIMARIJUS: To ću vam unapred ispričati. Noćas ćete ovde otsati... (Svetlana odmahne.) Vas privlači ono što je nemoguće. Kidnapujte ga, možda će biti izlečen. *Credo quia absurdum.* Kidnapujte ga. Predlažem vam opkladu. Vi ćete sada lepo leći, ne ovde, nego u gostinsku sobu. Dobićete prepisku Marks—Engels kako biste mogli zaspati. U šest vas budim kafom. Nagovorićete Karla da pobegne. Ako ga do ponoći ne vrate, daću mu otpusnicu. Možete ga odvesti svojoj kući, sociološki ga proučavati.

SVETLANA: A ako ga vrate?

PRIMARIJUS: Onda i sutra ovde spavate. Ali ne u gostinskoj sobi. A ne možete ga skrivati do sutra u ponoć. Karlu pružam poslednju šansu da ga stvarnost otrezni. Vama prvu. Sledimo naše očeve, ali ne u ludilu.

SVETLANA: Zar su ludi svi oni koji ne žele da svet ostave onakvim kako su ga zatekli?

PRIMARIJUS: Draga moja, stvarnost nije stara usedelica. Ne sanjari o tome da je jednom siluju. Inače, da odgovorim na vaše pitanje: nedostatak prilagođavanja izaziva smetnje u ponašanju. Smetnje ustaljuju konfliktne situacije iz kojih se individua može iščupati samo uz pomoć progresije pogrešnih predstava. Reformator sveta postaje agresivan, precenjuje sopstvenu ličnost, mitizuje samoodbranu koju je prema njemu ispoljilo društvo...

SVETLANA: Kidnapovaću ga. Opklada važi. Ali zar vas ne dovodi u nepriliku što mi vi uopšte niste potrebni?

PRIMARIJUS: Kakvu nepriliku? E, lupnite.

(Rukuju se. Svetlana izlazi, Primarijus okreće brojčanik telefona.)

2. scena

Krčma. Primarijus, Palić.

PALIĆ: Ovo se još nije dogodilo, doktore moj. Telefoniraš mi noću, naređuješ mi da dođem u tvoju krčmu. Srećom, žena mi je na putu.

PRIMARIJUS: Pomislih, jednostavnije je ako ti dođeš u moju ulicu, ta danas ćeš ionako spavati kod mene.

PALIĆ: Nikad više! Šta se zbilo?

PRIMARIJUS: Nema problema, ne boj se.

PALIĆ: Da li su se opet interesovali za mene?

PRIMARIJUS: Kod mene nisu.

PALIĆ: Pa kod koga onda?

PRIMARIJUS: Otkud znam?

PALIĆ: Pa što si me onda zvao navrat-nanos?

PRIMARIJUS: Sećaš se, onda kada sam ti pomogao, rekao si da ćeš mi se jednom odužiti.

PALIĆ: Ne sećam se, ali sam sigurno to rekao. Uvek govorimo slične stvari. O čemu je reč?

PRIMARIJUS: Ne volim, Franc, što se ne sećaš. Neka nas naša memorija usmerava, a ne mi memoriju. A sećaš li se da sam ti dao potvrdu za dilejisanje?

PALIĆ: Ako počneš od Kulina bana...

PRIMARIJUS: Kud si zapucao? Duga je noć. A da li se sećaš zašto si došao da ležiš kod mene? (Palić ćuti.) Ja se tačno sećam zašto sam te primio. „Da se ubijem?" — pitao si, sećaš se?

PALIĆ: Imaš dobru fantaziju, doktore moj.

PRIMARIJUS (Palićevim glasom): „Da se ubijem?"

PALIĆ: Nikada u životu nešto slično nisam pitao.

PRIMARIJUS: Razgovor sam snimio na traku. Ni ja se ne mogu osloniti na svoju memoriju, zbog toga moram katkada da joj pomognem.

PALIĆ: Bravo. A gde je traka?

PRIMARIJUS: U ordinaciji. Još večeras ćeš je čuti.

PALIĆ: A kopija trake?

PRIMARIJUS: Franc, s kime me to brkaš? Inače ne tvrdim da je trebalo herojskije da se izvučeš iz zatvora. Normalna ličnost se prilagođava okolnostima. A ti si šampion normalnosti.

PALIĆ: To je priznanje od lekara.

PRIMARIJUS: Tako je i rečeno. Vrhunci i padovi moralnosti su za ludnice, za zatvorene institute. A normalnima, pak, rado dajem potvrde za dilejisanje kako bi mogli slobodno živeti.

PALIĆ: Šta hoćeš od mene?

PRIMARIJUS: S tom potvrdom za dilejisanje uzdigao si se do redakcije najznačajnijeg lista za društvene nauke u ovoj zemlji! Sve sami stručni lažovi po zanimanju koje je država odlikovala! Mogao bih zbog toga da tražim od tebe da mi ližeš dupe, ali ja te samo molim da se sutra pozabaviš jednim mojim pacijentom. Inteligentan, zanimljiv čovek s pogrešnim predstavama kojima ruši sopstvenu sudbinu.

PALIĆ: I to je sve?

PRIMARIJUS: Evo novca, za troškove. Treba da ga povedeš među ljude. Na neku političku priredbu, ako je moguće. Gde ima i radnika.

PALIĆ: Zašto, do đavola?

PRIMARIJUS: Posmatraj njegovo ponašanje. Pozovi me ako načini neku ludost. Inače se zove Karl Marks.

PALIĆ: Ne budali.

PRIMARIJUS: Nije sa iksom, već sa ka-es. O detaljima ćemo kod mene. Pokazaću ti ga na ekranu. Što se cerekaš?

PALIĆ: Izmislio sam jedan vic. Ali ga neću tebi prišiti.

PRIMARIJUS: Znao sam da ćeš se oraspoložiti. Uvek si bio veliko spadalo. Još i danas pamtim neke tvoje sjajne podvale.

PALIĆ: Crkni-pukni, doktore moj. Da vidimo tog tipa.

3. scena

Bolesnička soba. Marks pere zube. Ulazi Svetlana u građanskom odelu.

SVETLANA: Došla sam da vas oslobodim.

MARKS: Kako ste uspeli da uđete?

SVETLANA: Poznajem Primarijusa. (Marks zvižduće.) Nemojte zviždati, i ja znam da je pokvarenjak. Morate požuriti. (Tutne mu u ruke civilno odelo.)

MARKS (vraća joj odelo): Kako ste dospeli do mog odela?

SVETLANA: Ukrala sam ga iz ostave. Nadam se da se niste ugojili.

MARKS: Ko vas je informisao o meni?

SVETLANA: Onaj gnusni Primarijus. (Marks zvižduće.) Ali nisam bonapartista. Ja sam marksista. (Opet mu daje odelo.)

MARKS: Ja nisam. (Vraća joj.)

SVETLANA: Znam. Ne odugovlačite. (Opet mu daje.) Bavim se sociologijom. Natrabunjala sam onoj pantljičari da ću napisati o vama studiju pod naslovom „Intervju s Karlom Marksom — strogo poverljivo". A on mi je dozvolio da uđem, jer hoće da spava sa mnom. (Marks zvižduće, Svetlana mu tutka odelo u ruke; on joj ga smesta vraća.) Ja koketujem s njim u vašem interesu. Držite! Čim sam saznala da ste ovde...

MARKS: Do sada niste znali?

SVETLANA: Iskreno govoreći, mislila sam da ste umrli 1883.

MARKS: Ljudi sve pomešaju. Kako da vam objasnim?

SVETLANA: Objasnićete mi drugi put. Obucite pantalone. Neću vas gledati.

MARKS (oblači se): Ako me uhvate, da li ćete obavestiti drugove?

SVETLANA: Naravno.

MARKS: U Bernštajna nemam poverenja. Švajcer je policijski doušnik. Francuzi su površni i blebeću. O Rusima, s izuzetkom Černiševskog, bolje da i ne govorimo. Lasal je hteo da izda radničku partiju Bizmarku u Adenaueru. S opreznim Englezima budite oprezni. Primarijus me je već u gimnaziji cinkario nastavniku fiskulture.

SVETLANA: Obukli ste naopako košulju.

MARKS: Sporedno pitanje.

SVETLANA: Nije nego glavno. Treba da izbegavate upadljivost.

MARKS: Imate pravo. (Skida i ponovo oblači košulju). Znate li ko me je ovde zatvorio? Bakunjin, Napoleon III i vaš podli udvarač. To je ista ćelija, ali imaju i više veze. Nije im strano ni političko ubistvo. Navodno, više se ni ulicom ne može mirno šetati, jer žrtve tandrču u prtljažnicima automobila, s omčom oko vrata.

SVETLANA: Zavežite pertle.

MARKS: Bakunjinisti me optužuju da hoću da jačam državu. A po bonapartistima hoću da je ukinem. Samo što ja zato hoću da je ojačam kako bi sama imala dovoljno snage da se ukine.

SVETLANA: Zakopčajte pantalone.

MARKS: Ali kakva je garancija da će vođe proleterske diktature posle uništenja kapitalizma zaista ukinuti državu? (Uzima knjigu s poda, otvara je.) Već je ovde trebalo da postavim to pitanje, vidite?

SVETLANA: Kada budete napolju nemojte govoriti o ovim stvarima. Privukli biste na sebe pažnju neprijatelja. (Marks hropćući kašlje.) Šta vam je?

MARKS: Stari katar. (Kašlje.) Moram da napišem novu svesku *Kapitala* o ekonomskom mehanizmu pretpostkapitalističkog društva.

SVETLANA: Jedino napolju to možete napisati!

MARKS: Ni napolju se nikome ne mogu obratiti. Proglasili su me mrtvim.

SVETLANA: Napišite vi svoje delo, po njemu će vas prepoznati!

MARKS: Moramo se nametnuti društvu.

SVETLANA: Pripremila sam nešto da se gricne.

MARKS: Nije dovoljno ako se napiše istina. Mora biti takva da je nije moguće odbaciti. (Beleži na papiru.)
SVETLANA: Treba da krenete.
MARKS: Slušajte ovo. (Čita.) „Birokratu treba dovesti u situaciju da mu veći posao bude otresti se od nekog opravdanog zahteva nego ga uraditi."
SVETLANA: Veoma dobro. Spakujte te sendviče.
MARKS (pruža joj hartiju): Sačuvajte. (Uzima drugu hartiju, nešto zapisuje.)
SVETLANA: Gde ćete spavati?
MARKS: Svejedno mi je.
SVETLANA: Spavaćete kod mene.
MARKS (baca hartiju): Dženi! Kako to da te nisam prepoznao? (Hoće da je poljubi, Svetlana izbegne.)
SVETLANA: Saracenu, davno se nismo videli!
MARKS: Ako i nisi lepša, bar si se podmladila! (Uzima hartiju, piše nešto, opet je odbaci. Opet bi da poljubi Svetlanu, ona uzmakne, spotakne se na gomilu knjiga, padne na postelju. Marks se baca na nju.) Dženi! Deca nisu kod kuće!
SVETLANA: Saracenu, čija je ovo igla za kosu?
MARKS: Igla? Čija? Nemam pojma. Pripada nekoj od naših kćeri. Ili možda pripada Lenheni, juče mi je ona pospremila postelju. Ubola si se? (Svetlana ustaje.) Nisam ja otac njenog sina, veruj mi.
SVETLANA: Tek posle ponoći možeš doći kod mene.
MARKS: Zbog igle za kosu?
SVETLANA: Ma kakvi. Pa ona pripada Lenheni. Onaj brbljivi Primarijus motriće na mene do ponoći. U nula nula pet nalazimo se ovde ispred sanatorijuma.
MARKS: Ovamo ne bih voleo da se vratim.
SVETLANA: Osloni se samo na mene. I ne govori ni s kim. Pogotovu prećuti svoje ime.
MARKS: Poljubi me.
SVETLANA: Ne može, Saracenu. Ona stoka može upasti svaki čas. A ako počnemo da se ljubimo, onda nećeš moći otići.
MARKS: Tačno. Znaš, bar stotinu godina niko mi nije tepao „Saracen"?

SVETLANA: Ako više ne budeš izgovorio svoje ime, dobićeš jedan oproštajni poljubac. I obećaj mi da nećeš javno politizirati. Odao bi te tvoj način mišljenja. MARKS: Da se odreknem i svog načina mišljenja? Onda je bolje da ostanem ovde. SVETLANA: Možda bi i bilo bolje. Ubediću onog paralitičara Primarijusa da ti i nisi Marks, samo uobražavaš. Zamoliću ga da nas zatvori zajedno — on bi te proučavao s psihijatrijskog a ja sa sociološkog stanovišta. MARKS: Sjajna ideja! Živećemo zajedno kao u nekoj zatvorskoj tvrđavi! Jedino što Primarijusa ni inače nećeš prevariti. On je među njima najveći pokvarenjak. On najbolje zna da sam zdrav kao dren. SVETLANA: Bez sumnje je pokvarenjak, ali je više glup nego opasan. A i inače je ružan lekar! MARKS: Sit sam ga! (Jurne prema vratima.) SVETLANA: A oproštajni poljubac? (Ljube se.) A sad idi! Posle ponoći te čekam pred kapijom! (Marks odlazi.) Kakav drag muškarac, bože. — Da li ja da idem do vas ili ćete vi doći ovamo? (Tišina. Pauza. Svetlana hoće da krene, sudara se s Primarijusom.)

PRIMARIJUS: Kratko rečeno, znali ste da vas posmatram? — Onda saberimo moje ukrasne epitete: „Gnusan, pantljičara, brbljiv, stoka, paralitičar i pokvarenjak, više glup nego opasan."

SVETLANA: I ružan lekar. Zašto ste ovo zaboravili?

PRIMARIJUS: Nisam bio raspoložen ni da navedem to. Međutim, oproštajni poljubac ste zaista mogli izostaviti. Ne smete se tako podmuklo poigravati s čežnjom jednog muškarca.

SVETLANA: Oproštajni poljubac nije neuspeo zbog vas.

PRIMARIJUS: Velika šteta. Na kraju ćete još patiti zato što ćete izgubiti opkladu.

SVETLANA: Mogu nam se dogoditi i lošije stvari od patnje.

PRIMARIJUS: Nemojte verovati.

SVETLANA: Praznina je lošija.

PRIMARIJUS: Draga moja, čini mi se da je vama potreban ovaj eksperimenat, a ne njemu. I novac ste na-

menili... U tome ste inače bili u pravu. Ali sendviči...
Da li biste meni pripremili koji sendvič?
SVETLANA: Evo vam. Ludak ih je zaboravio. Možete
ih pojesti.

4. scena

Kafić. Za jednim stolom Marks čita novine, beleži. Konobar mu
donosi kafu. Za susednim stolom Palić. Gosti dolaze-odlaze.

KONOBAR: Želite šlag?
MARKS: Da li ste čitali ovo ovde?
KONOBAR: Baš ja imam vremena! (Krenuo bi, Marks
ga hvata za ruku.) Pustite me. Onamo je klozet!
MARKS: Trenutno mi ne treba. Ovde piše da kod nas
radna snaga nije roba.
KONOBAR: Pustite mi ruku.
MARKS: Molim vas šlag. (Konobar odlazi.) U društvu
koje proizvodi robu! Pogolicajte me da se nasmejem. (Beleži. Dolazi Konobar noseći šlag.) Tvrde da radna snaga
nije roba, jer neće da je plate. (Konobar bi da ode, Marks
ga hvata za ruku.) Vi, na primer, zašto trčkarate ovuda
ceo dan? Zbog ličnog uživanja? Da biste razvili svoje sposobnosti?
KONOBAR: Ne dirajte me, tim prljavim šapama.
MARKS: Donesite mi čašu „portoa". (Ulazi Antonija.)
KONOBAR: Nemamo „porto".
ANTONIJA: Slobodno? (Seda za Marksov sto.) Kafu!
(Konobar ode.)
MARKS: Trebalo bi da pijem „porto" i jaka piva zbog
furunkulca.
ANTONIJA: Ma nemojte.
MARKS: Neprekidno me napinje karbunac, i to baš
na preponama.
ANTONIJA: Znate, mnogi su mi prilazili na razne
načine, ali ovako originalan nije bio niko.
MARKS: Prošle nedelje sam ga svojeručno sredio. Ne
podnosim da me lekari čačkaju oko muda. Inače i oni sami
mogu potvrditi da spadam među najbolje subjekte za operaciju. Uvek prihvatam ono što je nužno.

ANTONIJA: Ne bismo li promenili temu?
MARKS: Sada mi je bolje. Srećom, Lenhen mi ga je juče sredila.
ANTONIJA: Ja vam ga neću sređivati. (Tišina. Marks beleži.) Da li biste mi dali malo novine?
MARKS: I katar je prestao da me muči, kao da je uklonjen čarobnim štapićem.
ANTONIJA: Kako to izgledate? Da li ste pali?
MARKS: Neki mali incident na autobuskoj stanici. Autobusa nije bilo, a ljudi su onda počeli da grde opšte prilike. Ja sam pokušao da im objasnim da između rada saobraćaja i društvenog sistema nema neposredne veze. Državna uprava, a u njenim okvirima i saobraćaj, prilično se osamostaljivala u svim formacijama od nastanka nacionalnih država. Na osnovu nepostojanja autobusa ne može se izvesti zaključak o nepostojanju socijalizma.
ANTONIJA: Još je i lepo što su vas pretukli.
MARKS: Najpre su me samo ismejali kada sam izustio reč „socijalizam". Potom je prispeo autobus. Ja sam im pokušao da objasnim da se nisu dvoumili ni u postojanje autobusa. Ono čega još nema može postojati. Katkada je čak postojanije i od postojećeg. Nasuprot tome, postojeće katkada ne postoji, samo se vidi. Oni su, međutim, svakako hteli da se ukrcaju u autobus, zbog toga su me odgurnuli i zgazili.
ANTONIJA: E pa, to je nečuveno.
MARKS (pomamno beleži): Pokušavao sam da im objasnim kako na već postojećem izbijaju znaci kvareźa, a tek se u još nepostojećem sustiče onaj nezadrživi dinamizam, koji... Problem je... To je problem, kako se postojeće može preko već nepostojećeg prevesti u još nepostojeće. Oni su se, međutim, svi ubacili u prepun autobus, a mene ostavili u blatu. Postavljam im presudno pitanje našeg života, ali njih ne interesuje odgovor.
ANTONIJA: Vi ste sjajan tip. Idite i umijte se! (Marks izlazi. Antonija čita novine.)
PALIĆ: Draga gospođo, mogu li popiti kafu za vašim stolom?
ANTONIJA: Na osnovu čega?
PALIĆ: Usamljen sam.

ANTONIJA: Dakle, hoćete da me pojebete.

PALIĆ: Za sada želim samo da proćaskam malo s vama.

ANTONIJA: Vi ste danas četvrti nasađeni tip koji mi se nabacuje.

PALIĆ: Otkud znate da sam nasađen?

ANTONIJA: Pregrizite svoj jezik i udavite se! (Ulazi Marks.)

MARKS (istrgne novine iz Antonijinih ruku): Nemojte ni da ih pogledate! Onesvestićete se od dosade.

ANTONIJA: Ovaj mi se nabacivao dok ste vi bili odsutni.

MARKS: Stajao je i na autobuskoj stanici, malo po strani, i samo je gledao.

ANTONIJA: Aha. (Ponovo uzima novine.)

MARKS (opet joj ih oduzima): Kada bi neko zbog gađenja hteo da povrati politiku, onda neka je uzima samo u obliku ovakvih telegrafskih pilula, kako je nudi ovaj list. (Konobar stavlja kafu pred Antoniju: Marks ga hvata za ruku.) Problem je... To je problem, kako je moguće ukidanje otuđenosti administrativnih organa pretvarajući ih u žive administrativne organe? (Konobar se otrgne, žurno ode. Antonija opet poseže za novinama, Marks ih opet izmiče.)

ANTONIJA: Hoću samo da pogledam oglase za stan.

MARKS: To je drugo. (Predaje joj novine. Antonija čita male oglase.) Ove novine postavljaju jedan jedini intelektualni problem: kako nešto može biti skandalozno, pa ipak dosadno. — Kako vam je lepo, kako produhovljeno lice — kao da čitate Eshila.

ANTONIJA: Ne trabunjajte, gospodine.

MARKS: Kad bi od mene zavisilo, zabranio bih ceo list, sem malih oglasa.

ANTONIJA: Od vas mnogo ne može zavisiti, kako mi se čini.

MARKS: Naravno, ako pribavim sebi vlast da zbog laži zabranim neki list, onda me već niko ne može sprečiti da nekažnjeno lažem. (Antonija čita male oglase; Marks stranu prema sebi.)

263

ANTONIJA: Kako ima obraza da za bednu sobicu traži dve hiljade!

MARKS: To nije pitanje obraza. Gradove nakrcaju, a istovremeno potkrešu gradski budžet.

ANTONIJA: Lepo ste me utešili.

MARKS: Ako tražite utehu, čitajte Bibliju, a ne male oglase!

ANTONIJA (tresne novine o sto): Da platim!

MARKS: Nemojte misliti da sam okrutan! I mene je godinama gazdarica htela da izbaci na ulicu! A pekar i mesar su mi obijali vrata! Trgovac čajem, povrćem i cela ta paklena bratija držala me je pod opsadom! Zelenaši Londona su se bili zaverili protiv mene! Sve vrednije stvari bile su nam u zalagaonici! Prazna ostava, šupa za ugalj! Kćeri su mi čučale kod kuće, jer nisu imale haljina ni cipela! Nisam mogao da plaćam školarinu, ni rate za otplatu klavira! Žena mi je svaki dan kukala, bar da je već pod zemljom, zajedno s decom! A ja sam samo pisao i pisao i mučio se sa furunkulcima i karbuncima na preponama, s neprekidnim upalama jetre i očiju, kvarni zubi poput inkvizitora, rvao sam se sa privrednim problemima sveta, a mrvili su me ekonomski problemi moga domaćinstva, i umro mi je sin, Hajnrih Gvido, i Franciška, kći moja, beda ih je odnela, a ja sam pisao i pisao i jedina nada mi je bila smrt moje majke! Do te mere naša civilizacija kvari čoveka!

ANTONIJA: Pa nije da niste ogorčeni!?

MARKS: I moj sin Edgar, očinji vid mi beše, žrtva je gladi!

ANTONIJA: Koliko dece vi to imate?

MARKS: Troje živih. Već su napustili roditeljski dom. Dženi me je molila da o tome ne govorim.

ANTONIJA: Ko je ta Dženi?

MARKS: Vi ste veoma lepi i duhoviti — da li bismo se mogli negde naći?

ANTONIJA: Slušajte, hohštapleru jedan: ne verujem vam ni jednu jedinu reč. Da li ste raspoloženi da večeras dođete na jednu seansu? Evo adrese i imena. (Piše.) Posle osam, bilo kada. Potražite mene, zovem se Antonija. Tepaju mi Toni.

MARKS: Antoaneta! Sestrično!
ANTONIJA: Oborićete me! Šta vam je?
MARKS: Sećaš li se čika-Šarla?
ANTONIJA: Ovo je kafić! Sedite! Čekam vas večeras.
Biće nas mnogo. Možete dovesti i Dženi.
MARKS (ostavlja belešku): Bolje neću. Užasno je ljubomorna. I zbog tebe je dva meseca izbegavala moju postelju!
ANTONIJA: Kakva mudrovanja! Dođite obavezno.
(Pogleda na sat.) Gospode, čekaju me već pola sata. Platićete moju kafu? (Antonija odlazi. Marks se zadubi u novine.)
KONOBAR (dolazi): Dama reče da ćete vi platiti.
MARKS: Pogledajte, ovde piše da je ocena Trockog sovjetska unutrašnja stvar.
KONOBAR: Molim vas dvadeseticu, onda je i vaše sređeno.
MARKS: Onda je i Lenjin unutrašnja stvar. Cela revolucija je unutrašnja stvar.
KONOBAR: Hoćete li da platite ili nećete?
PALIČ: Slobodno? (Seda na Antonijino mesto, daje konobaru dvadeseticu, ovaj bi da ode, ali mu Marks ne pušta ruku.)
KONOBAR: Pustite me!
MARKS: Nešto se degradira na unutrašnju stvar kako bi se postupalo s njim prema svojoj želji.
KONOBAR: Gospodine povereniče, trenutak!
PALIĆ: Pustite, ja ću to srediti. (Marks pušta konobara.)
KONOBAR: Ko ste vi?
PALIČ: Da se legitimišem?
KONOBAR: Nema potrebe.
PALIĆ: Još jednu kafu! (Konobar ode. Marks hoće da ide) Izvinite zbog nametanja. Imali biste neprilika. U zadnjim prostorijama razgovaraju podignutim tonom.
MARKS: Otkud znate?
PALIĆ: Bio sam ja tamo.
MARKS: Svako jutro, zar ne? Kada se javljate na posao. (Kreće.)

PALIĆ: Kuda žurite? Kiša će. — Dopalo mi se vaše mudrovanje. Znate da su ne tako davno i za mnogo manju stvar čoveku spljeskavali muda? (Marks kreće.) Kuda hitate, čoveče? U kakvoj partijskoj školi vam je napunjena glava? (Konobar donosi kafu.) Hoćete li i vi popiti još jednu?

MARKS: Ako nemate „porto", onda je dobar i „bordo". KONOBAR: Vino ne držimo. (Hoće da ode. Marks ga hvata za ruku.)

MARKS: Ko je ovaj tip?

KONOBAR: Sebi šape!

MARKS: Prati me od jutros. Točkove bonapartističke države podmazivali su špijuni.

PALIĆ (konobaru): Moj prijatelj je vrlo duhovit čovek.

MARKS (pušta konobara): Neću više kafe, naudiće karbuncima.

PALIĆ: Ja ću ipak svoju popiti. (Spušta novac na sto. Konobar odlazi.) Nisam policajac. Radim u tekstilnoj struci kako bih mogao da finansiram svoj naučni rad.

MARKS: Onda biste mogli znati da u moje vreme još nije bilo partijskih škola.

PALIĆ: Zašto, koliko vam je godina? Sto?

MARKS: I još malo više. Što me ispitujete? Nije vas valjda Švajcer poslao?

PALIĆ: Kakav Švajcer?

MARKS: Vi ne znate ko je Švajcer? Bizmarkov doušnik. Ni za Lasala niste čuli, zar ne? Ni za Bizmarka?

PALIĆ: Za njih sam već čuo. Za Švajcera ne. Ne bavim se doušnicima.

MARKS: A da li znate za ime Karla Marksa?

PALIĆ: Tako mi se zvao najbolji prijatelj. — Nije valjda da je to vaše ime?

MARKS: Opet me ispitujete. A inače sam obećao Dženi...

PALIĆ: Kome?

MARKS: Opet me ispitujete.

PALIĆ: Tako se zvala i supruga onog mog prijatelja.

MARKS: A ko ste vi?

PALIĆ: Engel.

MARKS: Fred!

PALIĆ: Ne Fred, nego Franc.

MARKS: Ne ludiraj se, Generale!

PALIĆ: I s kraja prezimena nedostaje mi „s".

MARKS: I moje prezime je matičar slučajno zapisao s „ks".

PALIĆ: Onda ni jedan od nas nije savršen.

MARKS: Ovo je najsrećniji dan u mom životu.

PALIĆ: Zaista si to ti, Saracene? Vrištao bih od radosti. (Marks skoči, zagrli Palića, poobara na pod šoljice od kafe.) Pazi, Saracene! Sve ćeš polomiti. Treba da izbegavamo pažnju. (Pojavljuje se konobar, Marks pušta Palića.)

KONOBAR (Paliću): Nasrnuo je na vas?

MARKS: Gledajte svoja posla. (Baca mu novac.) Za šoljice. Gubite se. (Konobar odlazi.)

PALIĆ: Sutra ću ti poslati sanduk „portoa".

MARKS: Frede, još ti se nisam zahvalio zbog nadgrobnog govora. Duboko si me ganuo.

PALIĆ: Nije bio lak zadatak. Trebalo je da dam i naučnu ocenu, a da izrazim i osećanja...

MARKS: Sjajno si uspeo.

PALIĆ: Kaži, da li si naknadno čitao nadgrobno slovo, ili si ga i čuo u sanduku?

MARKS: Kakvo pitanje?

PALIĆ: Šalim se.

MARKS (zakikoće se, pa nenadano zamukne): Zašto mi nisi otkrio ko si odmah na kapiji bolnice?

PALIĆ: Kada sam te ugledao, nisam verovao očima. Sledio sam te opčinjen, ali te nisam smeo osloviti, jer sam se bojao provokacije. Tek kada sam čuo tvoj glas, i kada sam ponovo mogao da uživam u tvojoj nenadmašnoj dijalektici, u divnoj nemilosrdnosti tvog metoda...

MARKS: All right, Generale. Šta ćemo raditi, kuda ćemo?

PALIĆ: Možda opet u Englesku.

MARKS: Nemoguće. Najpre, samo do ponoći imam vremena. A onda, okolnosti su se izmenile.

PALIĆ: Samo sam se šalio, Saracene.

MARKS (zacereka se, naglo se natmuri): Danas se i suviše šališ.

PALIĆ: Jer sam ti se toliko obradovao.

MARKS: I danas živimo u klasnom društvu, ali u takvom društvu kojem smo mi dali legitimitet. To treba da iskoristimo.

PALIĆ: Uzeo si mi reč iz usta.

MARKS: Samo ako svojim bekstvom možemo prisiliti vladajuću klasu da prizna: mi se nje ništa ne tičemo...

PALIĆ: Tokom svojih analiza došao sam do istog zaključka.

MARKS: Prirodno.

PALIĆ: Sakupiću nekoliko naših najvažnijih ljudi kako bi nas obavestili o trenutnoj situaciji. Sada je pola devet. U pola deset dođi u redakciju „Istine", evo ti adresa. Ima tamo jedna konspirativna soba a sekretarica je naš čovek.

MARKS: Doći ću, Generale. Ali nemoj da dovedeš samo inteligenciju, nego i radnike koji na svojoj koži osećaju...

PALIĆ: Naravno.

MARKS: Nemoj da im odaš ko sam ja, jer bi ih to paralisalo. Samo da me ne spopadne kašalj, jer će me po njemu svi prepoznati.

5. scena

Zamračena soba u redakciji „Istine". Na sredini okrugao sto prekriven do poda. Na stolu sveće. Tri muškarca i tri žene ih upravo pale. Palić im deli bele kačkete.

PALIĆ: Dame i gospodo, molim odgovarajuću ozbiljnost. Kroz deset minuta stići će inkognito Karl Marks i reći će mi: „Evo me, Frede."

1. MUŠKARAC: Čemu ova glupost, Paliću? Sutra je zaključenje lista.

1. ŽENA: Ovaj kačket ja neću da stavim.

PALIĆ: Kako da nećeš. Sjajno ti stoji. Polumrak. Beo kačket. Zavera. Videćete, tip nije nezanimljiv.

2. MUŠKARAC: U dvanaest moram da budem u ministarstvu.

PALIĆ (3. muškarcu): Kuda ćeš, Mišel?

3. MUŠKARAC: Moram da telefoniram. (Ode.)

1. MUŠKARAC: Ja nisam protivnik smicalica, ali šta treba da radimo?

PALIĆ: Već sam rekao.

2. ŽENA: A šta će biti ako otkrije nameštaljku?

PALIĆ: Neće primetiti ako ne načinimo velike omaške. Treba da ga primimo s poštovanjem koje pripada velikom i tajanstvenom čoveku.

2. MUŠKARAC: Ja odoh.

PALIĆ: Nemojte mi se smejati: mene je tronuo taj čovek. Govori sve same gluposti, pa ipak... Ima u njemu nešto impozantno nesavremeno. (3. muškarac se vraća.)

3. ŽENA: Ako te je tronuo, zašto onda praviš majmuna od njega?

PALIĆ: Upravo zbog toga.

2. MUŠKARAC: Ja ga neću dočekati.

3. MUŠKARAC: Još kada bi Kazanova vaskrsao.

1. ŽENA: Tebi ni to ne bi pomoglo, Mišel.

PALIĆ: Izgleda da danas samo ludi mogu biti zanimljivi.

2. MUŠKARAC (1. ženi): Kuda, kuda?

1. ŽENA: Moram da telefoniram. (Ode.)

3. MUŠKARAC: Valjda mu ne zavidiš, Paliću?

PALIĆ: Kao saradnici najznačajnijeg časopisa za sociologiju u našoj zemlji...

1. MUŠKARAC: Izostavi garnirung.

PALIĆ: ...ovaj susret možemo smatrati samo kao počast.

1. MUŠKARAC: Do sada smo mogli odigrati tri partije, zar ne, Mišel?

2. ŽENA: A da li bar dobro izgleda taj Marks?

PALIĆ: Ne izgovaraj njegovo ime pred njim!

2. MUŠKARAC: Nisam raspoložen za sve to, valjda što nemam osećaj za humor.

1. MUŠKARAC (Paliću): Ako sam te dobro shvatio, ti hoćeš da proučavaš način mišljenja iz prošlog veka, davno iščezli herojski patos i logiku... (Vraća se 1. žena.)

PALIĆ: Seti se reči Učitelja: „Svaki veliki događaj

svetske istorije ili ličnost dva puta izlazi na scenu: jednom kao tragedija, drugi put kao farsa."

2. ŽENA: Samo što se i od farse može nakaljati. (Ode.)

1. ŽENA: A kuda će ova?

PALIĆ: Pa vi ste potpuno zaboravili da se igrate, ako to nije u novac.

1. MUŠKARAC: To me podseti da sam i juče zaradio od Mišela hiljadarku na brzopoteznoj partiji.

3. MUŠKARAC: Bio sam indisponiran. Da ti odam zbog čega?

3. ŽENA: Bolje nemoj.

PALIĆ: Što se ozbiljnije ponašamo, smicalica je veća. (Vraća se 2. žena.)

1. MUŠKARAC: Ja kao marksistički glavni urednik jednog marksističkog lista na svoju marksističku časnu reč tvrdim...

PALIĆ: Skoro da smetnem s uma: bar dvoje od vas mora da preuzme uloge radnika. (1. ženi) Ti si predradnica u mojoj tekstilnoj fabrici. (3. muškarcu) Ti si delegat čeličana.

3. MUŠKARAC: Ko će to da poveruje? Nisam u životu svom video radnika.

3. ŽENA: To se vidi i iz tvoje radničke sociografije, Mišel.

2. MUŠKARAC: Ja odoh. (Otvara vrata. Ulazi Marks.)

MARKS: Evo me, Frede.

PALIĆ: Pozdravljamo te, Saracene. Da ti predstavim..

MARKS: Nikakav Saracen. Imena me ne zanimaju. Kakvi su to kačketi?

1. MUŠKARAC: Konspirativne oznake. Da se iz daljine možemo prepoznati.

MARKS: Glupost.

2. ŽENA: Pozdravljam vas u ime svih što ste se pojavili u našoj sredini.

MARKS: Zašto? Ko sam ja? Jednostavan čovek kao i vi.

2. ŽENA: Ne, ne, nemojte. Svetlost misli zrači iz vašeg čela...

MARKS: Nemamo vremena za bezvezarije. Ima li među vama ekonomista?

2. MUŠKARAC: Ima.
MARKS: Zašto niste napisali obuhvatnu teoriju ekonomije našeg društva?
2. MUŠKARAC: Ja nisam Marks.
MARKS: Ali valjda imate stav o pitanju da li je protivrečan antagonizam između vladajućeg sloja i radničke klase.
2. MUŠKARAC: Danas pitanje ne postavljamo tako.
MARKS: To je velika nevolja.
2. MUŠKARAC: Klasna borba u atomskom dobu vodi uništenju svih klasa.
MARKS: I vi svi tako mislite?
3. MUŠKARAC (smešno preteruje u narodskom izgovoru): Ja kao radnik čeličane dobro vam stojim da stagonizma poprilično ima.
MARKS: A zašto?
3. MUŠKARAC: Jer sredstvima za proizvodnju, majku im njihovu, sasvim je svejedno da li su u privatnim rukama, ili kako se ono veli, u društvenom raspolaganju, radnik dirinči uz traku, jebo ga bog.
MARKS: A šta misle drugi radnici?
1. MUŠKARAC (pokazuje 1. ženu): Pitajte ovu sitnu drugaricu.
PALIĆ (šapće Marksu): Radi kod mene, u tekstilnoj fabrici.
1. ŽENA (smešno preterujući u narodskom izgovoru): A ja vam velim da nama revolucija ne treba, nego reforma, jerbo novi vladajući sloj, dabogda se usrali, još nije očvrsnuo pa se može naterati i mirnim sredstvima, a i inače kokoši još nose, svinje se goje, i, zgromio ga gospod, žubori voda u kupatilima.
MARKS: Dakle, po vama, drugarice, antagonizma nije...
1. ŽENA: Ima antagonizma, rđa ga pojela, ali nije ireverzibilan, a opet, kako ono narod kaže, onome kome je glava odrubljena ne treba kapa.
1. MUŠKARAC (Marksu): Igrate li šah? Mogli bismo odigrati nekoliko brzopoteznih partija na principu poen stotka.

2. ŽENA (Marksu): Da li ste slobodni u nedelju? Mogli bismo u saunu.

PALIĆ: Ne ludirajte se, drugovi i drugarice. Raspravljamo o presudnim pitanjima našeg života.

MARKS: A kakvo je tvoje mišljeenje, Frede?

PALIĆ: Delim tvoje gledište.

MARKS: Jednom reči, i ti si došao do zaključka da živimo u pretpostkapitalističkom društvu?

PALIĆ: Naravno.

MARKS: Pretkapitalistički sistem ličnih veza, kapitalistička otuđenost, postkapitalistička nacionalizacija...

PALIĆ: Apsolutno.

3. ŽENA: Prekini to, Paliću.

MARKS: Na žalost, nemam mogućnosti za istraživanje u bibliotekama, i zato ne mogu da otkrijem zakone kretanja sadašnjeg društva u njihovom totalitetu, ali ti, Frede... (1. i 3. muškarac započinju partiju šaha na maloj tabli s magnetom.)

PALIĆ: Ja sam otkrio, mnogo što šta sam otkrio.

3. MUŠKARAC: Do đavola je on otkrio, ovde ćemo se skloniti sa skakačem.

PALIĆ: Ali, veoma sam osećao tvoje odsustvo.

3. ŽENA: Prekinite.

2. ŽENA: Odsustvo? Ko je on? Nije valjda Gospod Bog?

MARKS (posle pauze): Mislim da smo se zbližili toliko da mogu da vam se predstavim. Moje je ime — Marks.

1. MUŠKARAC: Onda ćemo rokirati. (Palić šutne 1. muškarca u cevanicu, ovaj sikne.)

2. MUŠKARAC: Čime dokazujete svoju tvrdnju?

MARKS: Da vam prepričam prvu knjigu *Kapitala?*

2. ŽENA: Sačuvaj bože.

PALIĆ: Drugovi, predlažem da poverimo drugu Marksu zvaničnu kritiku partijskog programa. Od njegove kritike gotskog programa minulo je 110 godina — neophodno je novo delo, a samo on to može da napiše.

1. MUŠKARAC: A tako nam je potrebna kao zalogaj hleba. A šta će sada biti s pešakom na ha?

2. ŽENA: Napišite, preklinjem vas!

3. MUŠKARAC: Do đavola! Ovde ćemo se smestiti, drugar!

1. ŽENA: Napišite to, diko bela.

PALIĆ: Munjevito treba da napišeš, pre nego što te policija sklepta. Sutra u osam jedan primerak treba da odneseš u partijsku centralu.

3. MUŠKARAC: A drugi primerak, đavo ga posrao, treba da sačuvate za nas, jer će oni gore progutati sve kao zmija žabu.

1. MUŠKARAC: Pametan predlog. Šeh. Veoma pametan.

PALIĆ: Stavljam problem na glasanje: da li poveravamo drugu Marksu pisanje brošure?

SVI IZUZEV 3. ŽENE: Poveravamo, jeste, poveravamo.

MARKS (duboko tronut): Hvala, drugovi.

3. ŽENA: Ja u toj svinjariji neću da učestvujem.

MARKS: Decenijama sam čekao ovaj trenutak. Sve moje patnje dobile su smisao. Sada već od mene zavisi da li će me istorija opravdati, a opravdaće me tim više što ja nju budem manje opravdao.

3. ŽENA: Sram vas bilo!

MARKS (šapće Paliću): Nije li ova žena doušnik?

1. MUŠKARAC: Sad se drži, Mišel!

MARKS: Napisaću program. Hvala na poverenju. Sada ću imati teži posao nego svojevremeno. Neverovatno kako je propao svet za ovih stotinu godina — u odnosu na današnje sociologe Macini, pa čak i Bakunjin, je teorijski genije. Celokupna njihova mudrost iscrpljuje se u tome da usaglašavaju neusaglasive interese. Dobio sam zapaljenje očiju od mnogih otužnih tekstova, curi iz njih gnoj, i desni su mi gnojave, pun sam gnoja od premnogo gnoja koji izvire ispod pera zvaničnih revolucionara i šampiona stabilizacije koji zaudaraju na benzin. A i ja sam krivac. Centralizovao sam organizacije radnika, nisam mislio da će se glava pretvoriti u vodenglavost, da će se glava, glava zakrečiti, da će tako zakrečena naređenja prenositi zakrečenim organima...

3. ŽENA: Molim vas, preklinjem vas, gospodine Marks, prekinite.

3. MUŠKARAC: Jedna žrtva za slobodnog piona. (Stavlja kačket.)

MARKS: Šta ste se raskokodakali, draga gospođo? Vi neverovatno ličite na Hajneovu suprugu, na Matildu — ni ona ništa nije mogla da razume kada smo razgovarali.

3. ŽENA: Oduvek sam znala, Paliću, da si odvratan tip, ali...

MARKS: Ovde ne postoji Palić, ovde postoje samo drugovi. Imena neću da čujem. (Drekne na 3. muškarca.) Skini kačket! Takvom detinjastom konspirativnom romantikom samo ćete izazvati podsmeh.

1. MUŠKARAC: Dođeš mi stotku, Mišel. (Sklopi šah i stavlja ga u džep.)

MARKS: Skupi te kačkete, Frede. (Palić skuplja kačkete.) A sada se udaljite, drugovi, hoću nasamo da ostanem s Fredom. Potom će se i on udaljiti, a ja ću pisati. Jedna od drugarica neka mi ovamo donese ručak u dva sata, sto čistih listova papira, pisaću mašinu, indigo.

2. ŽENA: Ja ću.

1. MUŠKARAC (Paliću): Ne može ovde da ostane. Zaključenje lista.

PALIĆ (1. muškarcu): Nekako ću ga odvući.

3. ŽENA (1. muškarcu): I ti to dopuštaš? Ti si glavni urednik.

1. MUŠKARAC (3. muškarcu): Da popijemo pivo akonto tvog poraza, Mišel?

1. ŽENA: Gubimo se, dok je vreme.

2. MUŠKARAC: Što nisam otišao ranije?

3. MUŠKARAC: Ja u ovom odvratnom životu imam osećaj za brze poteze (3. muškarac i 3. žena odlaze.)

MARKS: Okupio si magarce, Frede, ali su nesumnjivo dobri ljudi.

PALIĆ: Ne mogu ti roditi teorijske genije. Moramo raditi s onakvim ljudima kakvi jesu.

MARKS: Već odavno računam s time da je naše ljude moguće odvratiti samo od najgrubljih grešaka. Zadovoljimo se time što su pošteni tikvani u koje možemo imati poverenja.

PALIĆ: Apsolutno možemo imati poverenja.

MARKS: To je i najvažnije. — Pisaću stojeći, jer s leve strane na dupetu imam malen ali veoma neprijatan karbunkulac. (Dva civila, u šeširima, ulaze kroz vrata na koja ostali nisu izašli. Palić ih primeti.) Neću započeti od ekonomske analize, nego od teorije države. Najpre treba raščistiti kakav odnos treba da izgradimo prema državi. Prema „našoj državi", kao što se govori. Užasan izraz, zar ne? (Palić ne odgovara.) Oblici države sve su slobodniji što više ograničavaju slobodu države.

1. CIVIL: Zaista vas boli dupe, poštovani gospodine?

2. CIVIL: Bojim se da ćete ipak jedno vreme odsedeti.

PALIĆ: Gospodo, samo je šala u pitanju.

1. CIVIL: Lepa šala. Otvorite torbu. (Palić otvara torbu, 1. civil vadi iz nje kačkete. 2. civil ih trpa u svoju torbu.)

2. CIVIL: U našoj struci sve zavisi od toga ko se s kime šali.

1. CIVIL: Sada se mi šalimo s vama.

2. CIVIL: Kako zamišljate svoju neposrednu budućnost?

MARKS: Treba odbaciti svaku iluziju u vezi s državom. (Počinje da piše, kažiprstom po stolnjaku.) Ovo nije revolucionarna diktatura proletarijata, nije ni demokratska republika, nego parlamentarnim formama protkano, s feudalnim elementima izmešano, novom i starom buržoazijom uplivisano, birokratski srezano, policijski čuvano vojno samovlašće.

2. CIVIL: Promenite ploču, gospodine. Znamo i mi za kritiku gotskog programa. Ja sam diplomirao pravo a moj kolega filozofiju.

1. CIVIL: A već i na fakultetu su nam bili dosadni dugački citati.

2. CIVIL: Siva svakodnevica dobro nam je pohabala osećaj za humor.

1. CIVIL: Jedino se čudim gospodinu Paliću, otkud još uvek kod njega sklonost za humor.

MARKS: Ko je gospodin Palić?

2. CIVIL: Treba da krenemo u naše maleno ministarstvo.

1. CIVIL: Ideološki odsek, sedmi sprat, soba 4 726.

2. CIVIL: Potpuno sami morate tamo da došetate, mi imamo poverenja u vaše poštenje.
1. CIVIL: Nadamo se da ćete stići za pola sata.
2. CIVIL: Gospodine Paliću, nećete zalutati, zar ne?
MARKS: Ko je gospodin Palić?
PALIĆ (šapće): To je moj zvanični pseudonim, Saracene.
2. CIVIL: Nije pristojno šaputati u društvu.
1. CIVIL: Kako ono reče Vitgenštajn u svom *Tractatus logico-philosophicus?* Ono o čemu se ne može govoriti, o tome se mora ćutati.
2. CIVIL: Inače ćemo vam rascopati glavurde.
1. CIVIL: Mi odosmo. Molim vas, sledite nas neprimetno.
MARKS: Frede, živimo u naopakom svetu.
2. CIVIL: I ne zaboravite: sedmi sprat, soba 4 726. (Dva civila odu.)
MARKS: Smesta treba da se povučemo u ilegalnost.
PALIĆ: Više ne možemo umaći.
MARKS: U ponoć se sastajem s Dženi. Samo dotle treba izdržati.
PALIĆ: Čim odavde izađemo, dobićemo pratnju.
MARKS: Onda ne izlazimo. Zavući ćemo se pod ovaj stolnjak. To ne uzimaju u obzir. Na miru ćemo se dogovoriti o osnovama za moj nacrt programa. U sumrak ćemo se iskrasti...
PALIĆ: Neću izdržati.
MARKS: Nužnosti se jedno vreme mogu regulisati. Hajde. (Podvlači se ispod stolnjaka. Uzvikne. Opet se pojavi, u ruci mu magnetofon. Palić mu ga istrgne iz ruke, zaustavi ga, vrati, uključi.)
1. CIVIL (glas): Ideološki odsek, sedmi sprat, soba 4 726.

6. scena

Kancelarija Ministarstva unutrašnjih poslova. Na pisaćem stolu beli kačketi. Drugarica, Palić i Marks piju kafu.

DRUGARICA: Prija vam kafa, druže Paliću?
MARKS: Ima ukus na gumu.

PALIĆ: Prelazeći na stvar...

MARKS: Zaboravljena je na plinu pa se otopio gumeni zaptivač.

PALIĆ: Ja sam samo mislio da je naša država tako snažna da može izdržati malu šalu.

DRUGARICA: Ne osećam ukus gume.

MARKS: S više šećera je bolja. Bar neće smetati karbuncu. Naime, pored mnogih furunkulaca još uvek imam jedan karbunac na levoj preponi, nedaleko od organa za održavanje vrste.

DRUGARICA: Ne zbijajte lakrdiju. (Paliću) Sve znam. (Marksu) Špijunski sistem, je li? Mreža doušnika? Ja bih ipak ovako rekla: građanska samosvest.

PALIĆ: Vidite, drugarice, koliko sve zavisi od izraza. (Marks se kikoće.)

DRUGARICA (Paliću): Vaša redakcija — s izuzetkom dva-tri čoveka — sastavljena je od odgovornih ljudi. Naravno, ranije su i oni pomalo bili u opoziciji. Mogla bih vam o njima pokazati nekoliko zanimljivih dostava iz onih vremena. (Tišina) A zatim su postali svesni našeg puta.

MARKS: Kad završite svoje razmišljanje, dajte mi neki znak, jer ja još danas moram hitno nešto da napišem.

DRUGARICA (Marksu): U vezi s vama imam jednu pretpostavku. (Paliću) A vi ste prava zagonetka. Čovek koji veoma brzo zaboravlja ono što je polako naučio.

MARKS: Razumeš li ti, Frede, na šta cilja ova žena?

DRUGARICA: Fred?

PALIĆ: Tako me zove. Jer po njemu ja sam zaista Engels. Tako su tepali Engelsu, kao što sigurno znate.

DRUGARICA: Imate dobar humor. Čak i s klasicima zbijate šale. A kako tepate samom sebi?

MARKS: Zovem se Marks.

PALIĆ: S ka-es.

DRUGARICA: Na kraju ćete i mene nasmejati.

MARKS: Nemam vremena za ovakvu konverzaciju. (Uzima hartiju sa pisaćeg stola, počinje da beleži.)

DRUGARICA: Zasmejali ste i miliciju, ne jednom, je li?

MARKS: Ne poričem. Na primer, kada sam početkom šezdeset prve godine podneo molbu za prusko državljanstvo.

DRUGARICA: O tome nisam ništa čula.

MARKS: Kako to? Zar niste čitali moju prepisku?

DRUGARICA: Klovn.

MARKS: Smešno uzimam ozbiljno onda ako ga prikazujem smešnim.

DRUGARICA: Šta pišete vi dok govorite? Pesmu?

MARKS (Paliću): Ne zbijamo mi lakrdiju, Frede. Socijalizam u jednoj zemlji — to je velika lakrdija ovoga veka. To je Lenjin u očajanju izmislio, kad je već zakazala svetska revolucija. (Drugarici) I ovde imate magnetofon?

PALIĆ: Saracenu, ne zbijaj šale. Drugarica će te na kraju pogrešno razumeti.

DRUGARICA: Ma kakvo pogrešno razumevanje.

MARKS: Ali ako je ovaj babica teorije, onda je novorođenče nakaza. Ne treba li da obrnete kasetu?

DRUGARICA: Zašto ste otišli u redakciju, gospodine... Ovaj?

MARKS: Ono što nastane prikazuje se kao nužno, a što je nužno, to je već ispravno. I tako socijalistički filister...

PALIĆ: Ja sam ga poveo.

DRUGARICA: A s kakvim ciljem, ako smem da vas pitam?

MARKS: Nemoj da joj odgovaraš, Frede. — Socijalistički filistar dobrodušno može odobravati čak i...

DRUGARICA: Veoma mi se dopada kako tepate jedan drugom. Čašicu konjaka?

MARKS: Imate li „portoa"?

DRUGARICA: Nema.

MARKS: Onda može konjak. Ništa što je ljudsko nije mi strano.

DRUGARICA: Veoma ste se poetski izrazili.

MARKS: To sam odgovorio i mojoj kćeri kada se interesovala za moju omiljenu maksimu.

DRUGARICA: Imate i kćeri?

MARKS (pogleda na sat): Do đavola. Već je pola dvanaest. Dosta brbljanja, inače ću potonuti sa svojom skicom programa.

DRUGARICA: Kakva skica programa?

PALIĆ: Kreni ti, Saracene, i počni da radiš na malenom trgu ispred zgrade. Odmah ću stići i ja, samo da razjasnim drugarici...

MARKS: Šta da razjašnjavaš? Hajde, Generale, nećemo se više natezati s ovom guskom!

DRUGARICA (maši se telefona): Svaka šala ima granica.

PALIĆ: Drugarice, samo jednu reč.

DRUGARICA: Vi, Paliću, nemate više aduta.

PALIĆ: Ako bih vam nasamo...

MARKS: Šta hoćeš nasamo od ove zmije?

PALIĆ: Drugarice, saslušajte me. Ovaj je čovek pobegao iz ludnice...

MARKS: Frede!

PALIĆ: Da vam dam telefon primarijusa odeljenja?

MARKS: Ti poznaješ primarijusa?

DRUGARICA: Znate li koja je vaša najprivlačnija osobina? Ni u bezizlaznim situacijama nećete da ubacite peškir.

MARKS: Fuj! Svinjo! (Gađa Palića pojedinačno kačketima.) Konspiracija! Da bi nas izdaleka prepoznali! Gde mi behu oči? (Jurne iz sobe.)

DRUGARICA: Stanite. Evo vam izlazno ceduljče. (Marks istrgne ceduljče iz njene ruke i odjuri.)

DRUGARICA: Nećeš daleko. Znamo ko si.

PALIĆ: Ja sam hteo samo malo da se našalim. Priznajem, greška...

DRUGARICA: Popijmo zajedno ovo malo konjaka. Ko zna kada ćete opet moći pijuckati.

PALIĆ: Ali kako je lud nisam mogao unapred računati...

DRUGARICA: Vidite, tu priču o ludaku servirajte vi isledniku.

PALIĆ: Moj prijatelj primarijus može da posvedoči...

DRUGARICA: Druže Paliću, mi smo vas zatvorili, mi smo vas oslobodili, rehabilitovali, mi smo vam izglasali poverenje, radite u redakciji izvanrednog lista, vaš život je otvorena knjiga u našim rukama. Koga ste hteli da nasamarite?

PALIĆ (vadi kasetu): Evo kasete, tu je sve jasno kao dan...

DRUGARICA: Mene hoćete da namagarčite jednom kasetom? Neću ni da vidim tu kasetu!
PALIĆ (ostavlja kasetu): Odajte mi šta je istina?
DRUGARICA: Ovaj Marks je jedno opoziciono piskaralo, ne mogu da mu se setim imena. Kao pisac je osrednji, ali nesnosan ko zunzara! Inače je ćelav — sada je imao periku. Dajte mi samo tu kasetu!
PALIĆ (predaje joj kasetu): Grešite drugarice. Ovaj Marks je ludak, danas je pobegao iz instituta za umobolne uz saglasnost primarijusa.
DRUGARICA: Odmah sam znala s kim imam posla. Samo sam bila radoznala šta ćete mi nalagati zbrda-zdola. Fred. Saracen. Stomak da mi se prevrne. Ali vi sasvim mirno popijte konjak.
PALIĆ: Hvala, nisam za piće.
DRUGARICA: Onda, sada provetrite glavu. Ako do četiri ne donesete potvrdu od tog navodnog primarijusa ili priznanje od vašeg prijatelja, onda ja, Paliću, ne bih volela da sam u vašoj koži. (Drugarica se maša telefona. Palić ustaje.)

7. scena

Park. Tri klupe. Na jednoj sedi Marks, oko njega papiri, delom pocepani. Sumanuto piše, baca papire, katkada ih ponovo uzima. Na drugoj Skitnica bele brade, jede.

MARKS: Današnje čovečanstvo liči na Jevreje koje je Mojsije preveo preko pustinje. (Baca jedan papir.) Ali šta bi se dogodilo Jevrejima da su Mojsija proglasili za ludaka? S jedne strane, lutali bi i duže od četrdeset godina, a s druge, u pogrešnom smeru. (Baca jedan papir; trlja prste, greje ruke.)
SKITNICA: Da li su vam potrebne rukavice?
MARKS: U rukavicama ne mogu da pišem.
SKITNICA: Pocepane! (Pokazuje da palac i kažiprst vire iz rukavice.)
MARKS (pogleda): Nemoguće. (Protrlja oči, uštine se za ruku.) Kako sam dospeo tamo? Dopustite da vas dotak-

nem. (Prilazi Skitnica, dodiruje mu ruku.) Stigla me moja starost. Kako nam je jetra? (Ponovo seda na svoju klupu.) Mene je juče sredila Lenhen, sada mi je bolje. Imam poprilčan furunkulac i to mi je milo. Njime ću nasrnuti na krabunkulozu. A ti? To jest ja? Da li je i tebi Dženi pripremila užinu? Ja sam svoju zaboraviɔ kod kuće, sada sam gladan. Proslovi već jednom, kaži mi nešto!

SKITNICA: Imate li malo sitnine?

MARKS: Imam, kako da ne, dala mi je Dženi. Treba li da procenimo naše perspektive? (Skitnica pruža ruku, Marks dograbi ostatak hleba iz njegove ruke, strpa ga u usta i žvaće.) Moramo se suočiti s činjenicama: istorija je sledila sopstveni put, ne naš put. Nije li nevolja u tome što smo imali više pameti nego istorija?

SKITNICA: Odmah će da pada.

MARKS: Naš metod nije bio pogrešan.

SKITNICA: Dajte mi dvadesetlcu pa da uđem u krčmu.

MARKS: Kako su devojke?

SKITNICA: Odvešću vas kod neke od njih, samo mi dajte stotku.

MARKS: Šta? Tu su u blizini?

SKITNICA: Deset minuta.

MARKS: Dženi, Laura ili Tjusi?

SKITNICA: Tjusi, mislim Tjusi.

MARKS: Sada nemam vremena, sutra. A tako ih želim.

SKITNICA: Pa onda hajdemo.

MARKS: Ne mogu sada. — Kada smo pisali da posle proleterske revolucije započinje prava istorija čovečanstva, nismo li sebe obmanjivali da će se istorija završiti potvrđujući nas?

SKITNICA: Kruškolike dojke ima.

MARKS: Istorija, međutim, hoće sasvim drukčije da se okonča, pod senkom ogromne pečurke. Još jednom da te opipam da bih osetio: zaista postojiš. To jest postojim. (Dodirne Skitnicu, ovaj se premesti na drugu klupu.)

SKITNICA: Što me pipkate, nije danas petak.

MARKS: Bežim od samog sebe. Da zajedno napišemo studiju. Sešću pored tebe, ne beži (Skitnica beži na treću klupu.) Postojiš izvan moje svesti, kao i moje detinjstvo. Imam staro detinjstvo. I mladu starost. (Prilazi trećoj klupi. Skitnica pobegne na prvu. Vijaju se između klupa. Skitnica pobegne izvan scene. Marks seda na prvu klupu. Trlja oči. Podiže sa zemlje papir, piše.) Mora da sam u veoma lošem stanju. Javljaju mi se i priviđenja. Na kraju ću još i poludeti. A do sutra moram napisati studiju. Samo da nije ovako hladno. A, evo, već i kiša pada. Otkud ovaj smrad? (Piše. Baca hartiju. Podalje od njega vidljiv je Čuvar: posmatra Marksa.)

(Kraj prvog dela)

DRUGI DEO

1. scena

Isti park s tri klupe. Marks i Čuvar, kao i na kraju prvog dela.

MARKS (grejući ruke): Civilizacija je proces potiskivanja prirodnih ograničenja. Samo što sada priroda nadire, sve do samih kostiju. Ali ja ne mogu da sačekam dok se parkovi ne počnu grejati. *Hic Rhodus, hic salta!* (Piše. Baca dva-tri papira.)

ČUVAR (prilazi): Ne pravite smeće. (Marks dalje piše.) Eno korpe za otpatke. (Nabada na štap papire i hoće da ode.)

MARKS: Čekajte! (Istrgne štap Čuvaru iz ruke, skida papire s eksera, pregleda ih. Jedan papir uzima, ostale ponovo baca.)

ČUVAR (skuplja papire): Jednom se jedan mladić sličan vama kupao na zabranjenom mestu. Hteo sam da ga upecam (Marks seda na drugu klupu. Čuvar ga sledi.), ali mi je iskliznuo iz ruku i zaronio. Ponovo ga dograbim, opet mi isklizne. Na kraju je bio sasvim plav.

MARKS: Pustite me da radim.

ČUVAR: Za mene je posao ako vi razbacujete otpatke. Da se ne bi udavio, tresnuo sam ga veslom po glavi.

Ličio je na vas kao da ste bliznaci. Tintara mu se rascopala. Izgubio je osećaj za ravnotežu, postao je impotentan. Ali sam ga konačno spasao iz vode. (Marks baca papir, Čuvar ga nabode na štap, pokušava da pročita. Marks se premešta na treću klupu.)

MARKS: Vi me poznajete?

ČUVAR: Od tada sam čuvar. Mogli biste pisati čitljivije. Po meni, možete biti i predsednik Amerike, smeće je smeće.

MARKS: Da li ste sigurni?

ČUVAR: Tamo među žbunjem, vidite, natrapao sam jednom na neki par.

MARKS: Vi ništa ne možete imati protiv smeća, pa od njega živite.

ČUVAR: Muškarcu je moglo biti pedeset, a devojci šesnaest. Onaj koji je prema meni drzak, do sada se uvek pokajao.

MARKS (sumanuto beleži): Smeće je delom smeće, a delom svoja suprotnost. Setite se da se značajan deo industrijski ponovo prerađuje.

ČUVAR: Najpre sam ih primetio po dahtanju. Hriptali su i cičali — odvratno. Malo sam ih pročačkao ovim štapom s ekserom.

MARKS: Smeće je motor razvoja, jer će opšte zagađenje, pre ili kasnije, prisiliti čovečanstvo na presudna naučna otkrića. (Baci papir, Čuvar ga nabode.)

ČUVAR: Muškarac je skočio sa žene, bio je dvometraš, i prebio me. Od tada sam oprezniji. Radim s ovim. (Vadi mali fotografski aparat, munjevito snima Marksa.) Kod kuće imam kolekciju koja vredi bogatstvo.

MARKS: Moja teorija o smeću umesna je i u metaforičnom smislu. Našu čistu i lepu kulturu pokrenula je bespoštedna trka prljave i ružne koristi. Loše vodi dobru, smeće čistoći, iskusimo svakodnevno.

ČUVAR: Onaj ko se pari ili piše u parku, ne može biti normalan čovek. (Ponovo snimi Marksa.)

MARKS (seda na prvu klupu): Nosite se.

ČUVAR: Vi terate mene?

MARKS (odbaci nekoliko papira): Još uvek ste ovde?

ČUVAR: Bog me je kaznio i suviše osetljivim nosom.

MARKS: U vašem mozgu sve je okrenuto naglavce. Vi mislite da ste ovde gospodar, a plaćeni ste zato da posetioci parka ovde uživaju.

ČUVAR: Jednom je sedeo na ovoj klupi neki mladić. Ličio je na vas kao jaje jajetu. I onda je padala kiša pa je iz odela mladića izbijao čudan zadah. Ako je odelo...

MARKS: Sve se to odražava u vašoj deformisanoj svesti, da ste vi ovde gospodar, a posetioci parka treba da služe vašoj komociji.

ČUVAR: Ako je odelo godinama u magazinu i zatim pokisne, zadah je jasan.

MARKS: Utoliko ste i vi tipičan predstavnik bonapartističke birokratije. Zadatak birokratije jeste da vrši administraciju društvu. Birokrata to doživljava...

ČUVAR: Još istog dana neko je obio prodavnicu povrća, dve ulice dalje. Istraga je imala lepe koristi od mojih snimaka.

MARKS: Birokrata to doživljava tako kao da je jedini cilj društva da on administrira.

ČUVAR: I vaše odelo je pokislo. Pokupite svoje smeće.

MARKS: Zajedno s kancelarijom dele svest čuvara. Svest čuvara bazena. Budimo zahvalni što možemo sesti na jednu klupu. Ili stupiti u jednu kancelariju. Zahvalimo što nas klepnu veslom po glavi. (Čuvar rasipa papire po zemlji, odlazi. Marks podiže jedan, ponovo piše po njemu.) Iako društvo zato drži čuvare i službenike... (Primeti da je Čuvar otišao.) Odvratno im je da čuju istinu do kraja. (Piše.)

PALIĆ (stiže): Dobro je što te nađoh. Znao sam da nisi otišao daleko.

MARKS: Nestani, Paliću.

PALIĆ: Ne luduj. (Potegne Marksa za kosu, ovaj vikne, udari Palića u stomak.) Zamisli, ona drugarica kaže da ti nosiš periku.

MARKS: Ko je lud od nas dvojice?

PALIĆ: Da nisam slagao da si lud, zatvorili bi nas. A onda kako bi napisao studiju?

MARKS: Otkuda vi poznajete Primarijusa? Kakav je vaš zadatak? Što mi se ne skidate s vrata još od jutros?

Vi ste doušnik ili detektiv? Što me ne uhapsite? Zašto ste pod sto sakrili magnetofon? Šta još hoćete da nanjušite? PALIĆ: Što se njuškanja tiče: zaista mi stavljaš nos na probu! MARKS: Javite Primarijusu da mi je odelo pokislo. A sad bežite. Već je prošlo pola jedan. Trebalo je da tražim nedelju dana. Ili bolje čitav mesec. PALIĆ: Bojim se da ćemo dobiti pet godina. MARKS: Sasvim ste oglupavili, Paliću. Zapazio sam, to parališuće deluje na rad mozga. PALIĆ: Popustili su ti nervi. Muči te velika odgovornost, je li? Dođi kod mene, toplo je, i do jutra sve ćemo napisati. Julija ni onako nije kod kuće. MARKS: Valjda Meri? PALIĆ: Naravno, Meri. MARKS: Ili već živiš s Lizi? PALIĆ: Da, s Lizi. Samo joj katkada tepam Julija, znaš. MARKS: Ne verujem ti ni jednu jedinu reč, ali mi je potrebna topla soba. PALIĆ: Daću ti i odelo koje ne zaudara. MARKS: A u međuvremenu će da bane Primarijus. PALIĆ: Kakav Primarijus? Ne poznajem nikakvog Primarijusa, samo sam blefirao da smuntam drugaricu. MARKS: Nemamo vremena za pričanje priča u nastavcima. (Baca papir, uzima drugi, piše.) Odmah će se vratiti agent u obličju čuvara, sa fotografskim aparatom i milicionerima. PALIĆ: Ne smeju nas videti zajedno! Evo moje adrese. I novac za taksi. MARKS: Iako nisi Fred, novac ću primiti. Vidi, ruke mi se smrzavaju. PALIĆ: Sada je jedan. Čekam te u tri. Do tada ću obavestiti i ostale da se u naše redove uvukao špijun. Sve nrophodne knjige naći ćeš kod mene. MARKS: Stići ću za koji trenutak. PALIĆ: Mogu li te onda očekivati? MARKS: Možeš. (Palić ode.) Možeš — sve do sudnjeg dana. (Baca Palićevu adresu.) Jasno vidim naš zajednički put kao da ga s brda posmatram. (Podiže Palićevu adresu.) Tvoju adresu ću ipak sačuvati. Dženi, proveriti ko sve navraća kod tebe. Pomrla je stara garda, podmlatka nema, svuda oko nas špijuni, usrani malograđani i glupave birokrate. Vaš strah bi terorom trebalo isterati iz vas. (Pajavljuju se Čuvar i Policajac.) Kuda ću? Evo, opet pada. I sve treba započeti iznova, ovo ovde ništa ne vredi. (Baca hartiju, odlazi u suprotnom pravcu.) ČUVAR: Vidite, druže naredniče? Kako kida! NAREDNIK: Sasvim je pristojno odeven, šta hoćete? ČUVAR: Dovde zaudara. I ostavio je svoju prljavštinu. NAREDNIK (podiže jedan papir): Pogledajte žvrlja preko nažvrljanog. Desetak strana je napisao jedno preko drugog. ČUVAR: Mora da je neko tajno pismo. NAREDNIK: Zbog nekoliko nažvrljanih stranica neću da ga jurim. ČUVAR: Po čemu se čovek razlikuje od kera? Sere papir. (Skuplja papire i trpa ih u torbu. Fotografiše narednika.)

2. scena

Kafić. Za jednim stolom piše Marks. Iza njegovih leđa, za drugim stolom Primarijus i Svetlana. Za ostalim stolovima gosti.

PRIMARIJUS: Doveo sam vas ovamo, jer ovde imam jedan sastanak u četiri.
SVETLANA: Do tada ću se izgubiti.
PRIMARIJUS: Što ste tako nervozni? Do jedan sat ga još nisu ščepali.
SVETLANA: Zašto ste se potrudili do menze da biste me tom vešću obradovali?
PRIMARIJUS: Hteo sam da vas vidim.
SVETLANA: Hteli ste da me kontrolišete. Da ne skrivam negde jadnika.
PRIMARIJUS: I ne skrivate ga? Poći ću kod vas da malo pogledam naokolo. Već je odavno trebalo da nastrada. Dajem glavu da je izazvao skandal već u autobusu.
SVETLANA: Zar vam je toliko važna naša opklada?

PRIMARIJUS: Životno pitanje. A sada već vidim i mogućnost da neki užasni potres smoždi njegov sistem fiks-ideje.

SVETLANA: Dobro bi bilo!

PRIMARIJUS: Sigurni ste? Izgubio bi životni cilj. Samopouzdanje. Zaista bi bio uništen.

SVETLANA: Po vama, dakle, on može da bira samo između zdravlja i sreće?

PRIMARIJUS: „Sreća" — draga Svetlana, kakve to neprikladne reči upotrebljavate?

SVETLANA: Ja bih ga usrećila!

PRIMARIJUS: Samo izlečen ne bi imao potrebu za Dženi.

SVETLANA: Ali bi za Svetlanom!

PRIMARIJUS: Ko? Jer on ne bi bio više on. Otkrio bi kako je trideset šest godina uzalud živeo. Ispravila bi njegovu produhovljenost, strast, prestao bi neprekidni rad njegovog mozga...

SVETLANA: Kada je naopako obukao košulju... Potom kada je zaboravio da me poljubi u sred srede ljubavnog plamsaja...

PRIMARIJUS: Simptomi. Ova vrsta bolesti centralnog nervnog sistema popularno se naziva ljubavlju. Ali Karlo je u stanju da voli samo jednu Dženi. Čim se izleči, neće nikoga voleti.

SVETLANA: Vi biste, dakle, želeli da se ne izleči.

PRIMARIJUS: Lekarska mi je obaveza da sve učinim za njegovo ozdravljenje. Ali kao privatna ličnost mislim da on to ne bi preživeo.

SVETLANA: Jer vi niste žena!

PRIMARIJUS: Veoma umesno zapažanje. Nego što ste se toliko zaćorili...

SVETLANA: Zar je zabranjeno zaljubljivanje u ludake?

PRIMARIJUS: Naprotiv. To je moda.

SVETLANA (primeti Marksa): Zar ne biste još jednom telefonirali u institut. Možda je već uhvaćen.

PRIMARIJUS: Lekara ima na stotine, bolesnik je romantičan heroj. Svako veče se moli za malo šizofrenije.

287

Ako ne strepi, javlja mu se osećanje niže vrednosti. Bez manije gonjenja ne može ni da mu se upravi.

SVETLANA: Ma idite, molim vas.

PRIMARIJUS: Čak i sifilis predstavlja privlačnu snagu. Drage malene spirohete palide. Štaviše, čak je i homoseksualnost privlačna.

SVETLANA: Jedan lekar ne bi smeo da od toga pravi viceve.

PRIMARIJUS: I impotencija deluje čarobno. Moja druga supruga posvetila je četiri godine nemogućem zadatku da udahne život jednom mrtvom crvu.

SVETLANA: Što ne idete da telefonirate?

PRIMARIJUS: Najpre mi obećajte da se danas nećete susresti s njim.

SVETLANA: Već sam vam obećala.

RRIMARIJUS: Osnažilo bi njegove fiks-ideje. Ni novaca mu više nemojte dati...

SVETLANA: Ako se ne susretnem s njim, onda...

PRIMARIJUS: Obećajte mi da ga nećete ukrcati u voz, brod, avion...

SVETLANA: Kosmički brod.

PRIMARIJUS: Ako ga nisu našli, u koliko ćete doći kod mene? Voleo bih da se izleči. Ali i opkladu bih rado da dobijem. Želje nam se ne mogu pomiriti. Dobro, idem. (Izlazi. Svetlana pritrči Marksu.)

MARKS: Dženi! Kakva sreća! Draga moja, danas sam tako srećan! Susreo sam tebe, oslobodila si me, dobio nalog da napišem naučnu kritiku partijskog programa, ponovo susreo tebe... U ponoć još neću imati vremena. Zamisli...

SVETLANA: Nemamo vremena. Evo ti novaca. Popni se na neki voz, otputuj do poslednje stanice, onda se vrati. Na putu ni s kim ne govori. Ovo je moja adresa, sutra možeš doći kada god hoćeš, kod kuće te čekam ceo dan.

MARKS: Samo što ja do sutra ujutru moram da završim kritiku programa. To je u suštini jedna nova studija koju ću dati Centrali.

SVETLANA: Onda uzmi sobu u hotelu, i ne mrdaj, samo piši, a sutra, čim završiš, dođi kod mene.

MARKS: Neka bude jela kod kuće, govedina ili ovčetina, na engleski način, ceo dan nisam jeo, sem zalogaja hleba od čukundede, uvek zaboravim da jedem, samo pijem kafu, a ona mi smeta karbuncu, sutra češ ga srediti, zar ne?

SVETLANA: Naravno. Otkud ti taj zadah?

MARKS: Pokislo je odelo pa plesan i dezinfekciono sredstvo...

SVETLANA (opet mu daje novac): Kúpi bilo kakav mantil.

MARKS: Nemam za to vremena. Bar da imam tvoju fotografiju, ne bi marilo ni ako je loša. Ispravio bih sunčeve zrake koje su te pogrešno prikazale, jer moje oči su, ma koliko da ih je načelo svetlo sijalice i duvan, sjajan slikar, ne samo u snu nego i na javi.

SVETLANA: Moram da se vratim za onaj sto.

MARKS: Čim me prazan prostor odvoji od tebe, odmah znam da je moja ljubav tokom vremena samo porasla, kao što biljke porastu na kiši i suncu. Ako si daleko, moja ljubav se javlja svojom pravom istinom — poput džina koji u sebi ujedinjuje sve moje energije duha i srca. Opet se osećam kao muškarac, prelazim preko kolebljivog skepticizma, u koji nas uvlače učenje i moderna kultura...

SVETLANA: Upravo tako te i ja volim, dragi Saracenu, ali sada moram da idem.

MARKS: Zašto?

SVETLANA: Idi brzo. Primarijus nas sledi. Odmah će opet biti ovde. (Tišina). Tako ti ljubavi, veruj mi. Nikada te ne bih mogla prevariti.

MARKS: Sada smesta idem kod tebe. Čekaću te ispred kuće. Pored tebe ću raditi bolje nego u hotelu.

SVETLANA: Danas još ne može!

MARKS: Neophodne su mi i knjige. I tvoj dodir. Padam na kolena pred tobom (klekne), izljubiću te od pete do temena, i uzdahnuću: „Madame, ich liebe Sie!"

SVETLANA: Ustani, dragi. (Pomaže mu.) Biblioteke su otvorene do osam. Ipak bi najpre trebalo da kupiš odelo. Idi! (Kreće nazad za svoj sto, Marks je hvata za ruku.)

MARKS: Zamisli, više ne kašljem a i stolica mi više nije krvava!

SVETLANA: Veoma se radujem, srce. (Marks pušta Svetlanu, stavlja novac na sto, žurno napušta scenu. Primarijus stiže.)

PRIMARIJUS: Pojavio se begunac. Držao je govor pticama u Gradskom parku kada ga je čula milicijska patrola.

SVETLANA: Onda sam izgubila opkladu.

PRIMARIJUS: Zar vam nije žao?

SVETLANA: Ne. Jer vidim po vama da lažete.

PRIMARIJUS: Vi ste započeli. Smeo sam se kladiti da ćete mu prići. Zašto ste mu dali novac, čak dva puta?

SVETLANA: I vi ste ga primetili?

PRIMARIJUS: Kako da ga ne primetim kad ste neprekidno onamo čkiljili. Kuda ste ga poslali?

SVETLANA: Da ode odavde, kako vas ne bi video.

PRIMARIJUS: Ja sam mu ponajviše potreban. Neprijatelj, krivac, kome može pripisati sve svoje neuspehe.

SVETLANA: Nema samo neuspehe. Trenutno piše kritiku partijskog programa koju je naručila Centrala.

PRIMARIJUS: Draga moja, vi ste živa potvrda da je umobolja zarazna. Ogromno otkriće, temelj moga svetskog glasa.

SVETLANA: Ali čak i da nije dobio nalog...

PRIMARIJUS: Pssst. Lekarski deo našeg eksperimenta je okončan. Pustio sam vas da govorite s njim, jer sam hteo da znam gde je sada. Stvarnost ga nije istrgla iz njegovih fiks-ideja, naprotiv. Sada je ulog samo naša opklada.

SVETLANA: Vi ste me maločas ubedili da bi za njega izlečenje bilo tragedija. I šta onda s njim? Postao bi takav kao što ste svi vi!

PRIMARIJUS: Požurite kući. Kroz jedan sat dolazim po vas, vodim vas u institut. Ako ne budete kod kuće, izdaću poternicu za Karlom.

SVETLANA: Da ga povedem kući. Da negujem njegove fiks-ideje, da ga usrećim...

PRIMARIJUS: Krenite, molim vas. U dva sata ovde imam sastanak. (Svetlana odlazi. Ulazi Marks, prilazi Primarijusu.)

MARKS: Ja se iz principa protivim terorizmu, ali ako se Dženi bilo šta dogodi, raznaću vas kao nihilisti cara!
PRIMARIJUS: Sedite, Karlo.
MARKS: Imam posla.
PRIMARIJUS: Pišeš studiju za Centralu?
MARKS: Otkuda vam to?
PRIMARIJUS: Pogodi.
MARKS: Od nekog belokapog doušnika.
PRIMARIJUS: Pričala mi je Dženi.
MARKS: Lažeš!
PRIMARIJUS: Nema ni pet minuta.
MARKS: Svemu je kraj.
PRIMARIJUS: Hajde sa mnom kući, Karlo.
MARKS: Kako je to mogla da učini meni? Baš tebi da me izda? A šta će biti s mojom studijom?
PRIMARIJUS: Napisaćeš je u sobi. Sutra ujutru zajedno ćemo je odneti u Centralu.
MARKS: Ne verujem ti. Ako me je Dženi prevarila... Pa nije ona Dženi. Špijun. Odmah sam osetio, ali sam prigušio sumnju. Naši interesi nas pretvaraju u varalice. (Ulazi Palić.) Gle, i ovamo se došunjao za mnom.
PRIMARIJUS: Palić?
MARKS: Haaa! Dakle, priznaješ da ga poznaješ. Sve razumem! On! On ti je kazao! Dženi, oprosti!
PRIMARIJUS: Kunem ti se...
MARKS: Tako hoćeš da me sprečiš da napišem studiju! Prljave policijske metode! Kako sam ti mogao poverovati. (Odjuri. Palić prilazi stolu.)
PALIĆ: Jako smrdi ovaj Karlo.
PRIMARIJUS: Mogao si stići i koji minut kasnije.
PALIĆ: Dogovorili smo se u dva, zar ne? Gadno si me premuntao, doktore moj. Pokupio sam tvoga pacijenta, načinio za njega sjajan program, samo što je ovaj tvoj pacijent ludak.
PRIMARIJUS: Ti to meni?
PALIĆ: I dalje je u bekstvu.
PRIMARIJUS: Tačno.
PALIĆ: Meni si rekao da ga šalješ na slobodu jer se oporavlja.
PRIMARIJUS: Izgleda da se nisam precizno izrazio.

PALIĆ: Doušnici su, pak, bili precizni pa me drugarica iz unutrašnjeg rada optužuje za zaveru. Biću srećan ako izgubim samo posao.

PRIMARIJUS: Isplivao si ti i iz krupnijih nevolja.

PALIĆ: Posvedoči da sam ovoga Marksa na tvoju molbu, zbog zdravstvenih razloga...

PRIMARIJUS: Nisam lud.

PALIĆ: U tri će biti kod mene, doći će da radi. Ako ga ti nećeš nazad u institut, onda ću ga prijaviti policiji pa neka...

PRIMARIJUS: Stoj. Neće otići kod tebe. Misli da si moj doušnik. Zato je strugnuo čim te je video.

PALIĆ: Kako ćeš me onda izvući iz govana u koja si me gurnuo?

PRIMARIJUS: Nikako. Sada smo kvit.

PALIĆ: E pa, dobro. Onda se obesi, doktore moj.

PRIMARIJUS: Tu svoju želju pričuvaj dok se opet ne pojaviš kod mene.

PALIĆ: Nikad više!

PRIMARIJUS: Kladimo se da ćeš doći. Kao vetar.

PALIĆ: U šta?

PRIMARIJUS: Ako ne stigneš za nedelju dana, obećavam da ću te zaboraviti.

PALIĆ: I kazetu.

PRIMARIJUS: Tako je. A ako, pak, dođeš, opet ćeš mi biti dužnik, Franc.

PALIĆ: U redu. (Rukuju se.)

3. scena

Čitaonica u biblioteci. Marks, Šaci.

ŠACI: Koliko puta da vam kažem: zatvaramo. Poštovani gospodine, jeste li gluvi? Uopšte ne čujete? Zatvaramo!

MARKS: Još ovaj pasus da prepišem.

ŠACI: Prekinite, preklinjem vas. Moram da uspavam decu, ako baš hoćete da znate.

MARKS: Ovo je važnije.

ŠACI: E pa, to još nisam doživela. Prekidajte! Kakva drskost! (Prilazi Marksu.) Karlo!

MARKS (sumanuto piše): Vi me poznajete?

ŠACI: Karlo! Pogledaj me!

MARKS: Malo strpljenja. (Pogleda.) Ja vas poznajem.

ŠACI: Poznaješ? Zaista me poznaješ?

MARKS: Gospode! Šaci. — Da nemaš jednu kiflu?

ŠACI: Zar sam se toliko izmenila? (Daje mu kiflu.) MARKS (proždrljivo jede): Ti si bila najlepša devojka na našoj godini.

ŠACI: Kada su te pustili?

MARKS: Jutros.

ŠACI: Joj. Koliko si godina odležao? Šesnaest! Šta si radio šesnaest godina?

MARKS: Robovao. Teško sam radio, Šaci.

ŠACI: Tako mi je dobro što me opet zoveš Šaci. Užasno mi je bilo kad si me drukčije nazivao.

MARKS: Zabuna. Da nemaš još jednu kiflu?

ŠACI: Nemam. Gde stanuješ?

MARKS: Za sada još nigde. Nekada si imala više kifli.

ŠACI: Nisam računala da ćemo se sresti. Gde spavaš?

MARKS: Noćas neću spavati. Moram da radim. Kakav je tvoj muž?

ŠACI: Mogu da ga obmotam oko malog prsta. Razvela sam se.

MARKS: Onda ću noćas kod tebe provesti noć.

ŠACI: U jednoj sobi spavam ja sa dvoje dece, u drugoj moja svekrva.

MARKS: Reče da si se razvela.

ŠACI: Samo od muža. Sećaš li se mojih poseta?

MARKS: Mene tamo niko nije posećivao.

ŠACI: Godinama sam ti odlazila. Loše si izgledao. I nisi me zvao Šaci. Gotovo sam skapala. (Marks nešto zapisuje.) Zar nije užasno kad je nekome prva ljubav najbolja?

MARKS: Ja sam celog života voleo samo jednu ženu.

ŠACI: Jednu nepostojeću ženu.

MARKS: Zašto me nisi i dalje posećivala?

ŠACI: Lekari su mi to savetovali, u interesu nas oboje. Onda se zaljubio u mene jedan šizofreničar, tanani

293

duh. Živeo je od starijih žena, bio je genije telesne ljubavi. A ja sam neprekidno mislila na naše nesretno zajedništvo. Bili smo prvi jedno drugom, sećaš se?
MARKS: Prisećam se nečega. (Počinje da beleži.)
ŠACI: A sećaš li se šume gde smo prvi put bili zajedno, a želja te je preduhitrila?
MARKS (beležeći): Ja još nikada u životu nisam bio u šumi. Međutim, napisao sam članak o pravu na skupljanje suvaraka.
ŠACI: Kako hoćeš. — Napustila sam šizofreničara i udala se za nastavnika muzike. Onaj je popio tuce sedativa, ali nije umro, a nastavnik muzike je počeo da komponuje. Mlakonja, upravo tvoja suprotnost. Kad već ne mogu živeti s tobom, bar da ja određujem kako da se živi. Nije bio loš brak, jedino nisam volela da ležem s njim. Dosadno ti je?
MARKS (beležeći): Ma nije.
ŠACI: Jednog dana sam ranije stigla kući s godišnjeg odmora, a on se na bračnoj postelji valjuška sa svojom učenicom. Pritrči mi onako nag, traži oproštaj, ljubi mi ruke, a devojčica i glavu zabila pod jorgan. Nikad mu nisam oprostila.
MARKS (beležeći): Šta?
ŠACI: Što je ostavio na cedilu onu devojku. Piše sasvim dobre horske kompozicije, svake nedelje posećuje decu. Sledeće godine se seli u veći stan i preuzeće i svoju majku.
MARKS: Zaključaj me ovde i idi kući. Moram da napišem jednu kritiku, jedan antiprogram. Ujutru u sedam me pusti. Potrebna mi je i pisaća mašina.
ŠACI: Nemoguće. Kontrola je stroga.
MARKS: Onda neću kucati. Samo mi daj indigo, da i meni ostane primerak.
ŠACI: Dežurni kontroliše sve sobe. Izbacili bi me s posla.
MARKS: Onda ću ti naći bolji. Znaš šta? Otprati me do Studentskog doma. Gde sam poslednji put stanovao, posle svađe s ocem. Kako te je tamo teško bilo prošvercovati!
ŠACI: Sećaš se?

MARKS: Svega se sećam. Hajde, krećemo. Možda će se naći prazna soba.

ŠACI: Karlo, od tada je minulo šesnaest godina. Šesnaest usranih godina.

MARKS: Meni se ovo razdoblje čini kao jedan jedini užasno dugi dan. Svi dani su bili beskrajni, ali meseci i godine su promicali kao ptice.

ŠACI: Ti si ostao mlad.

MARKS: Idemo u hotel. Telefoniraćeš svekrvi da se pobrine za decu. Odavde ćemo prošvercovati jednu pisaću mašinu, pa ću ti diktirati, kao nekad.

ŠACI: Šta da kažem svekrvi?

MARKS: Nekada si se bojala mame. Ponećemo i knjiga.

ŠACI: Dve mogu prošvercovati.

MARKS: Treba mi bar deset.

ŠACI: Otkrili bi me na ulazu. Odaberi dve.

MARKS: Ove dve ću poneti. Ne, bolje ove dve. Odnosno, umesto ove ovu. Ovu dobro pamtim, pisao sam je pod užasnom žurbom.

ŠACI: To jest čitao.

MARKS: Koju da ponesem? Sve su mi podjednako važne.

ŠACI: Onda te ja oslobađam mučnog izbora. (Dve knjige strpa u torbu.) Moramo da krenemo. Najpre ćeš me otpratiti do kuće, doneću ti mantil moga muža, jer ovaj zaudara, zatim pravac hotel.

MARKS: Nemamo vremena. Posao mi je poveren pod pretpostavkom da ga dovršim do sutra ujutru u osam.

ŠACI: Ko ti je poverio?

MARKS: Neću ti odati, jer ćeš onda opet misliti da sam lud.

ŠACI: Neću, obećavam.

MARKS: Jedna ilegalna ćelija mi je poverila da za Centralu napišem studiju.

ŠACI (ugrize se za šaku): Danas si pušten, a već si dobio takvo zaduženje?

MARKS: Kako to već? Već je krajnje vreme! Koga da pozovu kada su prisiljeni da izvrše klasnu analizu?

295

ŠACI: Nisu prisiljeni, Karlo. Politika više nije u modi, kao 68. Ljudi jednostavno samo hoće da žive.

MARKS: To mi je poznato. Već sam i posle Pariske komune zapazio da posle opadanja revolucionarnog talasa ljudima ovlada defetizam.

ŠACI: Ne govori tako, preklinjem te. Pravac hotel.

MARKS: Tamo ćeš da mi središ furunkulac.

ŠACI: To je novo?

MARKS: Karbunac na desnoj preponi kao da se smiruje, jer ga je juče neko sredio. Ali na levoj preponi je nabubrio jedan vražiji furunkulac.

ŠACI: Srediću ga, hajdemo.

MARKS: A šta veliš: od jutros ne kašljem.

ŠACI: Nisi kašljao ni ranije.

MARKS: Ničega se ne sećaš. Pluća su mi se kidala, godinama.

ŠACI: Ipak, treba najpre da odemo kući. Nemam pri sebi dovoljno novaca.

MARKS: Imam ja. Dala mi je jedna žena, ne boj se, neću joj reći ime. Nisam mogao ostati s njom, jer joj svaki korak prate bonapartisti.

ŠACI: I sa mnom ćeš ostati samo ako prekineš s tim trabunjanjem.

MARKS: U redu. Konačno, i 1846. sam obećao vladi Belgije da se neću baviti politikom.

ŠACI: Još jedna takva rečenica, i više me nećeš videti. (Ode.)

MARKS: Svi se uplaše kada govorim o svom radu, jer se politika naizgled odvojila od svakodnevnog života, i stoji naspram njega kao strana sila. A baš to treba ukinuti! Ako se ne prestravljaju od moga rada, on ne bi ni bio potreban.

ŠACI (ulazi s pisaćom mašinom): Šta nam ne bi bilo neophodno?

MARKS: Kad napolju ne bi bilo hladno, hotel nam ne bi bio neophodan. Mogli bismo da kucamo i pod uličnom svetiljkom.

ŠACI: Obećaj mi da pred portirom nećeš ni zinuti.

MARKS: U redu.

ŠACI: U sobi piši, diktiraj mi, ali o bonapartizmu i sličnim stvarima neću ni da čujem. Znaš šta hoću?
MARKS: Šta?
ŠACI: Da budeš mio prema meni, kao nekad. Noćas budi mio prema meni. Već odavno niko nije bio mio prema meni.
MARKS: Biću mio, obećavam! Ali ponesimo još i ovu knjigu! (I treću knjigu tutne u torbu kod Šacike. Oboje odlaze.)

4. scena

Hotelska recepcija. Portir, Marks, Šaci

PORTIR: Žalim, slobodnih soba nema.
ŠACI: Bili bismo vam zahvalni. Odgovara nam i jednokrevetna. Verenik mi je upravo stigao iz Engleske.
MARKS: I came from London. The exile is over.
PORTIR: Jednokrevetna bi se još i našla, ali prema nedvosmislenim propisima kućnog reda, takva soba se može dati samo jednoj osobi.
MARKS: One bed is enough, because we want to work all the night.
ŠACI: Kaže da je dovoljan jedan krevet, on inače hoće da radi.
PORTIR: Gospođo, čini mi čast što me upućujete u vaše noćne planove, samo što mi propisi vezuju ruke.
ŠACI (šapće): Koliko imaš novaca? (Marks joj predaje novac, Šaci ga prebroji, jedan deo pruža Portiru.)
PORTIR: S obzirom na vanredne okolnosti, načiniću izuzetak. Molim dokumenta? (Šaci predaje svoju legitimaciju.) Vaš prtljag?
ŠACI: Stiže ujutru s aerodroma.
PORTIR: Razumem.
MARKS (šapće): Šta ga se tiče naš prtljag?
ŠACI (šapće): Samo se interesuje.
MARKS (šapće): Nek se ne interesuje.
PORTIR: Gospodinove isprave još nisam video. — Your passport, sir?

ŠACI: On je i svoju aktovku slučajno ostavio u garderobu, zajedno s dokumentima.

PORTIR: U tom slučaju, s beskrajnim žaljenjem, moram se odreći ukazane počasti da se gospodin smesti u ovom hotelu.

ŠACI: Uzeli smo samo jednokrevetnu sobu, dovoljna je jedna legitimacija.

PORTIR: Nemoguće, gospođo. Propisi se ne mogu menjati.

ŠACI (daje mu novac): Onda sama uzimam sobu. Dopustićete, zar ne, da mi verenik odnese pisaću mašinu do sobe?

PORTIR: Nemam ništa protiv. Tačno je, naime, da vam za to stoji na raspolaganju jedan mladić...

ŠACI (opet mu daje novac): Dajte mu to, kao obeštećenje.

PORTIR: Hvala vam u njegovo ime, gospođo.

MARKS: Evidentno. (Vadi papir i olovku, piše) *The commodity production transforms everything into commodity.*

PORTIR: Šta želite?

ŠACI: Moj verenik je čuveni naučnik. Nešto mu je palo na um.

MARKS (šapće): Nisi razumela šta sam rekao? Proizvodnja robe pretvara sve u robu. Ovome čoveku je poštenje isto tako roba kao i soba koju izdaje.

PORTIR: Gospodin govori našim jezikom?

ŠACI: Naučila sam ga nekoliko reči.

MARKS (šapćući ali glasnije): Ovde, gde se noćni mir prodaje, i njegovo poštenje se isto tako mora kupiti kao što i mesaru dobra mušterija mora dati bakšiš iznad protivvrednosti kobasice.

PORTIR: Moram vas upozoriti da u smislu propisa kućnog reda samo do deset sati smete kucati.

MARKS: *Give him money,* Šaci. (Šaci mu daje preostali novac.)

PORTIR (stavlja novac u džep): Propisi na ovom području su savršeno neizmenljivi. Veoma mi je žao, verujte.

ŠACI: U redu. Kucaćemo samo do deset.

MARKS: *It is not all right. We bribed him!* (Šapće.) Kupili smo ga, Šaci!

PORTIR: Nemojte me prinuditi da pisaću mašinu lično moram odneti u gospođinu sobu.

MARKS (glasno): Vidiš, Šaci, ipak se međusobno razlikuju kobasica i portir. Kobasica, ako se već kupi, može se pojesti. Portir, čak i ako se kupi, može ostati nejedljiv.

ŠACI: Hajde, jako me bole noge.

MARKS (beležeći): Ovaj portir nije prosto korumpiran, nego je to nepošteno i nepouzdano, jer kod nas robna proizvodnja, koja i sama sobom prostituiše, nepošteno i nepouzdano dolazi do izražaja.

PORTIR: Ako dozvolite, molim vas, budite strpljivi za trenutak. (Uzima telefon i okreće brojčanik.)

ŠACI: Šta si to opet zakuvao?

MARKS: *Nothing but the truth.*

PORTIR: Hotel „Sreća". Molim vas, pošaljite patrolu. Uznemirava me jedna sumnjiva individua. Tvrdi za sebe da je Englez, ali nema dokumenata, ni prtljaga, odelo mu zaudara kao crknuti pacov i uzvikuje smutljive parole.

ŠACI: Idemo.

MARKS: Čekaj. Platili smo za sobu.

PORTIR: Hvala. (Spusti slušalicu.)

MARKS: Vratite nam novac!

PORTIR: Na kakav novac mislite?

MARKS: Što ste tutnuli u svoj desni džep. U četiri rate.

PORTIR: Šta brbljaš, smrdljivi pacove! Zar sam ja lopov! (Hvata Marksa za ručni zglob a drugom rukom mu opali šamar.) Ovde ćeš sačekati miliciju, svinjo!

MARKS (Šaciki): Volim poštenje u korumpiranom čoveku.

PORTIR: Kuš!

MARKS: Ovaj tip ovde opet potvrđuje da imoralnost u svojoj imoralnosti može biti imoralna! (Krikne, jer mu Portir zavrne zglob. Šaci ugrize Portira za ruku, i ovaj krikne, pusti Marksa.)

ŠACI: Hajde! Trče na drugu stranu pozornice. Portir nestaje zajedno s rekvizitom.)

MARKS: Opet pada.

ŠACI: Pohitajmo kući po novac. Zatim ćemo potražiti drugi hotel.

MARKS: Dokumente svuda traže.

ŠACI: Gde su tvoji dokumenti?

MARKS: Sad ti je već žao što si me susrela?

ŠACI: Kako me to možeš pitati? Kad bi samo znao koliko puta sam mislila na tebe, koliko puta sam te poželela od kako si bolestan!

MARKS: I ti si poverovala da sam bolestan, Dženi?

ŠACI (uzmiče): Dženi? Opet si rekao: Dženi?

MARKS: Ti si i Šaci, ti si i Dženi. Stvari imaju više lica.

ŠACI: Ja sam Šaci. Samo Šaci.

MARKS: Naravno, ali čuvaš u sebi ukinutu Dženi.

ŠACI: Ne čuvam nikakvu Dženi.

MARKS: Mislim u hegelovskom trojnom smislu.

ŠACI: Ni u kakvom smislu.

MARKS: A s druge strane postoji i jedna druga Dženi koja valjda neku Šaci čuva ukinutu u sebi.

ŠACI: Prestani!

MARKS: Ne budi na nju ljubomorna. Otkriću ti jednu tajnu. Mene zapravo ne privlači Dženi, nego dženizam. Kada si ugrizla Portira, postao sam svestan, ako i jesi Šaci, ispunjena si dženizmom. Zašto uzmičeš?

ŠACI: S tobom više ne mogu ostati. Priču o ilegalnoj ćeliji sam još progutala, ali ako sam ja Dženi, onda se smračilo za Šaci.

MARKS: Neću te silom zadržavati. Onaj ko je slobodan, ima pravo da izabere i lošije.

ŠACI: Ja sam uvek birala lošije. Šta će biti s tobom?

MARKS: Daj mi knjige. Sutra pre podne ti ih vraćam zajedno s mašinom.

ŠACI: Otprati me do kuće. Da ti dam novac, i jedno odelo.

MARKS: Do sutra ujutru mi je skup svaki trenutak. Da nemaš još jednu kiflu?

ŠACI: Idi u čekaonicu železničke stanice. Tamo nije hladno. Doći ću u sedam. Doneću ti doručak. Obećaj mi da do tada nećeš ni s kim govoriti.

MARKS: Onda neću moći ni raditi. Nekako moram da proverim svoje misli.

ŠACI: Ja ne mogu da te prihvatim! Bojim se tebe. I suviše sam patila.

MARKS: Mora da su užasne moje misli ako svi beže od njih. Ili je užasno što svi pobegnu?

ŠACI: Ja od tebe bežim. Jadni Karlo, čuvaj se.

MARKS: I ti pripazi na sebe, jer sada više ni ti nemaš legitimaciju. Ostala je kod Portira. Nemoj plakati. Draga moja, ne plači.

ŠACI (zagrli Marksa, plačući): Šta će sada biti?

MARKS: Dođi sa mnom na stanicu. Ujutru ću ja legalizovati svoj položaj, a onda ćeš već mirno da se javiš miliciji i preuzmeš legitimaciju.

ŠACI: Svekrva će mi poludeti od nervoze.

MARKS: Šta to mari. Vidiš, noćas ćemo ipak ostati zajedno, Dženi. (Šaci brizne u plač, odgurne Marksa, istrči s pozornice.)

5. scena

Soba pretrpana stvarima. Ormani, veliki sanduk. Marks u veoma neudobnom položaju piše na sanduku. Iz susedne sobe bučni glasovi zabave.

MARKS: Do đavola! (Vrisak) Da nisam u stanu svoje sestrične, pomislio bih da sam u javnoj kući. (Pada jedna knjiga.) I objekti postaju slobodni. A, uz to, i ovaj deo je najteži. Kako je moguće revolucionisati na taj način organizacionu izgradnju da članstvo iz pasivne uloge objekta postane aktivan subjekt? (Vrisak, lom posuđa.) Šta se to događa? Neizdržljivo! (Ulazi Antonija.) Antoaneta, kakva je to buka?

ANTONIJA: Ništa ne čujem.

MARKS: Kao da je neka devojka sela u činiju sa supom.

ANTONIJA: Upravo sam te zato i strpala u garderobu, jer je ovde najmirnije.

MARKS: Da nemate u svojoj biblioteci *Fenomenologiju duha*?

ANTONIJA: Donela sam ti muževan kućni ogrtač. Prigrni ga, zlatni moj čika-Šarl, jer zadah tvog odela prodire i kroz zidove. Okrenuću se, ako si stidljiv. (Marks se skida, oblači ogrtač. Antonija ga posmatra u jednom ogledalu. Odelo izbacuje s pozornice.) U mašinu za pranje! MARKS: Čekaj! Zaboga! (Jurne, vrati se s pantalonama, vadi iz njih ceduljče, pantalone izbacuje s pozornice, a na ceduljče nešto zapisuje.) Hoće li se osušiti do sedam ujutru?

ANTONIJA: Do tada hoćeš da pišeš? Samo što sam ja tebe pozvala na zabavu, jer si tako milo govorio o svom karbuncu. Kako se on oseća sada? Rado ću ga srediti.

MARKS: Hvala, draga Antoaneta, sutra.

ANTONIJA: Idi, tuširaj se.

MARKS: Sutra.

ANTONIJA: Od deset do ponoći moraš prekinuti pisanje. Ovde će biti rulet-bal. Ulazeći u stan, devojke su okačile svoje gaćice na čiviluk u predsoblju. Pogledaj!

MARKS: Ne!

ANTONIJA: E pa sad, tačno u deset, to jest za četvrt sata, momci odlaze u predsoblje, uzimaju po jedne gaćice s čiviluka i s vlasnicom gaćica se povlače u neki ugao stana. Moraš da učestvuješ u ovoj zabavi, jer je više devojaka nego mladića. (Marks počinje da piše.) Možda će ti sudbina staviti u ruke baš moje gaćice.

MARKS: Ne prepoznajem te. Kada su mi januara 1864. izrasla tri furunkulca, a ti me pratila preko Rajne...

ANTONIJA: Rajnu ti ne mogu dati, ali kada je tu. Ako ti je naročito stalo do toga, možeš se zaključati u kupatilo zajedno sa svojom damom.

MARKS (grozničavo beleži): Individualna ljubav je tekovina koju je čovek izborio za svoju kulturu posle hiljadugodišnjih napora. S pravom se bunite protiv posedničke strukture patrijarhalne porodice, njenog licemerja i lažne monogamije! (Antonija se svlači.) Ali draga Antoaneta, nemojte zajedno s prljavom vodom da izbacite i dete — ličnost erosa koju seksualnost uzdiže na viši stupanj zadovoljenja.

ANTONIJA (naga): Dopada li ti se moja kožna odeća, čika-Šarl?

MARKS (pogleda, ispusti pero, čučne i traži ga na podu oko Antonijinih nogu): Proći ćete kao uništavači mašina koji su, s pravom se buneći protiv kapitalističkog izrabljivanja, hteli da unište i industrijsku civilizaciju!
ANTONIJA: Čika-Šarl, ne dopadam ti se?
MARKS: Divna si, Antoaneta. Problem je... to je problem... (Nađe negde jabuku, požudno je jede.)
ANTONIJA: Gladan si?
MARKS: Danas sam tek jedan zalogaj pojeo. Problem je... (U sobu doleti okrajak kobasice. Proguta kobasicu.) Problem je u tome što je Dženi, kada sam se oprostio od nje...
ANTONIJA: Gospode, pa ti si monogamist!
MARKS: Istorijski gledano...
ANTONIJA: Ne shvatam te, čika-Šarl. Šta je tebi? Neka perverzija? Ako znaš nešto novo, otkrij mi! Znam da si bezvezan tip, ali ima u tebi nešto... nešto... jednostavno hoćeš. Već si me u kafiću užasno uzbudio, jer... Sada nemoj da izigravaš... Kako ćeš? No?
MARKS: Problem je... to je problem što civilizacija stvara ceo sistem posredovanja između želje i njenog zadovoljenja, e, pa sad... Dok od svinje kao prirodnog bića ne postane društveno pojedljiva kobasica, jedljiva kobasica... ukratko dok ne bude kobasica...
ANTONIJA: Pokaži mi svoj furunkulac! (Jednim pokretom mu odveže ogrtač.)
MARKS (braneći se): Antoaneta!
ANTONIJA: Auuu! Čika-Šarl! E to već jeste! (Marks hoće da veže pojas; otimaju se.) Što ne dođeš kad toliko želiš?
MARKS: Želja je subjektivna, a hijerarhija vrednosti objektivna.
ANTONIJA: Znam da ćeš na kraju izaći s adutom, ali... Još mi se ni skim to nije dogodilo.
MARKS: Ako se ti, draga Antoaneta, pozivaš na svoj kreolski temperament, kao Lafarg, koji pre nego što se oženio mojom kćeri Laurom...
ANTONIJA (opet ga napada): Imaš triper? Ili si se kladio? Imaš picajzle? Bomba pada! Gde ćeš se sakriti? Samo u mene!

MARKS (braneći se): I njemu sam pisao da je prva ljubav suzdržana, čedna, čak i stidljiva!
ANTONIJA: Dođi već... Dođi!
MARKS (braneći se): Ako se odričeš analize... Sklanjaj odatle ruku! Upravo pišem o odbrani interesa... Značaj odbrane interesa je u tome... Baš zbog bombe... Značaj odbrane interesa... odbrane interesa...
ANTONIJA: Ja sam pokušala da branim tvoje interese, glupane. (Pljesne rukama. Ormani se otvaraju, i sanduk. Otvaraju se i vrata. Sa svih strana nagrnu nage figure. Obaraju na pod Marksa, vrišteći, igraju obsceno oko njega, pa ponovo nestaju u ormanima i sanducima. Zvuci ljubavnog čina. Marks se osovi, oblači ogrtač, kupi svoje knjige i papire, uzima mašinu.)
MARKS: Moja studija mora da se proširi i na problem lažne svesti.

6. scena

Čekaonica železničke stanice. Na stolicama i za stolovima različiti ljudi sede i leže. Za jednim stolom Marks s još dvoje ljudi. Preko ogrtača još i veoma dug balon-mantil. Besomučno piše. Na zidu sat: jedanaest i petnaeest.

1. MUŠKARAC (za Marksovim stolom): Pišete testament?
1. ŽENA (za Marksovim stolom): Pusti ga na miru.
MARKS: Testament bi mi bio kraći.
1. MUŠKARAC: Onda ne grepkajte. Dva dana nisam spavao.
2. MUŠKARAC: Ućutite.
3. MUŠKARAC: Kuš!
1. MUŠKARAC: Ovaj grepka kao crv u drvetu!
MARKS: Konačno. Skica je gotova.
1. MUŠKARAC: Hvala nebesima.
MARKS: Da nemate zalogaj hleba. Užasno sam ogladneo.
1. MUŠKARAC: Pa šta?
MARKS: Prosvrdlaće mi stomak.
1. MUŠKARAC: Pa šta?

MARKS: Ništa. Izdržaću do sutra. (Stavlja na sto mašinu, otklopi je, uvlači hartiju.)

1. MUŠKARAC: Nećete valjda ovde kucati?

MARKS: Pojedinosti dorađujem prilikom prekucavanja.

1. ŽENA: To je ipak previše.

MARKS: Molim vas da me shvatite.

2. ŽENA: Tišina tamo!

2. MUŠKARAC: Gađaću vas cipelom!

3. MUŠKARAC: Kuš! (Marks počinje da kuca.)

3. ŽENA: (Buni se.) Šta je to? Šta je tamo?

3. MUŠKARAC: Rafal!

1. MUŠKARAC: Prekinite! Pocepaću vam papir.

MARKS (kuca): Ne bih vam preporučio.

2. MUŠKARAC: Ako niste primetili, ovo nije kancelarija.

3. ŽENA: Znate, svi smo mi ovde zato što kod kuće ne možemo da zaspimo u postelji s jorganom.

2. ŽENA (udara po stolu): Dosta! Dosta!

MARKS: Veoma mi je žao, ali je pitanje života da do ujutru završim ovu brošuru.

3. ŽENA: Daću vam sendvič ako prekinete.

3. MUŠKARAC: Kuš! (Marksu) Šta vi to pišete?

2. MUŠKARAC: Piše brošuru.

3. MUŠKARAC: A šta je to?

MARKS (kucajući): Pišem kritiku programa, to jest program, tačnije antiprogram od opšteg interesa.

1. MUŠKARAC: Znate li šta je opšti interes?

2. MUŠKARAC: Da mi oližete dupe.

2. ŽENA: Pišite napolju!

MARKS (kucajući): Napolju je hladno a i mrak je.

3. ŽENA (odmotava sendvič): Onda pišite u Parlamentu.

MARKS (kucajući): Neće me pustiti, jer nemam dokumenta. (Tišina. Kucanje mašine.)

3. ŽENA (udara po stolu): Oterajte odavde tog čoveka!

3. MUŠKARAC: Ako ne prestane s kucanjem, kucnuću ga po tintari.

3. ŽENA: Gospodine, preklinjem vas, prestanite. Mrtva sam od umora.

MARKS (kucajući): Ne možete biti umorniji od mene.

3. ŽENA: Slaba uteha. (1. muškarac istrgne hartiju iz mašine i pocepa je.)

MARKS: Čemu to? Sada će potrajati još duže. (Uvlači novu hartiju u mašinu.)

3. MUŠKARAC: Uvrnuću vas u mašinu umesto hartije.

2. ŽENA (udara po stolu): Tišina! Tišina!

MARKS (počinje da kuca): Pokušajte da ne obraćate pažnju na mene! (1. muškarac opet istrgne hartiju iz mašine. Marks ustane. Zgledaju se.)

3. MUŠKARAC: Konačno. Biće makljaže.

1. ŽENA: Nemoj da se tučeš, Alberte.

MARKS: Vi ste bonapartistički agent.

3. MUŠKARAC: Pa šta će biti?

MARKS: Ja vas razumem. Samo što ovu brošuru čekaju sutra u osam sati u Centrali partije. (Tišina)

2. MUŠKARAC: Vic stoleća. Nema dokumente, a u čekaonici železničke stanice piše brošuru za Centralu partije.

1. MUŠKARAC: Pišite u Centrali.

MARKS (uvlači novu hartiju u mašinu): S agentima neću da raspravljam.

3. MUŠKARAC (prilazi Marksu): Slušaj, ćalac, ja sam u mladosti bio prilično čuven po svojim desnim aperkatima.

2. MUŠKARAC: Gospode! To ste vi! Koliko puta sam vas nekada gledao u ringu. (Šapne nešto 2. ženi.)

2. ŽENA: O! Tako propasti? (Marks počinje da kuca. 3. muškarac ga lako uhvati.)

3. MUŠKARAC: Što ste prestali?

MARKS: Pustite me! Smesta me pustite! (2. žena udara po stolu.)

1. MUŠKARAC: Idite pa se žalite Centrali.

1. ŽENA: Umukni.

MARKS (urla): Zar je galama sada manja? Mirnije spavate?

3. MUŠKARAC: Ako još jednom zakloparaš, nateraću te da poždereš svoje žvrljotine!

2. ŽENA (udara po stolu.): Nakljukajte ga! Naklju-kajte ga!

2. MUŠKARAC: Cajkani. (Svi sedaju na svoja mesta.)

MARKS: Nikada ne bih poverovao da ću se obradovati miliciji. (Uvlači u mašinu novu hartiju, počinje da piše. Dva milicionera ulaze.)

1. MILICIONER: Dokumenta.

2. MILICIONER: Kakva je to halabuka? (Milicioneri legitimišu sve redom. 3. ženu odvajaju u stranu. Marks sumanuto kuca, dok i on konačno ne dođe na red.)

1. MILICIONER: Dokumenta. (Marks dalje kuca.) Vama govorim. Jeste li vi gluvi? (Marks odmahne da ga ostave. 2. Milicioner vadi pendrek.)

MARKS: Sada nemam vremena.

1. MUŠKARAC: Molim vas, ovaj čovek nam već čitav sat ne da da spavamo.

2. MILICIONER: Imate li ili nemate dokumenta?

MARKS: Pitanje „ili — ili" nije dijalektičko, jer iz kruga mogućnosti isključuje jedinstvo suprotnosti. Ja i imam, i nemam dokumenta.

1. MUŠKARAC: Maločas rekoste da nemate dokumenta.

1. MILICIONER (pokazuje prema 3. ženi): Stanite tamo.

MARKS: Pa kažem vam, nemam vremena. (Kuca.)

2. MUŠKARAC: Zaplenite mu bar pisaću mašinu. (2. žena lupa po stolu.)

2. MILICIONER (njiše pendrek): No, šta će biti?

MARKS: Stojim vam na raspoloženju od sutra u osam.

3. ŽENA: Radi za Centralu, tako kaže.

1. MILICIONER: Niko vas ništa nije pitao.

2. MILICIONER: Zar vi mislite da smo mi budale? Da radite za Centralu, imali biste i stan.

1. MILICIONER: Ime i prezime?

MARKS: Ne mogu vam reći. Obećao sam Dženi.

1. MILICIONER (2. milicioneru): Zapleni mu hartije.

MARKS: Ne smete bez naloga za kućni pretres. (Prigrli svoje beleške.)

1. MILICIONER (takođe vadi pandrek): Ako nam ne predate hartije, znači upotreba sile protiv vršenja službene dužnosti organa vlasti.

3. MUŠKARAC: Predaj im to, jer će biti po rukama. MARKS (3. muškaracu): Odbranite me! Ovde sam izrazio ekonomske, političke i organizacione uslove radničke demokratije!

3. ŽENA: To je ludak.

1. MUŠKARAC: Ne klepeći.

2. MUŠKARAC: Nego mi poliži dupe. (2. žena lupa po stolu. 3. muškarac stegne Marksu ručni zglob; ovaj ispusti rukopis. 1. muškarac uzima s poda rukopis i predaje ga 1. milicioneru. Marks hoće da nasrne na 1. milicionera, 2. milicioner ga raspali pendrekom po glavi. Marks se prostre po podu.)

1. MILICIONER: Rekoh da će biti upotreba sile protiv vršenja službene dužnosti organa vlasti. (Obrće rukopis, zatim iščitava.) „Napisao Karl Marks." Pa ko je to, do đavola, napisao?

MARKS: Ja. (2. milicioner podigne pendrek; 3. muškarac stane ispred Marksa.)

3. MUŠKARAC: Izvinite što se mešam u vaš rad, ali pogledajte, on je u kućnom ogrtaču. (Raširi Marksov mantil.) Možda bi najpre trebalo videti da nije strugnuo iz neke ludekane, pre nego što mu izmenite lični opis.

MARKS: Smesta mi vratite rukopis! Apelovaću kod predsedništva Prve internacionale! (1. milicioner da znak 2. milicioneru, a ovaj odlazi, 3. žena isparava u suprotnom pravcu.)

MARKS: Bonapartisti su me dovde sledili! Celog života su mi za petama sa svojim novinarima i njuškalima! (1. milicioneru) Ne mari što ćete me zatvoriti, samo da kod vas mogu dalje da kucam! Kod vas je sigurno toplo i svetlo. (Ostalima) Mislite da je meni bilo prijatno da radim ovde, kao da kuckam po nervima svojih umornih sugrađana! Bilo mi je tako prijatno u parku na kiši, zatim u onom antipatičnom kafiću, pa kod Antoanete, koja i nije prava Antoaneta, nego obična kurva? I Šaci me je prepustila mojoj sudbini, a ni Dženi mi nije mogla pomoći! Hotelskog portira sam smesta prepoznao, samo još ne mogu da vam odam ko je on! (1. milicioneru) Ne verujte gospodinu Paliću, čak ni ako vam kaže da je Isus Hristos! U vas polažem svoju poslednju nadu, žiga me oko, ali to sada nije važno, ne odričući se svojih principa, kleknuću pred vas, ako treba... (Klekne. Vraća se 2. milicioner. Klimne glavom. 1. milicioner hvata Marksa ispod pazuha, 2. ga hvata za noge, iznose ga.)

MARKS: Pazite na rukopis! Važniji je od *Kritike gotskog programa!* Dajte i knjige i mašinu! Kod vas ću napisati konačnu verziju! (Iznose ga. 2. žena udara po stolu.)

1. MUŠKARAC: Konačno. Dva dana nisam spavao.
2. MUŠKARAC: Onda mi poližite dupe.
3. MUŠKARAC: Kuš.

7. scena

Primarijusova soba. Kao u 1. sceni Prvog dela; ali na otomanu crveni prekrivač. U vazama cveće. Na stolu flaša konjaka i čašice. Svetlana na svom ranijem mestu. Primarijus projektuje na zid fotografije: Marks u parku, snimci Čuvara.

PRIMARIJUS: Eto, vidite, ovde je već u dve dimenzije. Amaterski snimci, ali nisu nespretni.

SVETLANA: Bože moj.

PRMARIJUS: Moralo mu je biti hladno. E, ali sada ga već dovode u toplo. (Prekida projektovanje, uključuje magnetofon. Tiha muzika za igru.)

SVETLANA: Jeste li sigurni!

PRIMARIJUS: Vi se, naravno, možete nadati još nekoliko minuta. Automobil možda može da ima defekt. Ili da dođe do sudara. Možda će se odupirati, a onda ga najpre moraju pendrečiti.

SVETLANA: Mogu ga mlatiti?

PRIMARIJUS: Time biste vi dobili u vremenu.

SVETLANA: Interesuje me gde li je nabavio pisaću mašinu.

PRIMARIJUS: Očito u Centrali.

SVETLANA: Zar to isključujete?

PRIMARIJUS: Nadam se da ne pitate ozbiljno. Dobio ju je od neke Dženi.
SVETLANA: Ja mu je nisam dala. A drugu Dženi sada nema.
PRIMARIJUS: No-no. (Hoće da zagrli Svetlanu.) Nadmoćni dženizam.
SVETLANA: Dva minuta do ponoći! Opkladu još niste dobili.
PRIMARIJUS: Uha! Već su tri puta mogli stići.
SVETLANA: Nisu stigli ni jednom.
RIMARIJUS: Nisu ga valjda zabunom odveli negde drugde?
SVETLANA: Možete da počnete da mu pišete otpusnicu.
PRIMARIJUS: Zar ćete ga zaista odvesti? Šta ćete s njime? Šta ćete mu reći kad sutra ujutro pođe u Centralu?
SVETLANA: I dopustićete mi, zar ne, da mu ponesem od ovoga cveća? (Vadi nekoliko strukova iz vaza.) Najradije bih pozajmila za noćas i magnetofon. 23 časa i 59 minuta. Vama ionako danas neće biti potreban.
PRIMARIJUS: Ni vama. Pisaćete cele noći.
SVETLANA: Poneću i konjak? Pa meni ste ga namenili.
PRIMARIJUS: Oboje će nas uvući u grdnu nevolju.
SVETLANA: Izlečiću ga. Pišite otpusnicu. (Buka spolja.)
PRIMARIJUS: Nije valjda. (Uključuje radio, pauza.)
SVETLANA: Pa nećete ga valjda dovesti pravo ovamo? Kako se usuđujete? Zašto ne u njegovu ćeliju?
PRIMARIJUS: Bilo bi to gubljenje vremena.
SVETLANA: Mene ovde ne sme videti! (Hoće da jurne kroz vrata; sudara se s Marksom koji je gurnut u sobu onako u kućnom ogrtaču. Svetlana stoji naspram njega sa cvećem u ruci. Baca cveće.)
MARKS: Dženi! Draga moja! Ti si to? (Zagrli je.) Zamisli, oduzeli su mi rukopis! Moram početi iz početka. Možemo li ovde da radimo zajedno? (Oglašava se radio: „Tačno ponoć.” (Primarijus ga isključi.)

310

PRIMARIJUS: U čiji si se to ogrtač zavukao? (Marks odgurne Svetlanu. Gleda naizmenično jedno pa drugo.) Karlo, gde si izgubio pantalone?

MARKS: Pijuckate konjak?

SVETLANA: Nemoj da pomisliš ništa loše o meni, Saracenu. Sve ću ti objasniti.

MARKS: Hoću da idem u ćeliju.

SVETLANA: Ja sam Dženi. Majka tvoje dece. (Marks zvižduće.)

PRIMARIJUS: Dama ništa nije odgovorna. Zar tebi da razjašnjavam kako privid ne pokriva uvek stvarnost? MARKS: Privid je viđenje suštine. Presvisnuću. Ti me ne iznenađuješ. Nastavniku geografije si me prijavio da sam kod kuće zaboravio atlas. Podmetnuo si mi šestar kada sam posle odgovaranja hteo da sednem. Ali ona...

PRIMARIJUS: Ispavaj se. Sutra ćemo razgovarati.

MARKS: S vama — nikad. Molim večeru. (Ode.)

PRIMARIJUS: Kakav uspešan muškarac: čak je pribavio i kućni ogrtač.

SVETLANA: Ružan posao. (Primarijus podešava štimung svetla. Zagrli Svetlanu.)

SVETLANA: Još imate obraza da me taknete?

PRIMARIJUS: Kako da nemam.

SVETLANA: Zauvek sam izgubila njegovo poverenje.

PRIMARIJUS (poljubi Svetlanu): Sutra ću tražiti od milicije njegove žvrljotine. Vi ćete mu ih vratiti i opet ćete postati Dženi.

SVETLANA: Nije on čovek koji se posle jednog razočarenja i drugi put hvata na isti lepak!

PRIMARIJUS: Stotinu puta će se uhvatiti na lepak, samo da dobije rukopis. Kod milicije ću se pozivati na to da mi je potreban zbog slike bolesti.

SVETLANA: Zaista ćete to učiniti?

PRIMARIJUS: Što da ne? A sada dođite. Dođite, draga.

SVETLANA: Stojim vam na raspolaganju, gospodine Primarijusu. Ali želim da vas upozorim da sada nećete sa mnom dobro proći.

PRIMARIJUS: Malo se potrudite. Zakon je zakon.

SVETLANA: Kakav je zakon?

PRIMARIJUS: Dužniče — plaćaj!

SVETLANA: Ja ne volim taj zakon.

PRIMARIJUS: Zakon ne treba voleti, nego poštovati. (Odjekne svadbeni marš. Primarijus vodi Svetlanu do postelje. Podiže je u naručje, položi na postelju. — Kucanje. Ulazi Palić.)

PALIĆ: Smetam li?

PRIMARIJUS: Ma kakvi. (Svetlani) Danas redom dobijam opklade.

SVETLANA: I on spava ovde?

PRIMARIJUS: Biće da je tako. Sada će me gospodin Palić zamoliti da ga primim ovde na nekoliko dana, a zatim da mu dam potvrdu za dilejisanje.

PALIĆ: S đavolima sarađuješ. Za sutra sam pozvan kod šefa milicije. Kod mog starog islednika. Ni tebi nije potrebno da...

PRIMARIJUS: Ostani. Ali ne znam za poziv. (Odvodi Palića u stranu, šapatom razgovaraju. Svetlana pritisne dugme na komandnoj tabli, na zadnjoj četvrtini scene pojavljuje se Marks. Srče supu, a u međuvremenu govori.)

MARKS: Još bih vam samo želeo da kažem, gospođo, da je najsrećniji dan moga života bio kada sam mogao misliti na vas kao na Dženi. Ova lažna vera obasjavala je moj razumni rad. Srećom, cilj života nije blaženstvo — to je samo dodatak, neočekivan dar, divan, ali oskudan. Budući da ja odavde još veoma dugo neću izaći, s drugima treba da terate dalje vaše čarobne i gnusne igre. (Zaustavlja ga užasan napad kašlja. Svetlana isključuje aparat.)

SVETLANA: Danas radije obrlatite gospodina Palića, molim vas. Ja sam indisponirana. (Ode.)

PALIĆ: Izgleda da sam ipak bio na smetnji.

PRIMARIJUS: Ne mari. Vratiće se već ona sutra ili najkasnije prekosutra. Hajde, popićemo koju čašicu konjaka. (Sipa u dve čašice, piju.) Ipak ću još jednom pogledati ovu devojku. (Prilazi tabli s tasterima, pritisne jedno dugme. Vidi se Marks. Sedi na stolici i zuri preda se.)

PALIĆ: Gle. Jadni Saracen.

PRIMARIJUS: I nije tako jadan. (Pojavljuje se Svetlana na vratima Marksove sobe. Marks je odmeri, okrene se.)

SVETLANA: Razočarala sam te. Sve govori protiv mene. Ali opet i opet ću dolaziti kod tebe, sve dok se ne osvestiš da sam zaista Dženi. (Marks zvizduće.)

PALIĆ: I ona je luda?

SVETLANA: Šta ćeš da poručiš deci? (Marks ostaje nepokretan.) Ponovo ću ti dobaviti rukopis.

MARKS: Kasno.

SVETLANA: Izboriću se da ti odrede jedno prihvatljivo vreme. To će srediti onaj prljavi Primarijus.

PALIĆ: Bravo.

MARKS: Ako legneš s njim. (Zvižduće.).

SVETLANA: Saracenu, šta to govoriš! Ja ću ti dokazati da sam te dostojna. Sutra ti donosim rukopis. A potražiću i Freda...

MARKS: Ali ne onog današnjeg, jer je taj jedan usrani doušnik.

PRIMARIJUS: Bravo.

SVETLANA: Dovešću ti pravog.

MARKS: Ne verujem ti.

SVETLANA: Ljubav sve pobeđuje, čak i nepoverenje.

MARKS: Kasno.

SVETLANA: Otkud kasno? Sada otpočinje život! Laku noć, dragi Saracenu! (Svetlana odlazi. Marks pada preko postelje.)

PRIMARIJUS: Ova će se vratiti. Leži danas u gostinsku sobu. Smestiću te sutra. Ali i za ovo još moraš da mi zahvališ.

PALIĆ: Tvoja je obaveza da mi pomogneš.

PRIMARIJUS: Dobio sam jednu opkladu. Na zaborav ćeš još popričekati. Da čujemo kasetu pre odlaska u postelju?

PALIĆ: Šta misliš o lekarskoj zakletvi, doktore moj?

PRIMARIJUS: Ti mi ne pričaj o kršenju zakletva. Kada si u zatvoru potpisao onu obavezu...

PALIĆ: Kuš!

PRIMARIJUS: Ako bih bio prisiljen da u kaljuzi stupčim nedelju dana bez sna, časna reč, i sam bih postao doušnik.

313

PALIĆ: Ja nisam doušnik!

PRIMARIJUS: Dabome. Jer sam ti dao potvrdu za dilejisanje. Naša politička milicija radi samo s poverljivim špijunima. Došao si kod mene, jer su te ucenjivali time da procuruju tvoje prijave. (Oponašajući Palića.) „Da se ubijem?" (Palić tresne čašicu o pod.) Ostavi to. Ne stoji ti dobro. — Šta bi rekle dame naše domovine? A tvoj sin? PALIĆ: Ja dobijam sledeću opkladu. (Odlazi s flašom konjaka. Marks se podiže, ukočeno gleda Primarijusa.)

PRIMARIJUS (vadi novu flašu, sipa za sebe): Šta imaš novo da mi kažeš, Karlo?

MARKS: Ovo je moja Engleska. Ovde su me prognali, do kraja života. Mojsije je bar video Obećanu zemlju.

PRIMARIJUS: Obećana zemlja, Karlo, većinom otrežnjuje. U rekama umesto meda i mleka curka krv. A odozgo, poput klupčeta zmija, gamižu ubice i zanesenjaci.

MARKS: Prebrodili smo pustinju vladajućih normi. I u ovom trenutku koliko njih skapava gladno pod suncem svetinja privatnog vlasništva? U džungli sopstvenih zakona čovečanstvo je pripremilo svoj totalni smak. I ko čuva ovaj poredak? Zakonodavci i psihijatri.

PRIMARIJUS: Ja sam ti pružio još jednu šansu.

MARKS: Psihijatri su mi najpre zatvorili svet, zatim ga sručili na mene kako bi me spljeskao. Samo što ja iz poraza u poraz napredujem ka konačnom trijumfu. U međuvremenu neprekidno ispravljam svoje greške. Moja zlatna podloga je ljudska samosvest, od nje ja kujem oružje. Sve me boli, naročito zub i jetra! Furunkulac i karbunac! Reuma i neispavanost! Sedim ovde među ludacima i stolica mi je krvava! Moja krvava svest odražava samo krvavu stvarnost! Ali arsenik ne uzimam, jer on zaglupljuje! Primarijus je razdelio ašove i sada svi kopaju moju raku, izdajnici, tikvani, agenti, bonapartisti, bakunjinisti, revizionisti, dogmatičari, vojska spasa, moji dužnci i moji poverioci, Lasal i Trocki, Macini i Košut, Bizmark i Staljin, odred doušnika maskiran u Freda, zbor lažnih Dženi, Ajnštajn i papa, estete i trgovci opijuma, Buda, Alah, Jehova i Isus Hristos, korumpirano čovečanstvo koje ću podvrći radikalnom načinu lečenja čim se oslobodim odavde!

PRIMARIJUS: Na tebe je sloboda očigledno zdravstveno loše delovala, Karlo!

MARKS: Kad se oslobodim...·

PRIMARIJUS: Više se nećeš osloboditi. U šta da se kladimo? (Isključi televiziju. Mrak.)

· *Kraj*

SOVJETSKI ČOVEK

Izveštaj iz Gusevljeve ulice

Ulica Gusev se nalazi u centru Budimpešte. Dobila je ime po kapetanu Gusevu, junaku romana staljinističkog pisca Bele Ileša, junaku koji je streljan 1849. godine, posle poraza revolucije u Mađarskoj, jer je, vođen revolucionarnim oduševljenjem, prešao na stranu ustanika. Kako je pisac napisao delo u dokumentarnom obliku, i sam se ubrajao u sovjetske ljude — posle dvadeset petogodišnje emigracije vratio se u Mađarsku kao major sovjetske armije — njegova romansijerska storija uzeta je zdravo za gotovo, a kapetan je, pak, od zahvalne nacije dobio jednu ulicu. Samo što je već 1955. godine u to posumnjao jedan moj prijatelj obdaren tananim književnim osećanjem. Na njegovo pitanje odgovorio mu je Sovjetski vojno-istorijski institut da u ruskoj armiji između 1830. i 1870. nije postojao oficir po imenu Gusev. Međutim, Gusevljeva ulica se nije mogla prekrstiti. Bilo bi to okarakterisano kao antisovjetska akcija, ako bi se ruskom junaku o kojem je reč, koji, naravno, nije postojao samo kao ulična tabla nego je imao ulogu i u udžbenicima istorije, oduzelo njegovo nepostojeće postojanje. Naime, Gusev je bio divot-primerak „sovjetskog čoveka" projektovan u prošlost. Njegova ulica danas obeležava tajnu jednodušnu saglasnost: znamo da nije istina, i vlast to zna, i znamo da zna da znamo, pa ipak se pravimo kao da se ništa i nije zbilo. Ovo „pravimo se kao da" danas je opšti ideološki stav u zemljama Srednje i Istočne Evrope, ne samo u vezi s Gusevim i s uvezenim idealom „sovjetskog čoveka".

*

Gusev me podseća na jednog drugog ruskog vojnika koji je zaista prešao na stranu mađarske revolucije. Zbilo

316

se to trećeg dana, 25. oktobra 1956. godine. Jedan deo sovjetskih trupa u Budimpešti izrazio je simpatije prema ustanicima. Mnogi tenkovi su istakli mađarske zastave. Stojim pored jednog od njih, s već pomenutim prijateljem. Komandir tenka je dvadesetogodišnji mladić veoma vedre spoljašnjosti. Moj prijatelj se penje do njega i počinje da mu objašnjava: „Mi nje fašisti. Staljin — fašist. Hruščov — fašist. Rakoši — fašist. Gere — fašist. Mi nje fašisti". Rus se glasno smeje. „Hruščov, Rakoši, Gere — da! Staljin — njet!" odgovara. I mi se smejemo, ali ne tako slatko. U osnovi uzev, situacija je bezizlazna. U njegovim očima Hruščov je verovatno zato fašista jer se okrenuo protiv Staljina. Zato nema poverenja u partiju na čijem je čelu Hruščov, a istakao je zastavu onih koje je mržnja prema staljinizmu povela u revoluciju. Ne znam kako se zvao ovaj mladić, i ne znam nije li ga snašla sudbina Guseva zbog ovog veselog dana, ali, to je sigurno, ulicu neće dobiti u centru Budimpešte.

*

Još jedno kratko sećanje na istorijsku sliku: januara 1945. godine — beše polumračno, rano popodne — banula su kod nas dva sovjetska vojnika s mašinkama da bi rekvirirali namirnice. Ložili smo samo u jednoj sobi, gvozdena peć je istovremeno bila i šporet. Oskudnu rezervu smo čuvali u susednoj, hladnoj sobi. Tamo su vojnici vršili pretres, a moja majka, ne znam s kakvom namerom, poslala me je kod njih. Bilo mi je četrnaest godina, ali sam izgledao još detinjastije. Stajao sam, dakle, kao posmatrač, a oni, pak, nisu ni obraćali pažnju na mene. Dok su pretraživali, oni su i razgovarali — sećam se reči „buržuj", mogla se odnositi na nameštaj ili knjige. Pokupili su namirnice, naročito su se obradovali šećeru — dve papirne kese pune šećera! Kada su obavili posao i već krenuli, jedan me je vojnik pozvao. „Maljčik!" — viknuo je uz zapovedni pokret, „Dečko!" Prišao sam mu, a on je napipao u ruksaku jednu kesu šećera i pružio mi je s gestom darovanja. „Maljčik!" — rekao je još jednom u znak ohrabrenja. Kada sam s neočekivanim plenom trijumfalno na-

317

stupio u toplu sobu, majka je primetila: „Ovi, vidiš, vole decu." Kada god mi se docnije u školi ili propagandnim knjigama davalo do znanja da sovjetski čovek voli decu, uvek bi mi padala na um kesa šećera.

*

Narodi Srednje i Istočne Evrope, koji žive u sistemu ukrašenom etiketom „realni socijalizam" (kakva smetena oznaka, izvinjavajuća i oprostiva, „ovo-možemo-pružiti--socijalizam", kažu istočno od raja, „ovo-znaju-pružiti-socijalizam", kažu zapadno od raja), dakle ovi narodi nagra-đeni pre-post-kapitalizmom pre četrdeset godina su, u razdoblju oslobođenja, zasnovali svoja istorijska iskustva u vezi sa sovjetskim čovekom. Prva iskustva nisu bila uvek tako idilična kao moj doživljaj s kesom šećera. Istina: on je dokrajčio suludi teror nemačkih i mađarskih nacionalsocijalista, i delio izgladnelom getu crni hleb čudnog ukusa, a na železničkim stanicama, pak, kuvani kupus iz ogromnih kotlova, s druge strane, međutim, njegov trijumfalni put pratile su pljačke, ubistva, nasilje, legalizovan užas, jer je 48 časova mogao da radi šta hoće u novooslobođenom gradu. (Ko bi prekoračio ovo vreme, mogao je nagrabusiti: jedan sovjetski oficir je na moje oči ubio sovjetskog vojnika koji je na ulici — u našoj ulici — napao neku ženu.) Prijateljica mi je pričala — tada joj je bilo šesnaest, Jevrejka i ilegalni komunista, roditelji su joj stradali u koncentracionom logoru — da ju je bezbrojna količina ruskih vojnika silovala u podrumu na dan oslobođenja, naočigled njenog dragog koji se pametno kukavički bio šćućurio. Ovaj svoj prvi doživljaj mogla je da prevaziđe tek smeštajući ga u krupni uzajamni odnos istorije sveta, ali se s tim zadatkom relativno brzo smirila, jer je tada još po svaku cenu htela da sačuva svoj pogled na svet.

*

Ona generacija koja je 1945. godine u Mađarskoj počela da iznova gradi svoj žuđeni san slobodnog, besklasnog društva — i državnu i sopstvenu izgradnju — stavila je u zagradu svoje uznemiravajuće doživljaje. Manje-više tako je to bilo i u ostalim zemljama sovjetskog pojasa, čak i u Poljskoj, mada su ovde vekovni oslobodilački rat protiv ruske carevine i užasna nova iskustva (nacističko-sovjetsko gaženje i nova podela Poljske, sovjetsko ostavljanje na cedilu Varšavskog ustanka itd.) otežavali ovaj proces. Postojala je u nama elementarna psihička potreba da Sovjetskog Čoveka vidimo kao više biće, poslanika koji zrači uzvišene ideale Komunizma, koji je sopstvenim rukama zadavio fašističku zver. Matrosov je bio Sovjetski Čovek, on se bacio na puškarnicu bunkera i svojim telom onemogućio mitraljez kako bi svoje drugove spasao od smrtonosnih rafala, Oleg Koševoj je bio on a i Zoja Kosmodemjanskaja, koje ni krvnici Gestapoa nisu mogli da slomiju. Iznad Sovjetskog Čoveka, u nedostižnim visinama, na prestolju je sedela njegova najsavrčenija realizacija, Sovjetisimus Čovekisimus, Staljin. Sovjetski Čovek koji je u nama živeo bio je istovetan s idealom koji su od književnosti zahtevali ideolozi socijalističkog realizma, uglavnom šupljoglavci. Sad već znamo: po ovom pravcu stvarnost treba zahvatiti u njenom pokretu, u središte prikazivanja ne treba staviti biće (Sein), nego ono što treba da bude (Sollen). Sein je bez Sollena statičan pojam, umetnost zasnovana na Sein je nedijalektična i naturalistička, jer se zaustavlja na površini stvarnosti. Nasuprot tome Sollen, ako nije subjektivno htenje, nego je saglasno s objektivnim tendencijama razvoja (odnosno s upravo važećim partijskim odlukama), realnije je od realnog. Na taj način se razvija junak socijalističkog realizma, jedno apstraktno-uopšteno čudno biće, opremljeno s nekoliko slučajnih osobina (pegama, lulom ili sočnim uzrečicama) u cilju individualizacije. I u nama je živeo jedan Sovjetski Čovek ovakvog nadahnuća. Sudbina nam je zavisila, ne u maloj meri, od toga kada, u kakvom tempu i u kakvoj dramskoj formi nam se konfrontirala željena slika sa stvarnošću.

Nije nam bilo dato dovoljno vremena za lep, organski razvoj. Između 1945. i 1949. godine komunisti su likvidirali ostale partije koalicije i raspolažući monopolskom vlašću priredili su monstruozne ogledne procese smrti, obezbeđujući tako besplatan cirkus za celu zemlju, umesto besplatnog hleba. Rukovodioci demokratskih partija; ako nisu bili emigrirali, našli su se iza brave, isto kao i najvažniji dostojanstvenici katoličke crkve, i gotovo svi funkcioneri ilegalne komunističke partije koji nisu došli iz Moskve. Najpopularniji od njih streljani su zajedno s najsposobnijim oficirima nove armije. Još 1949—1950. sve je to bilo propraćeno aplauzima inteligencije koja je davala zemlji ton — uopšte, cela je zemlja aplaudirala, stojećki i ritmično, neki — danas već mislim — iz straha, drugi, pak, i ne samo iz generacija mladih, s iskrenim oduševljenjem. Antifašistička srdžba, radost zbog podele zemlje i nacionalizacije fabrika jedno vreme su nas činili nesposobnima za svaku kritiku — nismo verovali sopstvenim očima i sopstvenom mozgu, svoja osećanja i iskustva podređivali smo dnevnim parolama. Tako je u početku veoma maleni broj nas samo primećivao kako se svetskoistorijski patos velikog Sollena izvitoperuje u rukama malene klike, kako se pretvara u manipulaciju neobaveštenim ljudima. Najpre je ekonomija zemlje istavila svoj račun. Trogodišnji i petogodišnji planovi, megalomanski, izgrađeni na Sollenu, doživeli su krah, zemlja pod našim podnebljem nije bila u stanju da rađa pirinač i pamuk, jer joj je nedostajala revolucionarna romantika, vreme se nije prilagođavalo centralnim planovima setve, u nedostatku kapitala, odgovarajuće tehnologije i sirovina nismo mogli da premašimo Sjedinjene Države u velikoj industriji, i mada se sistem zarada mogao, uz pomoć policije, zasnivati na Sollenu, sistem cena pretio je pobunom. Sve katastrofalniji nedostatak robe većinu stanovništva je okrenuo protiv vladajuće klike. Tome je doprinela i činjenica što je posle Staljinove smrti došlo do ispitivanja montiranih procesa. Iz zatvora su se vraćali osuđenici, oni koji su preživeli veliku avanturu, i svojom sudbinom, užasnim zbivanjima pružali su moralni patos nezadovoljstvu. Najvažnije iskupljenje revolucije 1956. godine bio je sramni slom ekonomskog, političkog i moralnog Sollena staljinizma. Ruševine su zatrpale ispod sebe i socrealistički pojam Sovjetskog Čoveka, i njega će tek kadrovska restauracija kako-tako pokušati ponovo da iščupa, samo tek utoliko ukoliko je to zahtevala zavisna situacija zemlje. Mesto otrcanog ideala izričito je zauzeo jedan takav uzor koji nema iluzija. Komunistu kod nas danas više ne krasi oreol Sovjetskog Čoveka — on je građanin koji se prilagođava, šampion Manjeg zla, depolitizovano biće, primoran na simbolične političke gestove posredstvom geografske realnosti, on lukavo i istrajno traži među oskudnim mogućnostima najmanje neprihvatljivu za samog sebe a u boljem slučaju i za zajednicu — fabriku, grad ili zemlju.

*

Zajedno sa svojom ženom u drugom stanju jecao sam u bračnoj postelji kada je radio jednog lepog jutra objavio da je umro Staljin. Bilo je to marta 1953. godine. Juna 1953. već sam blažen slušao program vlade ministra-predsednika Imre Nađa, kojim je objavio rat staljinizmu. U zimu 1954. godine hteo sam da stupim u partiju, ali staljinisti su marta 1955. oborili Imre Nađa, a moja molba za prijem pala je u dubok san u nekoj fioci. U to vreme me je već pokretao stid, žudnja da se stvari poprave. Zbog jedne pesme napisane u jesen 1954. godine, u kojoj sam nove gospodare zemlje uporedio sa starima, posle marta 1955. izgubio sam posao. Treba da napomenem da sam još 1952, zajedno s mnogim drugim pesnicima, pohvalnom pesmom proslavljao najboljeg mađarskog učenika Staljina, šezdesetogodišnjeg Maćaša Rakošija. Godine 1956. sudelovao sam u mađarskoj revoluciji spasavajući svoju dušu i dobar glas pravog socijalizma. Kada sam posle hapšenja bio pozvan da priznam svoju krivicu, na najveće zaprepašćenje islednika bio sam na to spreman. „Da, kriv sam — rekao sam — zaslužio sam svoju sudbinu, s pravom ste me uhapsili, jer sam napisao pesmu o Rakošiju."

Ako neko dete i suviše brzo raste, prete mu najrazličitije bolesti. U tempu koji je bio diktiran između 1949. i 1956. godine, najveći deo generacija koje su tada stupale u život, bio je ubogaljen. Neke je mehanizam kompenzacije odveo ne samo u zatvore nego i na vešala. Drugi su emigrirali ili se povukli u unutrašnju emigraciju — među njima se može naći rezignacija i sve varijante obezdomljenosti. Drugi opet, dvaput slomljeni, postali su sitni karijeristi, cinični poslušnici vlasti, ili profesionalni izdajnici i doušnici. Ali — čast izuzecima — nisu bolje prošli ni oni čija je sudbina u Rakošijevo doba bila ćutanje ili progonstvo. Strah im se uvukao u kosti i sada tiho, odričući se, služe onome što su prezirali. „Može biti samo gore" — govore odmahujući rukom kada se susretnu sa željom za promenama. Nemoj saglasnosti, koju je kadaristička država sklopila sa svojim građanima, osnova je sećanje: sećanje na Rakošija, na sovjetsko mešanje, na vešala. Ove uspomene povremeno oživljava istorija Srednje i Istočne Evrope, 1963. u Čehoslovačkoj, 1981. u Poljskoj. U ovakvim okolnostima gde ostaje mesta za Sovjetskog Čoveka?

*

Godine 1957. pogubljena je studentkinja medicine Ilona Tot i četvoro njenih drugova, jer su ubili jednog pripadnika službe bezbednosti koji se ubacio u njihove redove. Jedan od optuženih, bivši politički oficir Ferenc Genci, izjavio je na pitanje tužioca da se ne oseća krivim. „Vaspitavao sam se na knjizi Fadejeva *Mlada garda* " — rekao je. — „Naučio sam da izdajnike treba pogubiti. Tome sam učio i mlade vojnike koji su mi bili povereni. Nisam mogao poreći svoj dosadašnji život. Taj momak je dovodio u opasnost živote bar stotine ljudi u ilegalnim uslovima. Kada nam je postao sumnjiv, pretresli smo mu džepove i našli fotografiju u uniformi službe bezbednosti. Ja sam samo učinio ono na što ste me vi učili." „A ako se ispostavi — upitao je tužilac — da vaša žrtva nije bila iz službe bezbednosti, samo se fotografisala u uniformi svoga brata?" — „Onda sam kriv — rekao je Genci — zaslužio sam smrt." „A ako je uniforma bila njegova?" — „Onda sam ispravno postupio."

Novembra 1956. potražio sam prijatelja, Ištvana Anđala, bivšeg vođu jedne ustaničke grupe, koji je u jednoj bolnici pisao ilegalne letke. Hteo sam da ga nagovorim da beži u inostranstvo, jer sam imao dokaze da su mu na tragu. Obojica smo znali da ga čeka smrtna presuda, delom zato što je sa svojom grupom uništio i suviše mnogo ruskih tenkova, delom jer je, naglašavajući svoj komunistički pogled na svet, upravo Janoša Kadara zamolio da simbolično preuzme vođstvo grupe; Kadar mu je to i obećao, ali je sledećeg dana umesto Anđala radije posetio sovjetske snage. „Nigde neću da bežim — rekao je Anđal pošto me je saslušao — ne želim da prođem kroz one male prljave kompromise koji vas očekuju. Stigao sam na vrhunac svoga života." Tada mu je bilo dvadeset šest godina. Nedelju dana kasnije je uhapšen, podrug godine kasnije visio je na konopcu.

Čini mi se da je uzvišena slika Sovjetskog Čoveka, kakvu smo je mi dobili na dar 1945, živela dalje 1956. u ovim licima i stavovima. Samouništavajuća i herojska doslednost. Lepe fraze zajednice kako ih još poslednji put kliču ispod vešala. Priznajem, još i danas, koliko god puta da čitam izveštaje s procesa pripadnika Grupe 77 ili vođa Solidarnosti, i vidim kako se — na način Dimitrova i starih komunista — optuženička klupa pretvara u sud, pomišljam da ideal Sovjetskog Čoveka, u obliku velikih kurzivnih slova, živi dalje najviše u njima.

*

Tokom sedamdesetih godina nekoliko puta je dolazilo do demonstracija u Mađarskoj petnaestog marta, oko Petefijevog spomenika. Pesnik koji je toga dana 1848. stao na čelo antihabsburškog pokreta za nezavisnost, strpljivo je gledao sa svog postolja nekoliko stotina mladih đaka s kokardama i nekoliko stotina mladih policajaca s pendrecima koji su na svoj način konačno uspostavljali normalan životni tok. Nekoliko đaka komunista, međutim, htelo je da uspostavi narušeni red ne na policijski, nego na način antidemonstracija. Jedne godine, četiri dana posle „nacionalističkih" demonstracija, na godišnjicu proleterske diktature od 1919, i sami su priredili demonstracije. Nisu računali na to da se s kopljem ne može ni na strani režima tek tako na podsticaj srca. I oni su se sukobili s policijom, pokrenut je disciplinski postupak protiv organizatora, jedan od njih je na izvesno vreme bio udaljen s fakulteta.

Sovjetski Čovek koji čak i na strani komunističke partije može da demonstrira samo uz odobrenje — prekvalifikovao se u „sovjetskog čoveka". I ovo je ideološka oznaka, isto kao i ona napisana velikim kurzivnim slovima. Znači reprezentanta okupacione sile, vojnika koji je „privremeno" u našoj domovini i onu duhovnost koju u svakom gradu i selu zemlje zrače postojeći neukusni spomenici. Ova kategorija u znacima navoda oštro se odvaja od pojma ruskog čoveka, otprilike isto onoliko koliko se danas Amerikanac u Istočnoj Nemačkoj razlikuje od „amera". Razvoj koji je usledio posle 1945. godine popularizovao je rusku kulturu i povoljno je uticao na sliku koja se stvarala o Rusima. Mađarska kultura je ranije bila nemačke i francuske orijentacije. Njima je sada pridodat i ruski uticaj. Izvrsni pisci i prevodioci popularizovali su rusku književnost, za one, pak, koji su bili zainteresovani za moderno, još im je bio otvoren ruski futuristički pokret čak i u doba staljinizma. I dan-danas još i opoziciji daju podsticaj dela takvih pisaca kakav je bio Bulgakov.

*

U zatvoru smo katkada kao povlasticu mogli koristiti biblioteku ustanove. Tako se zbilo da sam 1953. godine pročitao roman o kolhozu sovjetskog pisca Kerbabajeva. Delo se događa u nekoj azijskoj republici. Tri pastira na planinskom pasištu Uzbekistana ili Tadžikistana raspravljaju da li Staljin, ako pogleda kroz prozor Kremlja, vidi njih kako napasaju svoja stada. Dva starija pastira — jednom je 155, drugome 140 godina — ni za trenutak se ne dvoume, treći, pak, žutokljunac od 115 godina, zastupa gledište da Staljin, istina, zna za njih, vodi računa o njihovom životu i radu, zajedno sa stadima, ali svojim fizičkim očima ne može da ih vidi, jer je prozor Kremlja, kroz koji pogleduje, jako daleko. Mladića je očito pokvarila dvoumica dekadentnog duha, i kako ga ni dva njegova iskusnija drugara ne mogu da ubede, stvar dolazi pred sud skupštine kolhoza. Ovde se ruši sistem argumenata zabludelog, tako on izvršava samokritiku, a kolektiv ga opet prima.

S imenom Kerbabajeva susreo sam se još jednom. Prilikom rasprave u Savezu pisaca o *Odeljenju za rak*, uputio je Solženjicinu sledeće upozorenje: „Odrecite se svih svojih dela, i onda ću vas priviti na grudi kao svog najboljeg prijatelja."

Prema ovome, „sovjetski čovek" ne znači samo ugnjetača nego i glajhšaltovanog podanika koji se odozgo usmerava kako bi bućnuo kalup za izlivanje kolektiva. „Sovjetski čovek" polazi od toga da onaj koji je više, vidi dalje, i zbog toga tvrdnje koje stižu odozgo dole se smatraju dokazanima. Onaj, pak, ko s prozora Kremlja gleda, sve vidi, kao Bog. Sumnja je smrtni greh, povlači ekskomunikaciju. Najmlađi pastir Kerbabajeva je uz pomoć samokritike izbegao ovakvu sudbinu, Solženjicin naprotiv nije želeo da potpuno opustošen — odnosno lišen svih svojih dela — padne na grudi Kerbabajeva, zato je sebe ekskomunicirao.

4

Podanik se i intimno prilagođava propisima i normama. Mirnu savest obezbeđuje mu svest o ispunjavanju obaveza, ali do toga dolazi jedino ako je sadržaj obaveze stavljen u zagradu. Savršen podanik sjedinjuje maksimum ispunjavanja obaveza s minimumom preuzimanja odgovornosti. Sa ovog stanovišta nema razlike između klasičnog birokratsko-militarističkog pruskog podanika i oduševljenog ili čak fanatičnog sovjetskog podanika. Za ispravan rad potpune mašinerije svi delovi moraju da savršeno obavljaju svoje zadatke. Zadatak se dobija gotov, ni jedan jedini šraf ga ne može izmeniti.

„Sovjetski čovek" ovakvo podaničko držanje mora da usvoji oslanjajući se na kritičku filozofiju. Marksova lozinka „U sve treba sumnjati" takođe se ne može staviti pod sumnju, jer za „sovjetskog čoveka" svaka rečenica K. Marksa je sveta i neprikosnovena, ali se bezuslovno može dopuniti, na ovaj način: „U sve treba sumnjati, izuzev u novinski uvodnik toga dana i svagdanje starešine." „Sovjetski čovek" može da izvrši ovu čarobnjačku produkciju — sjedinjavanje podaničkog bića i revolucionarne filozofije — samo uz maksimalnu izolovanost. Zato putnike u Sovjetski Savez snalaze tolika ograničenja, i zbog toga sovjetski građanin može u inostrani turizam, ako nije funkcioner, uglavnom samo u uniformi. Ali i okupatorski vojnici moraju da izbegavaju sve veze s bratskim narodima čiju slobodu nadgledaju. Oprez katkada dobija lakrdijaške oblike. Kada je jedan od mojih sinova bio u vojsci, učestvovao je u zajedničkim manevrima sa sovjetskim vojnicima. Pre vežbe — očito na sovjetski zahtev — komandant im je strogo zabranio da sa svojom vodećom braćom ne progovore ni reč. Vežba je izvedena u manjim jedinicama. Dvadesetak mladića je danima zveckalo po šipražju, a da međusobno nisu smeli da razgovaraju.

*

Ulicama Budimpešte šetam s jednim ogorčenim sovjetskim piscem. Njegova specijalnost: putopis, naime, ostajući u okvirima ovoga žanra s relativno malo laži može da se kupi dragocena privilegija putovanja. Katkada ga puštaju i na zapad, a on tada među obligatne znamenitosti — inače s punim pravom — uključuje jedno sirotinjsko naselje, biro za zapošljavanje ili neki bordel, kako bi s nekoliko jakih reči mogao osuditi ponižavajuće pretvaranje čoveka u robu. I tako može da se nada sledećem putovanju. O Sovjetskom Savezu nije napisao ni jednu jedinu reč. Grdi zapadne eksperte za Kremlj — još je Brežnjev na vlasti — što neprekidno razglabaju pitanje naslednika. „Kao da nije svejedno — kaže. — Naslednik će za nekolike kopejke sniziti, privremeno, razume se, cenu hleba ili votke, i svi će biti ubeđeni da je on naš čovek. Ovi građani već šezdeset godina žive u izolaciji, novine, radio i televizija ih bombarduju istim frazama, njihova mašta je zakržljala, radoznalost zamrla, i pošto se ne suočavaju s drugim iskustvima, prosto veruju u sve što im kažu — pretežna većina sovjetskih građana zaista veruje da u zapadnoevropskim zemljama ljudi gladuju, nemaju odeće ni obuće, spavaju ispod mostova, i jedva čekaju da zbijeni u fašističke horde opet napadnu Sovjetski Savez. Sovjetski čovek nema nikakvu ličnu alternativu, a nema ni mogućnosti za nju. Zapadni ekspert za Sovjetski Savez ništa od toga ne razume, procenjuje šanse, kao da su one stvarne šanse. Kad se odmerava da li bi ovaj ili onaj bio bolji od

Brežnjeva, podsećaju me na srednjovekovne znalce teologe koji su raspravljali o tome da li žuti ili zeleni đavo nosi u sebi manju opasnost."

Tako neprekidno kuljaju reči iz mog kolege, kao da je otvorio slavinu koja je godinama bila zatvorena. Ali nenadano, usred jedne rečenice, zaćuti, ispitivački me pogleda i upita: „Recite mi, da li je zaista tačno?" „Šta to?" „Da kod vas ima privatnih trafika?" „Pa ima." „I kafana?" „I kafana, mada manje nego što bi bilo potrebno." „Odmah me otpratite do jedne takve trafike." „Upravo stojimo pred jednom privatnom trafikom." Kroz izlog zija i vidi zapadne cigare i cigarete. „I ovo je potpuno privatno?" „Šta tu ima čudno?" Beči se na mene staklastim očima: „Pa kako onda mogu da ostanu na vlasti komunisti?" Sležem ramenima. „Krupna industrija — kažem — nalazi se u državnim rukama, u državnim rukama su dalje..." Prekida me: „Znam, znam. Ali ako samo nešto nije u državnim rukama, onda sve mora da se sruši, zar ne?" „Zašto bi?" Stoji pored mene, uzdiše, briše čelo, ne razume. „Ako postoje privatne trafike i privatne kafane, time se onda legalizuje jedan drugi moral i drugi način razmišljanja. I upravo je to ono što naš sistem ne može da podnese." Očajan, lupa glavu. „Mađari možda zato mogu to sebi da dozvole, jer smo ih mi okupirali, i spolja obezbeđujemo čvrstinu sistema. Ali čemu da se nadamo mi, ta nas niko neće okupirati..." Potpuno je bespomoćan. Oprašta se brzo, dajem mu adresu privatne kafane, tamo će večerati. Ovaj očajni neprijatelj sistema beše možda najsovjetskiji sovjetski čovek koga sam u životu sreo: on je najviše verovao u nepromenljivost ovoga sistema, u totalnu, monolitnu zatvorenost koja deluje snagom prirodnih zakona.

*

Poznanik mi je pričao: kada je avion iz Moskve stigao u Jerevan, zvučnik ga je dočekao s iznenađujućom najavom: „Stigao je avion iz Sovjetskog Saveza." U Sovjetskom Savezu sovjetskim ljudima se smatraju samo Rusi i rusificirani — očito da se pojam „sovjetski" ne odnosi na

327

građane litvanske, jermenske, jevrejske ili čeremiške narodnosti.

Najuočljivija osobenost „sovjetskog čoveka" je njegov velikoruski patriotizam. To ima još i svoje istorijske korene. Sve vlasti su uvek koristile u sopstvenom interesu osećanja obožavanja prema svetoj Rusiji i Majčici Rusiji. Neuporediva je zasluga Lenjina i njegovih saradnika što su za ishodište svoga revolucionarnog programa uzeli poraz ruskog oružja. Ali internacionalizam, koji je uveden u mitsku nacionalnu svest, za kratko vreme je doživeo znatne promene. Avangarda svetske revolucije postao je ruski boljševizam, tako je i internacionalizam pothranjivao nacionalni ponos. Revolucionarna armija je odbranila od imperijalističke intervencije svetu rusku domovinu. Pretpostavljam da želja za revolucionarnom ekspanzijom u svesti masa nije oštro odvojena od tradicionalne misli o carevini. Docnije, kada je postalo očito da će izostati svetska revolucija, apsurdni program izgradnje socijalizma u jednoj zemlji proglasio je velikoruske interese za jedini legitimni interes svetske revolucije. I dok se gradilo ono što se gradilo, jedva prikriveni tradicionalni nacionalizam sustopice je revolucionarnim frazama potiskivao internacionalizam. Treća internacionala sve je otvorenije zastupala velikoruske političke interese, katkada i sup.,ctno interesima međunarodnog radničkog pokreta i antifašističke borbe. Godine 1934. Staljin je dao da se napiše nova ruska istorija. Reakcionarni patrijarsi i generali opet su postali veliki ruski patrioti, među njima i Suvorov, vojskovođa koji je želeo da porazi francusku revoluciju. Visoko je suknuo plamen nacionalnog ponosa, i u novo osvetljenje smestio istoriju naučne i tehničke civilizacije. Polako se ispostavljalo da svi značajniji pronalasci poslednjih vekova, radio, telefon, struja, mogu da se vežu za imena ruskih naučnika, u novije doba čak se javio i začetnik televizije u boji, ruski naučnik iz 18. stoleća, Mihail Lomonosov.

Kako je sve novija i novija inteligencija, čak i prosvećena, padala u ropstvo velikoruske zaslepljenosti? Ruska inteligencija se uvek cepala u dva smera, na pravoslavno-mističke nacionaliste (kao Dostojevski ili Solženjicin) i na one koji su se vaspitavali na francuskoj ili nemačkoj filozofiji (ovde se pozivam na Puškina i Černiševskog, ili od savremenika na Saharova). I gle, čak i sam Puškin, protivnik carskog despotizma, duboki kritičar ruskog načina života i zaostalosti, čak i on je predak današnjeg „sovjetskog čoveka" u jednom pogledu, zato što je napojen trijumfom, pesmom proslavio poraz poljskog ustanka 1830. godine, trijumf carskog oružja. Znajući to, nećemo se iznenaditi što je, na primer, Jevtušenko, da bi popravio svoje opozicionarstvo, napisao antikinesku pesmu u pogodno vreme. I značajni gresi se mogu ispraviti velikoruskim patosom. Naime, velikoruski nacionalni ponos je jedina poluga uz čiju pomoć se sovjetski vojnik može uputiti u bilo kakav rat, i to još ne kao plaćenik, kao njegove američke i zapadnoevropske kolege, nego u patriotskom svojstvu. Njegovo podaničko raspoloženje dobija, preko injekcije patriotizma, za njega tako karakterističnu boju oduševljenja. Ako injekcija služi dobrim ciljevima — kao u drugom svetskom ratu — onda se ceo narod uzdiže do herojstva; ako služi lošim ciljevima, kao danas u Avganistanu, ne može se razlikovati od svojih zapadnih savremenika koji ubijaju po Vijetnamu ili drugde. Ovakvo stanje činjenica je otuda toliko preteće, jer podanici — oni točkići ili šrafovi — ne znaju ili ne žele da razlikuju dobre i loše ciljeve.

*

Kada su se početkom sedamdesetih godina pojavile na mađarskom izabrane pesme Puškina, zaprepašćeno sam otkrio da urednik knjige pomenutu antipoljsku pesmu slavi u beleškama kao veliki patriotski čin. Slučajno sam se susreo s njim u Gusevljevoj ulici i pitao ga da nije poludeo. U svim marksističkim istorijama poljski ustanak je okvalifikovan kao napredan čin, a poraz je bio grozni čin carizma. Smejući se, on me je uveravao da je sve proverio i da zastupa zvanični sovjetski stav. Nekoliko meseci potom, naš centralni partijski list je objavio članak o raspravi među sovjetskim istoričarima, u kojem se osuđuju nacionalističke deformacije koje se mogu naći u sovjetskoj istorijskoj nauci. Suvorov je, na primer, ponovo okarakterisan kao reakcionarni general, a i nekoliko patrijarha, koji su bezdušno eksploatisali seljake, dobilo je svoje. Slučajno sam zabasao opet u Gusevljevu ulicu i, naravno, opet sam sreo urednika Puškinove zbirke pesama, jer se on uvek tuda šeta, gore-dole ni ne napuštajući Gusevljevu ulicu. „Jadni čoveče — rekao sam mu — ponovo ćeš morati da pišeš beleške za drugo izdanje." A on se, pak, samo smeje, odmahuje glavom: „Neću pisati ponovo. Proverio sam: u pitanju Puškina nema revizije. Neću valjda zglajzati zbog jednog Puškina!"

*

Dve su najupadljivije osobine „sovjetskog čoveka": oduševljeno podaničko biće i patriotizam koji se može iskoristiti i za dobro i za zlo; i da pomenem i treću bitnu osobenost: uopšte ne raspolaže polnim organima. Šezdesetih godina je poznati mađarski pisac, Šandor Čori, objavio sociografsku novelu. U njoj je pisao da se neki ruski vojnik za novac valjao po groblju s nekom Mađaricom. Nema podvale, zamke, nema nasilja — samo trgovina i seks. Novela je izazvala protest sovjetske ambasade, Čoriju je bilo zabranjeno da objavljuje godinu dana. Naime, „sovjetski čovek" tako nešto ne čini ni u groblju ni izvan groblja. „Sovjetski čovek", ako je vojnik u Mađarskoj, ne može ni da razgovara s urođenicima, i — ako nije oficir — godinama ne može ni da otputuje kući, naime, „sovjetski čovek" svoju seksualnost žrtvuje na oltaru ideala. Zadovoljstvima ljubavi predaje se poglavito u bračnoj ložnici, a o tome, pak, nije prilično govoriti.

*

„Sovjetski čovek" je — to mi je bilo polazište — ideološka apstrakcija, produkt Sollena. U zemljama „realnog socijalizma" izgubio je svoje poverenje, jedino ga još nekako održava u životu zajednička saglasnost. Spolja gledano, može se samo naslutiti šta se zbilo s ovim pojmom u samom Sovjetskom Savezu, koliko je ovaj ideal postao realitet. Niukoliko nije mogao ostati bez delovanja, jer vlast u

Sovjetskom Savezu već gotovo sedamdeset godina nastavlja rad na preobražaju čoveka. Naravno, uza sve to ne želim da tvrdim da je ovo jedina deformacija koju treba da propati čovečanstvo našeg doba. U zemljama demokratije čovek je rob sopstveničkih odnosa, slobodno se podređuje zakonski osiguranoj vladavini novca, ne političkoj vlasti, nego se predaje božanstvu robe, takođe s podaničkom odanošću. Samo dok ovu izvitoperenost sve više potpomaže kapitalistička svakodnevica, proces posovjetizovanja čoveka sve više dolazi u protivrečnost sa zahtevima života. Zahtevi naučno-tehnološkog razvoja neusaglasivi su s izolacijom koja je neophodna za formiranje „sovjetskog čoveka" u hemijski čistom obliku. Naučnoistraživački rad zahteva kritićki način razmišljanja. Organizacija industrije složene tehnologije sve više bi da izbegne krug delovanja političke kompetencije. Tehnički razvoj informatike preti unutrašnjem monopolu sovjetskih medija. Sovjetska politička krivudanja od 1953. godine, periodi destaljinizacije i restaljinizacije, napredni, sklerotični rukovodioci, pretpostavka je da su poremetili atmosferu neograničenog poverenja čak i u onim slojevima gde je ovo poverenje zaista postojalo. Da li je održiva „sovjetizacija" ruskog naroda u ovom klimavom svetu gde nove izglede dobijaju sredstva prosvećenog apsolutizma?

*

Tražim materijal za članak u Pruskoj državnoj biblioteci. Saradnici raznih odeljenja informacija nabiraju čela. „Sovjetski čovek — vele — gde da ga tražimo?" U odeljenju za Istočnu Evropu nema ni traga. Jedan od bibliotekara preporučuje da se pogleda u katalogu za sociologiju, drugi — za estetiku. Nigde ništa. Ispostavlja se da bi možda trebalo pregledati političku struku. Žatim geografsku, psihološku. A ako bih pokušao među putopisima? I ovaj savet ne daje rezultat. „Pokušaću u katalogu paleontologije" — kažem najmlađem bibliotekaru koji se suzdržljivo smeška. Bespomoćno, naslepo listam kartone. Znam dobro da može postojati i ono što nema svog pojma.

OPROŠTAJ OD JEDNOG NAIVNOG ČOVEKA

(koji je bio naivan samo u šilerovskom smislu)

1.

Parazitom nazivamo čoveka koji živi na račun uže okoline ili šire zajednice; učestvuje samo u potrošnji dobara, a u proizvodnji čak ni posredno. Ovakav tip ljudi — mada njegovi specijalni predstavnici svakog postojećeg društva spadaju među privredne i političke moćnike — pogađa opšti prezir. On obuhvata čak i bogalje i bolesnike, iako društvo, najčešće uz prevrtanje očiju, svoja prava osećanja pokušava da prikrije čovekoljubivim gestovima. Pa ipak, u svim vremenima postojala su dva takva parazitska tipa koji su za sebe izvojevali opšte duhovno i moralno poštovanje. Mislim na ideale mudraca i sveca, čije su najviše otelotvorenje sve do danas ostali Sokrat i Isus. Mudraci i sveci ne rade, sem ako ne smatramo radom to što na trgovima ili drumovima objašnjavaju svoj nauk ljudima koji se oko njih okupljaju ili koji im se priključuju; ili leškareći u buretu, odnosno učeći ptice govoru ovekovečuju takvo ponašanje, na uzorno očigledan način, kojim omalovažavaju vladajuće norme. Čak i ovi ljudi, međutim, trajno mogu delovati tek uz pomoć rada drugih ljudi. Platon je morao da proizvede nekih šest hiljada stranica da bi Sokrat mogao zauzeti svoje visoko mesto u hijerarhiji čovečanstva; a i Hristos bi nestao zajedno s ostalim putujućim prorocima koji su razapeti, kamenovani i obezglavljeni, da ga revnost jevanđelista i apostola Pavla nije uzdigla iz mnoštva nacionalnih propovednika, zagovornika spasenja i mučenika na vrtoglavi vrhunac pojma čovečanstva koji su oni izmislili.

Mudrac i svetac — dva su narodna tipa. Žive sirotinjski, odriču se zemaljskih privlačnosti — podrazumevajući najčešće i vodu za pranje — ne povinjavaju se rečima moćnika, često bivaju izdani, poniženi, pogubljeni, ali sve to nimalo ne deluje na nastanak njihovih pogleda. Diogen je iz bureta odgovorio vladaru sveta, Aleksandru Velikom — naravno, to nismo saznali od njega, nego od vrednog mrava, Plutarha — „skloni mi se sa sunca", iako je bio mogao poželeti blago, uživanje, moć, bilo šta, on je tako savršeno izrazio plebejski pojam slobode kao u našem veku, možda, jedino Čaplin. Njegovo najvažnije delo, lik Čarlija, takođe je danguba, rad doživljava, s punim pravom, kao nesreću, novac ni nasilje ne mogu da ga pokvare, a slobodu druma koji vodi u nepoznato pretpostavlja karijeri isto kao i Diogen sunčevu svetlost.

2.

Imao sam sreće što sam mogao biti prijatelj jednom grandioznom parazitu u kome su se čarobno mešale crte mudraca i sveca. Mikloša Krašoa sam upoznao kada mu je bilo dvadeset godina — meni je bilo devetnaest — pojavio se na Lukačevom seminaru iz estetike u uniformi narednika, i uzeo reč. Poptun sistem kategorija Hegelove Velike Logike lepršao je po sali, Aufheben, naravno u sva tri značenja, čvorišni odnosi merila, zatim, razume se, pojava i suština, dijalektika sadržine i forme, i uopšte dijalektika koja je u trojstvu teza-antiteza-sinteza pokazivala sličnost s jedinstvom u trojstvu hrišćanske misli, kao što se akcedentalno postojanje duha putem beskrajne kalvarije i povratka Apsolutnog Duha takođe može svesti na hrišćanske korene, Hegelov protestantizam i njegova revolucionarna metodika identičnosti i neidentičnosti — letele su, dakle, reči, pomešane s blagim prskanjem pljuvačke, a ja sam začuđeno slušao. Beše to 1950. godina, ja sam od Hegela tada bio pročitao tek citate po Lukačevim delima, a ovome naredniku, pak, beše u glavi Hegelova Velika i Mala Logika, a uz to i *Fenomenologija duha*. Mršavo, jevrejsko lice, moglo bi se smatrati ružnim da već i onda ne beše tako produhovljeno; njegov užurbani govor granao se na više strana, govor koji se beznadežno hvatao ukoštac s užasom vremena: kako je moguće simultane misli izraziti jedne iza drugih, kada se tokom izlaganja jedne ideje rađaju tri nove? Uvek se osećao u zaostatku, zato je često skakao s teme na temu u toku jedne rečenice, a preključivanja, pauze je — da mu niko ne bi preuzeo reč — ispunjavao hitrim „ovaj, ovaj".

3.

Njegova grandiozna neplodnost delom je dolazila iz ove simultanosti. Dovitljivosti nadrealista priključio je najraznovrsniju duhovnu hranu. Ideje su mu najčešće bile genijalne, ali i nasilničke: gurale su jedna drugu, podbadale se laktovima, nikako nisu mogle da se zaokruže u celinu. A učenik Hegela, Marksa i Lukača nije pristajao na delo ispod svetske razine. Budući da je visoko postavio svoju meru, mislio je da pre zaleta treba da se pripremi za zadatak. Tako je uspostavio svoj žanr, beleške. Beležio je u svim mogućim situacijama, i trezan, i pijan, docnije i pod uticajem droge, sedeći, stojeći, za vreme šetnje, ćaskanja, u polusnu, čak prema mojim pretpostavkama, i za vreme ljubavnog čina. Kad ne bi imao praznog papira, pisao je po novinama, ako je, pak, imao čist list, ispisao bi ga s obe strane, zatim okrenuo i ponovo pisao po njemu. Početkom sedamdesetih godina, tokom jednog razgovora u Londonu, koji je potrajao do zore, ispisao je sedam slojeva jedno preko drugoga u svom vrcavom zanosu. Kako je bezumlje beleškarenja uzimalo maha, tako su ga ceduljice i novine istiskivale iz sopstvenog života. U njegovom stanu u Londonu pod je bio prekriven papirom do članaka, stazice su vodile do kreveta i do vrata, docnije se u dve od tri sobe uopšte nisu mogla otvoriti ni vrata zbog mnoštva ceduljica, u kuhinji su u vrećama bili izdvojeni papiri koji još ipak nisu bili za bacanje — ništa nije mogao da baci, jer nije znao u kojem će to neočekivanom trenutku biti neophodan u njegovom životu neki iver. Pokušao sam ga nagovoriti da napiše monografiju o nečemu — energično je protestovao. „Do njegove pedeste godine najbolja Marksova dela su bila samo beleške i odlomci." Kada je to izustio, imao je četrdeset šest godina. „Tražiš još četiri godine odlaganja?" — pitam. On se ne hvata na tu udicu, ali ja tvrdim pazar: „Marks je pisao beleške, ali ti već be·

ležiš samo beleškinih beleški beleške." Zašto sam mu to rekao? Ta znao sam da i on to zna.

4.

Kao neko ko u doba protivreformacije objašnjava Luterovo učenje na dvoru pape ili španjolskog kralja — Krašo je već pre 1956, jedini iz naše generacije, pročitao sve socijalističke teoretičare i ideologe, od Bernštajna i Roze Luksemburg preko Plehanova, Trockog, Preobreženkog i Buharina do Kardelja, a danima nam je, bolje noćima, tumačio skrivene veze. Kakve se paralele javljaju između drugog perioda Kauckog i prvog perioda Plehanova (ili obrnuto), na koji način Bernštajn krivotvori Marksa a staljinistički dijalektički materijalizam Bernštajna, kako su još 1903. Trocki a 1918. Roza predvideli staljinske posledice lenjinske centralizacije. Od njega sam najpre čuo za zapanjujuće razmere staljinističkih logora smrti, „i ako hegelovski svetski duh nije otelovljen već u Napoleonu, nego u jednom Staljinu, onda ooo-ovaj, onda forme spoljnjeg preobraćanja podivljaju, a i njihove granice se pomeraju, recimo ovaj, pa ovaj, do severnog Sibira, a onda jedan tako veliki pisac, kao Gorki, tako nisko pada da tvrdi (ovde sledi naslov članka Gorkog i vremena njegovog nastanka), da tvrdi kako je najblistavija potvrda humanizma sovjetske vlasti što čak i grozni neprijatelji socijalizma mogu svojim radom učestvovati u izgradnji socijalizma, odnosno, pa odnosno Vorkuta je po Gorkom potvrda sovjetskog humanizma" — i već je bio u zamahu, nezadrživo je nadirao prema svom cilju koji se migoljio, sukljali su citati, datumi, veze, našpikovani svim pesmama Adija i Atile Jožefa. Imao je strahovitu memoriju, što bi jednom pročitao, to mu je ostajalo u glavi. Jednom sam mu za vreme šetnje izrecitovao jednu svoju satiričnu pesmu, sutradan je zazvonio na mojim vratima, usplahiren što je zaboravio jednu reč, još na pragu mi je odrecitovao pesmu, ali na jednom mestu je zapeo, trebalo je da mu osvežim pamćenje.

S naročitom naklonošću smo noćima šetali preko Košutovog mosta, koji je od tada srušen, jer je on stanovao u Budimu, kod svoje bake, a ja, pak, u Pešti, i pošto nismo

mogli da prelomimo ko će koga pratiti kući, šetali smo se
gore-dole sve do zore. Jednom prilikom — kao da je juče
bilo — zastao je nasred mosta i počeo da recituje:

Lepo zboriš! Pojmovi ti
svetle poput hladna mraza,
u pravu si! No sad spavaj,
gladan jesi, bez zarade,
ceo dan si nov svet čeko.

„To je moja situacija — kaže uznemireno — shvataš? U
pravu si — bez zarade — nov svet čeko" — i pogleda me.
— „Ako neko hoće da zarađuje novac, mora se prilagoditi
društvu. Ako se, pak, prilagodi, ne može biti u pravu. I ako
nije u pravu, s kakvim pravom iščekuje nov svet?"
Krašo odista gotovo nikada nije zarađivao, u to doba
ga je uglavnom izdržavala njegova čudna baka. Ali u vre-
me ovoga razgovora slučajno je imao radno mesto: radio je
kao prevodilac i tumač Svetskog saveza omladine, hono-
rarno radno mesto, mesečno osamsto forinti. Prevodio je
sa svih evropskih jezika na sve evropske jezike, u onom
istom stilu kako je i mađarski govorio, užurbano grabeći
reči, pljuckajući, ali bez prekida. Jednom sam ga pitao
kako to uspeva? „Vidi — odgovorio je — pa kakvi su to
tekstovi? Nekoliko se reči može naučiti na svakom jeziku.
I ako, recimo, ovaj, na portugalskom stoji da živi svetski
mir, a ja prevedem na holandski da živi saradnja među na-
rodima sveta, ko će to primetiti?"
U to vreme je i radio istovremeno na više dela. Pre-
veo je četiri čina Šelijeve tragedije *Čenči*, prevod je od-
neo Gaboru Devečeriju, koji ga je podsticao da završi rad
a on će mu naći izdavača. To ga je toliko prestravilo da peti
čin nije ni pokušao da prevede. Umesto toga napisao je
delce pod naslovom „Mali traktat o raznim načinima pos-
tupanja s birokratijom". Glavna teza dela, potkrepljena
mnoštvom primera, bila je da birokratu treba dovesti u si-
tuaciju u kojoj će mu teže (zamornije, rizičnije) biti da neš-
'to ne uradi nego da uradi. Samo je nedostojala zaključna
analiza, nju međutim nikada nije napisao. Možda mu je
zaokupio pažnju plan za veliku monografiju „Hruščovizam
ili reformisani staljinizam" — beleške za ovo delo, prepun

kofer, smestio je u Jugoslovensku ambasadu, kada je novembra 1956. napustio Mađarsku.

5.

Naša generacija, u čijem je interesu da zaboravlja, najradije bi naredbom ukinula dobru memoriju. I sam bih sa zadovoljstvom uništio svoje prve objavljene pesme po bibliotekama i u pamćenju ljudi. Patetični tipovi prestilizuju svoju prošlost. Krašo mi je 1983. godine, u jednom londonskom restoranu, brižan, pričao da se verovatno zamerio Ferencu Feheru i Agneš Heler. Naime, A. Heler je htela da razgovara nostalgično s njim o početku pedesetih godina, kada se nekoliko preostalih učesnika Đ. Lukača još držalo zajedno, gotovo da ih je povezivala bratska ljubav i poverenje. „O kakvom to poverenju pričaš? — pitao je Krašo. — Ja, na primer, o najvažnijim stvarima s vama nisam progovorio ni jednu jedinu reč." — „Na primer?" — „Na primer, o Rajkovom procesu. Ja sam već 1949. godine, slušajući prenos procesa, došao do zaključka da je sve to velika laž. Rekao sam svom ocu da bi trebalo napustiti zemlju, jer se posle ovoga mogu očekivati i mnogo gore stvari." Helerova ga je indignirano zapitala zašto u ono vreme nije o tome s njom razgovorao. „Što nisam? Kako to zašto nisam? Jer bi me prijavila" — odgovorio je Krašo. U tom trenutku je prekinuo beleškarenje, upravo je škrabao po margini najnovijeg broja Gardijana. „Pa zar me ne bi prijavila? — pitao je. — Prijavila bi me mirne savesti, a još pre bi me prijavio Herman, i tako o tim stvarima s njima nikada nisam govorio, ali sam govorio o Hegelu, jer su ga i oni čitali." Zbog mojih savremenika slabije memorije i zbog mlađe generacije moram dodati da „prijava" u ovom slučaju ne znači policijsku dostavu. Ako bi se neki mladi komunista, povređen u svom ubeđenju — a većini njih je pozadina bila delikatna, ako bi im povredili ubeđenje, osećali su da im je ukaljano lično poštenje — upustio u otvorenu raspravu s predstavnikom jeretičkih pogleda, na partijskom ili omladinskom sastanku, ili čak i u privatnom razgovoru, posledice jedva da su se i razlikovale od dostave. „A sada na me i drvlje i kamenje —

nastavlja Krašo, ponovo beleškareći — ali i time samo potvrđuju da sam bio u pravu. Onaj na koga se rasrde, biće mu pripisano da je pokvarenjak još od trenutka rođenja. Naravno, danas to nema nikakva značaja."

6.

Njegov analitički dar najsjajnije se iskazao za vreme revolucionarnih dana 1956. Već drugog dana, 24. oktobra, u auli Pravnog fakulteta, gde smo provodili noći, izložio je da treba formirati Centralni savet radnika. Treba formirati dvostruku vlast da bi se Imre Nađ mogao staviti između dve vatre. „Trenutno je pod jednostranim pritiskom rakošijevaca, mora da oseti i pritisak radničke klase. Samo se tako može privoleti da prekine s demokratskim centralizmom koji još uvek upravlja njime iz njegove unutrašnjosti, pa ovaj, ovaj, samo to je skroman izraz za diktaturu uvek jakog čoveka Političkog biroa." Sutradan je nabavio kamion, prevozio se od jedne do druge fabrike kako bi ubedio radnike: formiranje radničkih saveta je od njihovog životnog interesa. Povremeno je bio prislanjan uza zid, čas kao komunista, čas kao kontrarevolucionar, ali je on, ubeđen sam, i s podignutim rukama nastavljao svoju delatnost ubeđivanja, iako je, možda, zbog uzbuđenja štrcao naokolo nešto više pljuvačke. Oktobra 26. je izbacio geslo: „Sva vlast Radničkim savetima" i odmah je tu i izabran u Revolucionarni savet Ujpešte. Danima je delovao u Ujpešti, a ovamo se vratio posle druge sovjetske intervencije. Lavovski deo posla je obavio da bi se 13. novembra održala konferencija delegata na kojoj je formiran Centralni savet radnika. Ali kada su Imre Nađ i njegovi politički istomišljenici pohapšeni, i pored merodavnih garancija, i deportovani u Rumuniju, Krašo je mislio: partija je izgubljena, intelektualci će postati žrtveni jarci. Budući da nije bio voljan da igra ulogu mučenika, napustio je zemlju i nije se zaustavljao sve do Engleske.

U to vreme je njegova koncepcija bila strogo komunistička. „Napred u jednopartijski sistem — rekao je još pre revolucije — trenutno kod nas i onako nema, naime, ni jedne partije, jer ni članovi jedine partije ne mogu da utiču na politiku, ne može na nju uticati čak ni Centralni komitet, tek nekoliko članova Političkog biroa, oni, pak, zavise od sovjetskih uputstava, otuda bi kod nas jednopartijski sistem bio ogroman napredak. Ništa nije komičnije, ovaj, nego kad se naši funkcioneri nazivaju političarima. Političar na sopstvenu odgovornost donosi odluke među istinskim alternativama, funkcioner izvršava primljena uputstva." Tokom revolucije postao je pristalica demokratskog višepartijskog sistema i državne neutralnosti. Zajedno smo pokušavali da ubedimo Đerđa Lukača da novo rukovodstvo partije treba da pospeši otkazivanje Varšavskog ugovora, ako ne želi da beznadežno zaostane iza masa. Lukač se nije izrazio nedvosmisleno, zato je Krašo prodro u zgradu Centralnog komiteta, pre sudbonosnog glasanja, uspeo je da pozove Lukača da bi mu još jednom stavio na dušu presudnu odluku. Učitelj nije poslušao svog Učenika, ali to ne umanjuje besprimernu bravuroznost Krašovog učinka.

7.

Ponovo sam ga susreo u Zagrebu posle nekih desetak godina; tu smo se smestili u dve susedne sobe jednog hotela. Susreli smo se na ulici, razgovor je vrcao još neusiljenije nego obično. Premnogo doživljaja i previše različitih stvari čekalo je da bude izrečeno. Ja sam nosio na sebi težinu zatvorskih godina, smrt bliskih osoba i lomljenje kičme koje mi se ukazivalo u konsolidaciji prvih godina posle izlaska na slobodu, on, pak, deceniju iskustva iz Engleske, novu modu zapadne levice, njihovu kritiku, doživljaj upotrebe droga, i bezbrojnu novu lektiru koju je već na ulici hteo da mi sruči na glavu. Otišli smo u njegovu sobu. Pošto se u Englesku može uneti dve litre alkohola, jedna vina i jedna rakije, Krašo je u apoteci kupio dve litre čistog alkohola od 96 stepeni, iz jedne flaše je odlio dva decilitra i dolio crnim vinom kako bi zavarao carinike, a drugu nije dirao. Uz odlivena dva decilitra kupio je još pola litre i sve je to razblažio vinom kako bi imao pića za put. To užasno piće smo počeli piti. Krašo je smesta prešao na svoj novi veliki doživljaj. „Marihuana — rekao je — marihuana ne pojačava samo naša opažanja, osetljivost i seksualnost nego nas baca u vizionarsko stanje, inače se i ti u to možeš uveriti, pa ovaj, možeš se uveriti, ooo, ako ponovo pročitaš Kolridžovu pesmu ,Kublaj Kan', takye me vizije zahvataju, samo su ipak drukčije, jer marihuana drukčije deluje nego opijum, ali je ponajviše zato koristim, jer mi u telu ostvaruje politički ideal, javlja mi se osećaj da svaki moj deo tela živi autonomnim životom, ruka, noge, nos, jezik, pluća, kurac, sve mi je samostalno, a ujedno sve mi je podređeno kontroli i skladu mozga, ali mozak se ne meša u samostalni život pojedinih organa, u njihovo samostalno zadovoljstvo, naprotiv, kao da njegova usmeravajuća delatnost crpe legitimitet iz samostalnosti delova. E pa sad, moj politički ideal je upravo jedna ovakva samoupravna država, gde svaki organ upravlja sobom, ali je prisutno i centralno upravljanje, ne da guši autonomiju, nego obrnuto, zato da bi simultano delovanje autonomije bilo sa što manje trvenja." Iz njega su kuljale reči sve dok se nije potpuno opio pićem od 65 stepeni. To se i nije videlo toliko po govoru, koliko po pokretima, sve je više klecao dok je gore-dole šetao po sobi. Usred jedne rečenice neočekivano je zamukao. „Nastavićemo večeras" — rekao sam i pritisnuo ga na postelju, ali čim je dupetom dodirnuo čvrstu podlogu, završio je rečenicu, skočio i nastavio šetnju. Ta scena se tri puta ponovila, kao neki moderni Antej, uvek je dobijao novu snagu čim je pod sobom osetio čvrstu podlogu. Na koncu sam ga oborio na pleća u postelju i pobegao iz sobe.

8.

Već sam u Zagrebu ustanovio, a u Londonu sam više puta iskusio: Krašo se ni malo nije promenio. Umesto Lukačevim učenicima, svoje teorije je sada objašnjavao mladim ideolozima časopisa *Nju left rivju*, njih je zasipao svojim idejama, intelektualnim premetima, svakodnevnim raspravama. Ni dalje nije pisao, ponajviše je davao intervjue. Jednom je na magnetofon snimljeno jedno njegovo predavanje o Trockom i bez njegovog odobrenja objavljeno u listu *Nju left rivju* — njegov očaj nije imao granica.

Preklinjao me je već u Zagrebu da objasnim Lukaču: tekst je prvi put video tek u korekturi tako da su se mogle uraditi tek neznatne ispravke od vitalnog značaja. Iz njega su samo navirali podaci i problemi, bez kojih je njegovim imenom žigosano saopštenje tek improvizovana skica. Docnije je to predavanje objavio i Sartr, u časopisu *Temps modern*, zajedno s odgovorom Ernsta Mandela. Krašo se radovao tome, ali isto tako nije povukao kritiku sopstvenog dela, kao što nije obavio ni korekcije. Njegov je žanr i dalje ostao beleška i govor, ako dobro znam, jedno vreme je za to dobijao i platu kao član redakcije lista *Nju left rivju*, ali poglavito su ga izdržavali prijatelji i žene koje su ga volele, i a docnije je živeo od pomoći koju država daje nezaposlenima. Živeo je nekako, kao sveci, mudraci, kao ptice nebeske. Premišljam: da li bi imao većeg prava na hranu i stan da je svoja predavanja, onako kako bog zapoveda, uobličio u knjigu? Da je svake godine napisao jednu monografiju? Potomstvu bi bilo tako svejedno, a, u stvari, i savremenicima, da li će od hiljadu knjiga biti napisano devetsto devedeset devet. Zamislivo je da mi, njegovi nadmeni prijatelji, doživimo krah svoje revnosti i svojih dela, on je, međutim, ostvario svoj poduhvat.

9.

Jedna moja prijateljica je negde van Londona bila u gostima zajedno s Krašom. Kasno su se razišli na počinak, svako u svoju sobu. Odjednom tek vrata se otvaraju i kod nje ulazi Krašo započinjući neko tumačenje o Rozi Luksemburg. Govori, govori, a ona za to vreme leži naga, pokrivena ćebetom. Zatim zaprepašteno primećuje da se Krašo rasejano svlači dok govori. Potom se ko od majke rođen zavlači kod nje pod pokrivač, a još i dalje govori. „Neverovatno — rekla mi je prijateljica — ne bih verovala da je tako dobar muškarac. A onda, kad je završio, još pomalo dahćući, nastavio je predavanje o Rozi.'' Prema tvrdnji moje prijateljice, u Krašovom postupku nije bilo ni traga nekog lukavstva. U žaru govora prosto je zaboravio da on nije u ljubavnom odnosu s nagom ženom koja leži pred njim, a prizor žene i, može se pretpostaviti, sopstvene reči dovode ga do uzbuđenja.

Krašo je pripadao romantičnoj vrsti ljubavnika koja se gubi. Krajem avgusta 1968. godine, na manifestaciji za podršku Dupčeku, smrtno se zaljubio u jednu devojku, Mej, kojoj je tada bilo sedamnaest. Njeni roditelji su bili veoma otmene izbeglice iz Palestine, porodica je živela rasturena po različitim arapskim zemljama. Pred ljubavlju su se isprečile nepremostive prepreke. Klan je doleteo specijalnim avionom i odveo sa sobom Mej, ako dobro znam, u Irak. Prethodno su joj obećali da će se kroz dve godine moći vratiti Krašou, ako još uvek bude htela. Dve godine, međutim, znamo to, za ljubavnike je beskraj. Krašo se prvo obratio izraelskoj tajnoj službi. ,,Mi vam možemo dovesti devojku — rekao mu je određeni službenik — samo što će vas u tom slučaju, pre ili kasnije, naći mrtve oboje u nekoj kanalizaciji. Obratite se bolje PLO-u." Krašo je hteo da prihvati savet, ali najpre je morao da završi kurs kako bi prešao u muslimansku veru. Na kraju kursa učitelj veronauke je tvrdio da još nikada nije imao tako talentovanog učenika. ,,To je zato — objašnjavao mu je Krašo — jer je meni svejedno da li sam ateistički Jevrej ili ateistički musliman."

Mej, međutim, nije sačekala ljude PLO-a, nego je pobegla od kuće, strugnula preko dve granice i došla u Pariz. Započela je sreća, iako su do venčanja morali da uživaju u ilegalnosti. Ručao sam s njima dan pre nego što je mladi par otputovao u Gretna Grin — tu se može sklopiti brak u najmlađem dobu, s najmanje papira i najjeftinije. Razgovarali smo engleski, što je samo u početku bilo čudno, jer je Krašo isto tako govorio engleski kao i mađarski. Mej ga je oduševljeno gledala svojim divnim očima, dok je rukom tarakala ispod stola, podstičući mladoženju na još vatreniji govor. On je platio čekom od deset funti, od šest funti kusura jednu je gurnuo pred začuđenog konobara. ,,Evo novca za put do Gretne Grina — govorio je trijumfalno — ali ovo ne smem više ponavljati, jer će mi brzo ukinuti račun u banci, sada je na njemu već minus šezdeset funti."

Posle nekoliko zajedničkih srećnih godina Mej se zaljubila u jednog novinara, komunistu, Jevreja koji živi u Izraelu. Krašo je jedva preživeo razlaz, čak i mnogo docnije, kada je Mej rodila u Tel Avivu dva deteta, kovao je smele, maštovite planove kako da je preotme. A u međuvremenu je njegovo tužno donkihotovsko biće samo privlačilo mlade žene — a on je kao neki istinski trubadur, privijajući glavu na dostižne grudi, prebirao bolne pesme o nedostižnima. Njegov bol je rodio i dva čuda. Ta čuda fiksiram — s ogradom svog strogog materijalističkog pogleda na svet — bez komentara. Mej se već bila odselila od njega, ali je bila obećala da će mu pružiti još jednu priliku za razgovor pre nego što konačno otputuje mužu u Izrael. Mesecima potom jedne je noći kod Krašoa zazvonio telefon. „Sutra putujem" — javio mu se obožavani glas. Mej je stanovala na drugom kraju Londona, Krašo je peške posrtao po kaljavoj hladnoj tami, neprekidno je padao, razbio je nos, krvav i kaljav je zazvonio na vrata žene ujutru u šest sati. Ona je zaprepašteno otvorila vrata: „Otkud ti ovde?" — „Pa zvala si me jer danas putuješ." — „Istina je da danas putujem, ali te nisam zvala." — „Ali telefon je zvonio i ja sam prepoznao tvoj glas." — „Kad ti kažem, nisam te zvala, nisam htela više da govorim s tobom." — „Kakva svinjarija, nisi me zvala, a obećala si." Buknula je užasna scena, zatim je Mej krenula na aerodrom, Krašo se dobatrgao do kuće (ne zna kako), legao, i više nije želeo ni da ustane. Dok je u stanu bilo šta da se jede i pije, dotle je jeo i pio, ali mu nije ni padalo na um da siđe i nešto kupi. Četiri sedmice je ležao u sve nesvesnijem stanju. Katkada bi neko i pozvonio, ali u početku nije imao volje da otvara vrata, docnje ni snage. „Beše veoma zanimljiv doživljaj, ceo moj život odjednom je bio prisutan, vremenska dimenzija bila je ukinuta. Znao sam da ću umreti, ali sam mislio da je preda mnom još ogromno vreme, dva ili tri dana, za to vreme opet će mi se zbiti sve što je bitno, pa ovaj, živeću isto onoliko koliko sam već proživeo, odnosno pola stoleća. Ja ne znam što su se bojali oni mađarski pesnici, Babič i Kostolanji, veliki deo njihovog poznog dela je strah od smrti: ,Oh, jaoj, mora se umreti, mora', pa ovaj, to je

343

velika budalaština, jer umreti uopšte nije užasno, meni, na primer, one nekolike sedmice spadaju među najsrećnije periode u životu." Čudo je dobilo i svoj nastavak, jedan Krašov drugar iz Berlina sanjao je da je njegov učitelj u velikoj nevolji. Smesta je seo u avion i doleteo u London, provalio u stan. Krašou je ostala paralizovana desna ruka na kojoj je ležao — docnije sam ga bockao time što konačno ima trajan izgovor da ne piše — a organizam mu je izgubio toliko tečnosti da ga je bilo teško spasti.

10.

Život divne doslednosti: i umirući doživljava, na veoma umnoženom stepenu, ono što je bila suština njegovog života: istovremenost, radost istovremenog preživljavanja raznolikih doživljaja. Površni posmatrač jedino može da registruje kako se od potencijalnog genija ponovo pretvorio u komplikovano čudo božije. I zaista: njegova čarobna ličnost dobijala je sve više komičnih, čak na izgled jadnih crta. Delom, pod uticajem droga, oslabila je kohezija njegovog učenja, a njegove improvizacije sve češće su bile prošarane onim „ovaj, ovaj". Međutim, iako sam mu se često podsmevao, ja sam mu se uvek divio, a često i zavideo. Njegovo unutarnje biće imalo je čvrstinu dijamanta, nije ga moglo narušiti ni istorijsko vreme, ni lično vreme. Bio je slobodan čovek, ni na pamet mu nije padalo da se prilagođava i ravna, novac i karijera ga nisu interesovali, a nisu ga zanimale ni različite zvanične i prijateljske hijerarhije, mode. Mozak mu je tokom godina izgubio nešto od stvaralačke snage misli, ali nimalo od sposobnosti uživanja. Bio je veoma veran, pre svega prema sebi, što je i najređi slučaj. Ali je ostao veran i marksizmu, nekoj njegovoj specifično revolucionarnoj varijanti. Bežeći ispred birokratsko-bonapartističke diktature, nije video razloga da, slično mnogim svojim emigrantskim sapatnicima, zavoli kapitalizam. U metrou je zapitkivao nezaposlene, koji su u zapučcima revera nosili bedževe sa zahtevima za poslom, zašto ostaju privrženi sopstvenoj eksploatatorskoj situaciji, pa, odnosno, odnosno, zašto dozvoljavaju da kapitalisti gotovanski žive na njihov račun. Radnici su ga nekako skidali s vrata, poneki su hteli da ga udese, kao 56. kada je agitovao za radničke savete. Želeo je socijalistički preobražaj u Londonu, što je izgledalo kao smešno stanovište, a to isto je želeo i na područjima sovjetskog uticaja, što izgleda nemoguće iz drugih razloga. Međutim, budući da ja takođe ne želim da se zadovoljim alternativama koje se trenutno nude, kao što, tražeći stan, ne bih hteo da biram među bunkerima s pacovskim govnima, uvek sam bio sklon svetom Krašou i njegovom beskompromisnom „Treba da", koje se po tome razlikuje od utopija nakićenih smernim željama što trenutno neostvarivo ne uzima za neostvarljivo, nego ga postulira kao zahtev. Krašou je inače bilo jasno da je on uvek istovetan sebi i da pruža ono što je njegova istnska suština. Kada sam se poslednji put susreo s njim, leta 1985. u Budimpešti, objasnio mi je u šetnji Ulicom martira po čemu se razlikuje od svog mlađeg brata. „Ja sam onakav kakav jesam, Đuri, pak, hoće da bude drugačiji nego što jeste." „Pogledaj Šilerovu teoriju o sentimentalnoj i naivnoj poeziji" — ubacim. Krašo zastane, izbeči se na mene, a ispod kože lica započeše da blistaju skrivena svetla. „I ti si mislio na to? — upita. — I meni je već odavno palo na um. Đuri kaže da sam ja romantičan, a ovamo on je romantičan, preciznije sentimentalan u šilerovskom značenju, jer sentimentalan želi da bude istovetan s prirodom, a naivan, pak, pa ovaj, naivan je istovetan s njom, e pa sad, ja sam istovetan sa svojom prirodom, Đuri je, pak, od detinjstva želeo biti ono što ja jesam, to jest, drugačiji nego što on jeste, a to je karakteristika i njegovog odnosa prema društvu, jer, ovaj, moje držanje karakteriše primanje k znanju stvarnosti, što opet, naravno, ne znači njeno odobravanje i hegelovski Versöhnung, ali moja nepomirenost izvire iz primanja k znanju, Đuri, pak, pa ovaj, Đuri ne samo da sebe hoće da vidi drugačijim nego što jeste, već i stvarnost vidi drugačijom nego što jeste, s jednom drugačije načinjenom prirodom hoće da identifikuje drugačije izmenjenog sebe." Zatim je zastao da bi pojedinačno svakom iz našeg društva ponavljao: „Pišta je došao do onoga što ja već odavno mislim, da šilerovska tipologija naivnog i sentimentalnog tačno priliči za mene i Đuriku." Trčkarao je od jed-

345

nog do drugog s tom novošću, ovakva misaona otkrića su ga činila srećnim, kao njegove uspešnije savremenike pojedine državne nagrade.

11.

Tri dana pred premijeru mog pozorišnog komada *Kompromis*, u Osnabriku, obavešten sam iz Berlina da je Krašo u životnoj opasnosti, zadobio je teške opekotine za vreme požara u svom stanu u Londonu. Kako sam komad sam režirao, i neophodno je bilo da se koncentrišem tih dana, tek posle premijere sam telefonirao u London, Lorantu Ciganju. Bila me je zahvatila užasno celishodna samoživost, Krašo nikada takav ne bi bio, ali — mislim — od mene drugo nije mogao očekivati. Saznao sam da mu je u stanu eksplodirao neki plinski uređaj, sagorelo mu je pedeset procenata kože, grudi povređene, diše kroz cevčicu, s očiju ne smeju da mu skinu zavoj, jer se ne zna da li su ostale nepovređene. Uglavnom nije pri svesti, njegov organizam, navikao na drogu, zahteva užasne količine sedativa, jer čim počne da dolazi sebi, cepa zavoje. Tokom telefonskih razgovora, koji su se s vremena na vreme ponavljali, saznao sam da je nad njim izvršeno nekoliko operacija, poslednja je bila transplatacija kože, ta od kolena do pojasa nije imao kože. Šezdeset dva dana je ležao na odeljenju za intenzivnu negu, a bojim se da u trenucima svesti nije mogao uživati toliko u ovoj smrti kao u onoj prethodnoj. Kada je Ciganj saznao za smrt, smesta je upao kod njega. Lekar nije bio prisutan, aparat je još upumpavao vazduh u njega, grudni koš se pravilno dizao i spuštao. Nepovređeno lice se bilo prolepšalo, prosto je svetlelo — krišom je možda uživao u ovoj specifičnoj protivrečnosti privida i suštine.

FANATIK STVARNOSTI

Kad bih mogao s njim da raspravljam o ovom mojem zasnovanom napisu, sasvim izvesno skrenuo bi mi pažnju u pravcu objektivne prirode stvari. „Znate — rekao bi — stvar se ni malo nije izmenila zbog toga što sam ja umro." Uzvrpoljen i zbunjen, ja bih se usudio prigovoriti da taj događaj osećajno i afektivno u velikoj meri utiče na pristup temi autora napisa i eventualnih čitalaca. Naime, posredstvom smrtnog slučaja tema neočekivano izgleda završena i okončana, a to menja situaciju. „Sve je to lako moguće — odgovorio bi — ali samu temu to ne menja."

*

Tema — život i rad filozofa, estetičara i praktičnog revolucionara po imenu Đerđa Lukača — više puta je zanimala i njega samog. Smatrao je sebe strogo društveno-istorijskim produktom, i tu se spasonosno razlikovao od velike većine pristalica i protivnika. Predgovori pisani za prve knjige nemačkog izdanja celokupnih dela majstorske su studije, urađene s velikim stručnim znanjem, o ideologu istovetnog imena koji je delovao pre nekoliko decenija. Poneke njegove ocene — pogotovu one koje se odnose na *Teoriju romana* i *Istoriju i klasnu svest* — smatrao sam i suviše strogim. „Vidite — rekao je — ja nikada nisam tvrdio da to nisu radovi jednog talentovanog čoveka, ali u njima se još mešaju..." I usmeno je nastavljao kritiku pomenutih dela. „U redu — pomislio sam u sebi — smatra da u njegovim knjigama ima grešaka, ali zašto se tome raduje?"

Nikada nije mogao shvatiti one mislioce koji traće vreme krpareći sopstvenu teoriju. Sartra, na primer, sve više je poštovao s moralnog stanovišta, zbog njegovih levičarskih, revolucionarnih simpatija, pa ipak mu je često zamerao što i ne pokušava da filozofski izvuče posledice svog političkog razvoja, a iza fikcije jedinstvene sartrovske filozofije krije najraznorodnije tendencije.

Takva optužba se ne može uputiti Lukaču, on je, naime, bez bilo kakve taštine, smesta prelazio preko teorija, čak i preko sistema, ako je mislio da ih je prevazišao. Tako se moglo dogoditi da je istorija stvorila bar tri Lukača: jednog idealistu, jednog ranog mesijanističkog revolucionara marksistu, i poznog sistematičara koji je posle devalvacije staljinističkog perioda želeo da potpomogne renesansu marksizma. Ali postoje i različiti „prelazni" Lukači, na primer Lukač staljinskog perioda koji je u doba prodora Hitlera stao na stanovište „Right or wrong my party", bio solidaran sa Staljinom čak dovodeći u opasnost svoje životno delo, ali, naravno, za to vreme nije mogao da se odrekne svog mislilačkog htenja i tako je s elementarnog stanovišta solidarnosti, po cenu raznih kompromisa, uspeo, uz mali broj drugih, da očuva neprekinutost marksizma.

*

Koji je, dakle, „pravi" Lukač? Iznad dva svoja autobiografska teksta, 1933. i 1957, stavio je naslov *Moj put ka Marksu*. Ostala je u odlomcima jedna skica, pisana poslednjih meseci života za planiranu duhovnu autobiografiju — i ona bi nosila isti naslov. Ako neko može njegov život da shvati kao put — a to su s pravom srećni ljudi — onda očito misli da se njegovo „pravo" ja razvija približavajući se cilju. Naravno, i Lukač je bio za poslednji period svoga života i valjda je zbog toga i nastavio trku sa vremenom do poslednjeg daha, da bi u svojim velikim rekapitulantnim delima — *Estetika, Ontologija* i *Etika* — stigao na kraj puta, do savremenog Marksa, do Marksa dvadesetog veka.

Međutim, ova dela su samo delimično završena. Njihov nastanak ometali su nedostaci ekonomskih otkrivanja savremenih društava. Ali i sam Lukač se tek na samom kraju svog života upustio u svim oblastima zbivanja u dosledno razdvajanje između „bića" i „bivstvovanja". Ironija je istorije što se pažnja, u isto ovo vreme, naročito u krugu zapadnih levičarskih pokreta, usmerila prema drugom Lukaču, prema mesijanskom revolucionaru, koji je svoj dijalektički materijalizam, svoju objektivno analitičku snagu povezao sa zahtevima svetske revolucije, sa „bivstvovanjem". Savremenoj levici ovaj Lukač zato može izgledati „pravi", jer nasuprot lošim činjenicama takođe čeznu za revolucionarnom praksom, za istinom preuzetom od Fihtea „tim gore po činjenice". Mitos činjenice ukinuti akcijom znači isto što i nasuprot sistemu pristati uz metod, jer metod je — dijalektika — sama revolucija.

*

Ali i pozni Lukač se zalaže za prvenstvo metoda. U studiji pisanoj 1967. godine za Istoriju i klasnu svest s odobravanjem navodi jednu od osnovnih postavki stare knjige: „Pretpostavljajući — a ne dopuštajući — da bi novija istraživanja neosporno dokazala stvarnu neispravnost svake pojedine Marksove tvrdnje: svaki ozbiljni, ortodoksni marksista bi bezuslovno mogao priznati sve ove nove rezultate, mogao bi odbaciti sve Marksove postavke, a da ni za trenutak ne mora da izneveri svoju marksističku ortodoksnost... U pitanju marksizma ortodoksnost se odnosi isključivo na metod."

Ovakvo shvatanje ublažuje do određene mere protivrečnost između različitih „Lukača", i preko pitanja o „pravom" Lukaču usmerava pažnju na one njegove crte koje su uvek u svim razdobljima bile karakteristične za njegovu ličnost, za njegovo tumačenje stvarnosti.

*

Njegovi prefinjeni kritičari, koji su ga sa zadovoljstvom osuđivali zbog njegovog stila (a dela mu nisu ni čitali), nikada nisu primetili njegove radosti otkrića iza

349

strogo objektivnog, katkada izveštačeno suvog načina pisanja. Estete, majstori tanano zapaženih pojedinosti doveli su pod sumnju njegovo estetičko osećanje, mada se Lukač već u mladosti vanredno osetljivo i originalno bavio najvažnijim — i najzanemarenijim — estetskim problemima: vezom istorije i umetničke forme. Docnije, kao marksista ove je povezanosti izložio u obuhvatnom i zanimljivom sistemu. Mnogi danas već mehanički primenjuju, i katkada školski sužavaju, njegov metod. Ali oni koji znaju da čitaju, moraju osetiti da su filozofu još pričinjavale radost dve na izgled udaljene stvari — napoleonovski ratovi i nastajanje istorijskog romana, na primer — u svom uzajamnom odnosu — mogla je to biti radost kakvu oseća i pesnik kada dve udaljene slike poveže u istinsku metaforu. Ova radost u Lukačevom slučaju govori o nađenoj i formulisanoj objektivnoj uzajamnoj vezi, izvire iz uviđanja da je svet i u svojoj nerazumnosti razuman, odnosno da je shvatljiv i izmenljiv. Ova radost natkriljuje čak i neprijatne, gnusne istine, to je radost celovitosti u doba kada pojedinačni interesi nadrastaju interes Celog, trenutak želi da prekrije proces, taktika teoriju, a individualne istine istine čovečanstva.

*

Čarolija celovitosti pomogla mu je da u mladosti dođe do dva presudna duhovna doživljaja: do Adija i njegovog „Sve mi treba", i do klasične nemačke filozofije, pre svega Hegela, po kome „samo Celina ima pravu stvarnost". Osobenost svoga razvoja u mladosti Lukač je video u tome što se konzervativna, idealistička teorija značenja klasične nemačke filozofije kod njega sjedinila sa levičarskom etikom, koja se umetnički otelotvorila u Adiju. Iz naročite, samo za njega karakteristične smeše ova dva pojma celovitosti, pod uticajem razvoja svetske istorije, vodio je relativno prav put ka Marksu koji je u svoj pojam totalne filozofije uključio, pored tumačenja i menjanje sveta, društvenu praksu. Za Đerđa Lukača je to pre svega značilo da prihvata „opasan život", ali ne u ničeovskom romantičnom, oholom značenju reči, nego na veoma prozaičan način: umesto karijere privatnog naučnika ili univerzitétske karijere, izabrao je život aktiviste, to jest neprekidnu životnu neizvesnost, emigracije, ilegalnost, opasnost po život. A još je važnije što je kao ideolog morao da rasprostre na delatnost celog pokreta svoju individualnu i intelektualnu odgovornost. Već je 1919. godine, pre stupanja u komunističku partiju procenio važnost ove odluke: „Dakle, svako ko se u ovom trenutku odluči za komunizam etički je obavezan da za sve ljude koji padnu u toj borbi ponese takvu *ličnu* odgovornost kao da ih je on sve poubijao. A svako ko se priključi suprotnoj strani, za održanje kapitalizma, za haranje koje će prouzrokovati izvesni novi imperijalistički revanšistički ratovi... itd. mora poneti istu ovu *ličnu* odgovornost." Već u to doba mu je bilo jasno da u određenim istorijskim situacijama ličnost može birati samo između različitih krivica, a „bira ispravno ako niži stepen svoga ja žrtvuje na oltaru višeg stepena, na oltaru ideje". Ovaj Lukačev izbor doprineo je dobrovoljno prihvaćenoj zajednici i cilju koji mu je ispunio ceo život. I docnije, kada se pokret okrenuo protiv sopstvenih interesa, Lukač je neprekidno prihvatao rešenje koje je za njega bilo „manji greh": manevrisao je, pravio taktičke kompromise i prilagođavao se — ne uvek samo spolja — datim mogućnostima. Lukač je, s obzirom na njegovo filozofsko, čak i intuitivno držanje, bio fanatik stvarnosti i morao je da izgradi složen ideološki, etički i taktički sistem isprika da bi mogao da prihvati, bar u krajnjoj liniji, određene crte stvarnosti koja ga je okruživala. Ovaj manevar i kod njega, kao i kod velikih filozofa koji su mu prethodili, vodio je izloženi misaoni sistem i revolucionarno-dijalektički metod u određenu suprotnost, a time su, s gledišta životnog dela, usledile tragične posledice, jer umesto velikih rekapitulantsko-sistematičnih dela, za koje je njegova sposobnost najviše bila predestinirana, tokom decenija je pisao samo — veoma dragocene — eseje i pojedinačne monografije. Kao privatno lice doveo je sebe u zabludu, ali je bio i suviše pošten naučnik da bi izgradio filozofski sistem na glibu spoljnih ili unutarnjih prilagođavanja.

Ali čak i stojeći na tlu „manjeg greha", Lukač nije hteo da se solidariše s krivicama koje je pokret učinio sam prema sebi. Zbog toga je, prema mom uverenju, izgrađivao svoju nekad mnogo kuđenu teoriju o partizanu, koju je, istina, primenio na pesnike, ali je podrazumevao i filozofe: pesnik — i ideolog — u pokretu nije vođa niti redov, već partizan.

*

Samo što su partizani neprijatni u mirnodopskim vremenima. Đerđ Lukač se često ponosio time da je on neprijatan autor. Takav je bio već i u krugovima časopisa Nyugat (Zapad), Ošvat ga nije shvatao, Babič ga je pogrešno shvatao, njegovi filozofski stavovi smatrani su vetrogonjastim, njegov politički radikalizam bio je sumnjiv. I docnije u emigraciji pravio je neprijatnosti svojim istinama u nevreme. Kao komunistički ideolog istovremeno je razjario protiv sebe najraznovrsnije krajnosti: mnogi mudri predstavnici građanske inteligencije videli su u njemu izdajnika duha, poneki su ga nazivali boljševičkim Gebelsom, drugi su ga svodili na zajednički imenitelj sa Ždanovom. Za dogmatike je bio revizionistički izdajnik, ili hegelijansko prеžvakalo. Poneki pravac je theo da ga iskoristi, klesali su za sebe oslonac od njegovih istrgnutih rečenica. Lukača je to često zabavljalo. ,,Zapao sam im u grlo, ni da me progutaju, ni da me ispljunu" — govorio je zadovoljno. Uopšte rado bi pisao o neprijatnim istinama, potom je čekao dejstvo, kao neko ko je počinio nestašluk.

A dejstvo se katkada nije dalo iščekivati. Istine u nevreme, ili u loše vreme, veoma su privlačile na njegovu glavu gromove iz oblaka gluposti; ili, koristeći se manje patetičnim poređenjem: katkada su odgovori Lukaču progutali celu zalihu mućkova poneke države ili partijske frakcije. Njega samog jedva da je to brinulo. Jedna od tajni njegove filozofske suverenosti bila je u tome što nije oduživao svoj autorski dug takozvanom javnom mnjenju, toj neorganizovanoj gluposti velike moći. Jednom prilikom — još 1955 — uzbuđeno sam mu saopštio novost kako ga zbog jednog napisa blate naročito neukusnim klevetama. ,,Vidite — odgovorio je posle kratkog razmišljanja — uvek sam bio mišljenja da ako nisam tamo, mogu i da me obese."

*

Bezuslovnu analizu zaslužuje ono njegovo čudno izdvajanje usred srede pokreta, kojem se priključio ne na poslednjem mestu upravo zato da jednom zauvek ukine svoju tegobnu izdvojenost. Koristim reč „izdvojenost", a ne moderniji izraz „usamljenost", jer Lukač ni u ličnom smislu ni kao javni radnik nikada nije bio usamljen; navikao je da svoj život postavlja u istorijsku perspektivu — nije uzalud smatrao da je zajednički zadatak filozofije i umetnosti da, oslobodivši individuu partikularnih karakteristika, podignu ličnost na razinu ljudskog roda — i takvo shvatanje je unapred isključivalo da se oseća usamljenim. Ali izdvajanje ne označava subjektivno osećanje sveta, nego objektivno stanje stvari: stalno prisustvo suverenosti — iako katkada potisnuto u pozadinu — u vreme koje u prvom redu od čoveka kolektivnog uverenja i pogleda na svet zahteva prilagođavanje, asketsku samopredanost njegove ličnosti.

Svojom velikom umetničkom pouzdanošću i Tomas Man je zapazio ovu izdvojenost, kada je mnogim karakterističnim crtama Lukača zaodenuo Naftu iz Čarobnog brega. Nafta je jezuita koga njegov red veoma ceni, ali i pored velike vernosti i visokog stepena duhovne pokornosti, on je ipak posebno telo u telu reda. Ironična je, ali istovremeno i veoma karakteristična činjenica da je upravo Lukač ukazao na prefašističke crte lika Nafte i njegove ideologije. Naravno, znao je ko je poslužio kao model, ali je smatrao da je privatna stvar pisca otkuda za svoje ličnosti uzima neophodne crte karaktera. Mislio je da on, kao književni kritičar, mora da se bavi objektivnom prirodom već ostvarenog dela, a biografska gledišta spokojno može prepustiti revnosti književnih istoričara.

*

Kao što ga nije interesovalo što je Tomas Man u interesu svojih umetničkih ciljeva od njega načinio — mogao načiniti — jezuitu, isto tako nije uticalo na njega šta će pisac reći o njegovoj oceni. Primenio je svoj objektivni, filozofski metod koji nikada nije razlagao nameru pisca, nego često rezultate nezavisne od ove namere. Često je citirao Geteovu Felinu: „I ako te volim, šta se to tebe tiče?" Ali ne samo što ga je ostavljalo hladnim očekivano dejstvo njegovog mišljenja nego — naročito poslednjih godina — i mišljenja o njemu koja su se javljala u štampi. Izdaleka je osećao konjunkturni zadah pohvala i pokuda, i bio je radoznao samo za ona mišljenja iz kojih je zračila suverenost slična njegovoj. Sve to ne znači da je bio ravnodušan prema odjeku svojih dela. Naročito se radovao kad bi čuo da mladi kupuju njegove knjige. Bio je pedagog od glave do pete, i to od onog klasičnog grčkog soja, u svojoj privatnoj akademiji, u stanu na Belgrád-rakpartu (Beogradski kej) skoro svako prepodne tumačio je posetiocima svoju nauku. Naročito je bivao u svom elementu kada bi iskrslo suprotno mišljenje, pogotovu ako bi ga u toku rasprave sateralo uza zid. Drsko se izvlačio iz situacije koja je izgledala beznadežna, potom bi podsticao sagovornika da napiše i obrazloži svoje suprotno mišljenje.

Ovakva podsticanja nije diktirala učtivost. Lukač je toliko bio siguran u ispravnost svojih osnovnih stanovišta da se nije zbunjivao ako ga u ponečemu opovrgnu. Čak možda i nije preterivanje da je upravo u opovrgávanju delova video potvrdu cele svoje filozofije. Sebe je smatrao filozofom prelaznog perioda i s velikom bi radošću prihvatio svaki pokušaj koji bi, zahvativši i iz njegovog dela, nadrastao njega u težnji ka jednoj novoj marksističkoj sintezi. Istorija mu je tu radost gotovo potpuno uskratila.

Zašto se to tako zbilo? Njegovo životno delo je nezaobilazno za levu inteligenciju, njegove misli često susrećemo na svim područjima duhovnog života. Ali još je uvek bled čak i zahtev celovitosti, sinteze. Možda onima koji slede iza njega nedostaje sposobnost? Ili nema takvog tla otkuda bi se ova celovitost mogla obuhvatiti. Jer arhimedovska tačka filozofije se ne može naći izvan sveta (ako se uopšte može naći). Ili se možda tako zaverenički pobrkao svet da je — bar jedno vreme — nemoguće stići do jedinstvenog gledišta? Dok je pisao *Ontologiju*, Lukač je često ponavljao da je njemu bilo potrebno pedeset godina za ono što je mladi Marks munjevito otkrio. Sa samoironičnom ozbiljnošću odatle izvlači zaključak o višem stepenu Marksove filozofske sposobnosti — ali nisu krive samo individualne datosti dvaju mislilaca, nego i datosti dvaju društava u tome što se savremena sinteza dugo iščekuje. Naime, pretpostavka za to jeste da se najpre nemilosrdno razotkriju istorijski neminovne iluzije.

*

„U krajnjoj liniji možda se moja sposobnost sastoji samo u tome što raspolažem određenim osećanjem za razlikovanje *objektivnog* i *subjektivnog*." Ovu misao sam čuo od njega već pre nekih desetak godina, a od onda ne mogu da rešim: da li ju je izrekla skromnost ili gordost? Vrebao je njeno delovanje istražujući s lukavim smeškom.

Bled odsev istog ovog smeška javio se u bolesničkoj sobi. Sićušno telo koje se tek s mukom pomeralo gotovo je bilo izgubljeno u postelji; na užasno upalom licu strašni preobražaj dočarao je poput kore tvrdu larvu. „Smetam li vam, druže Lukač?" — upitam uplašeno. „Ne smetate mi. Problem je samo u tome što vi hoćete da razbijete omotač moje ravnodušnosti, ali više ne možete uspeti." „Na to bih mogao reći ponešto veselo..." — zaustim. „Ne možete; naime, sama stvar nije vesela." Sama stvar — *die Sache selbst* — stigli smo do razlikovanja objektivnog i subjektivnog, do ontološkog polazišta, i u tom trenutku se javio pomenuti smešak koji je bio namenjen očekivanoj raspravi. Za svaki slučaj, ja sam pristao. Ravnodušnost je — otpočeo sam razlaganje — posledica vaše životne situacije, odnosno bolesti, činjenice što prvi put u životu osećate: ne možete da se uključite u razvoj sveta. Ali ta ravnodušnost — nastavljam hitro — vaša je privatna stvar, vaše životno delo, odnosno sve ono što vaše ime u svetu znači i dalje će vršiti podelu među onima koji misle, izazivati ljubav i mržnju, budiće više primenjivu nego ravnodušnu atmosferu. „Sve je to moguće — reče otežalim jezikom, ali sa zadovoljstvom koje zaslužuje istina, a za to vreme smešak je uklonio larvu — sve je to moguće, i ne poričem da je to objektivno moguće, ali ništa se ne može izmeniti u tome što ja sada više ništa od toga ne osećam." Tvrdoglavo i izlišno ga podsećam šta je upravo on napisao povodom *Smrti Ivana Iliča:* samo se razumnom životu pridružuje razumna smrt, ali on je još upornije ostao pri malopređašnjem razgraničenju: „Sve to može biti istina, ali mene više ne interesuje..." Dok sam ga gledao i slušao, neka tamna radost prošarala je korotu i očaj: kakav trijumf, čak i na toj postelji, kancerozan i zakrečen, sačuvao je onu svoju sposobnost na koju se negda pozivao s gordom skromnošću.

V
ROMANSA

ROMANSA O VITEZOVIMA NEGDAŠNJEG KARTAŠKOG RAZBOJIŠTA

Noću pljušte lete karte
pedespeta jesen zima
četiri drugara snatre
Pišta Joška Olaf i ja
nostalgični dim se vije
pedesšeste ista dobra
mešaj deli adutlije
od početka do oktobra

Olafu oduzeta leva strana (baš leva, neshvatljivo),
njegov trockistički torzo pomalo se balzamuje u odeljenju
„Rasin" bolničke tvrđave na Bulevaru opital,
Joška se pre sedam godina uhvatio za srce i dobio opkladu,
Pišta je vertikalno zaspao tako davno
da je od tada istrulio i konopac koji ga je stezao oko vrata
— sedim ispred poslastičarnice u ulici Mufetar, desna
mi ruka trne, posmatram žene, stigao sam od Olafove
· postelje, danas je dvadeset sedmi jul, Verin rođendan,
među šetačima, maskirani u turiste, iskrsavaju vitezovi
kartaškog razbojišta —

Olaf zorom hitro šparta
nevinom se krvlju mije
da upadne dobra karta
pa da igra filmadžije
Aušvic je srce oči
mleo Joški ko morija
junak bajki bajke toči
grb je Osam Dioptrija

Da se opet prikradem u onu sobu okačenu o parožak
Meseca,
Vera spava u postelji, nas četvorica se kartamo za četvo-
rouglim stolom,
Pištine oči pune suza, ah, huljo zavodljiva, ne mari, stiže
revolucija, svaki vitalni organ Joške — sem jednog! —
ponaosob je bolesniji nego svi ostali skupa,
Olaf je upravo trampio tri riđokose prodavačice cveća za
jedan super scenario,
ja sam otac višečlane porodice a u ime Poezije želim da
budem apsolutno slobodan,
kroz Verina usta ulazi i izlazi noć —

> *Od početka do oktobra*
> *ubijamo kartom vreme*
> *rum nas greje loša roba*
> *krvavi stolove teme*
> *kartamo se zbog Agneze*
> *čvrstog Pištu tuga kosi*
> *banuše jesenje jeze*
> *karte brzo vetar nosi*

Vetroviti lavirint, Pišta i Olaf u njemu proburazili nekoliko
desetina Minotaura,
Joška i ja prskali mastilo u oči ranjene zveri,
ali njih je bilo više, nas trojicu nabola na rogove, bacila
uvis i progutala uz riku,
Jošku i mene ispljunula kroz rešetke krvavih zuba posle
nekoliko godina, ali Pišti se zanavek izgubio trag u njenom
užasnom crevnom sistemu,
Olaf se prebacio preko tri granice i nije se zaustavljao sve
do Bulevara opital,
obučen leži u postelji, trockistički mali kapitalista i filmski
mahinator,
raspomamljeno zajeca čim ga podsetim na vitezove kar-
taškog razbojišta —

Kartaški sto u krv ogrezo
polusmrt smrt sama i lom
vetar karte nosi brzo
Verin krevet leti za njom
trljam oči više puta
oko stola iznenada
zalutala prometnuta
oživljena luda nada

Jošku, dok je bio živ, ubijuckali i ovde i onde,
šezdeset osme mu stalo srce, masiranjem oživljen,
uzalud sam ga molio, nije podneo izveštaj o doživljajima
u raju, a onda sam se ja, u besu,
kladio s njim da če on još jesti slanine na mom nadgrob-
nom belegu —
„Izgubio si" — šaputao mi je na uvo nepodozrivo, beše
mart osamdeset prve, upravo sam se baškario na užasno
debeloj dami iz Čikaga,
smesta sam se premetnuo s nje, ukočeno u dubinu, neko-
lika kratka trena do večnosti uspeo. sam da se zadržim vi-
seći na rešetki uzglavlja Verinog kreveta, zatim sam dalje
padao, sve dok se nisam zaustavio kod Olafa,
i sada smešeći se podnosim da mi on pokretnom desnicom
zalepi, na sve samotniju i prestrašenu stražnjicu, odleteli
adut as.*)

BELEŠKA PREVODICA

Upravo prevodim rukopis Ištvana Eršija *Sećanje na stara
dobra vremena*, patetično-ironične zapise o robijaškom životu osu-
đenika iz 1956. godine; a iskustvo Eršija je bogato: tri i po godine
je proveo u tamnici. Njegovo novo delo nije samo sećanje na po-
tisnuti i zaboravljeni segment istorije jednog naroda, nego i poku-
šaj spasavanja od zaborava ljudi koji su u tim velikim i haotičnim
trenucima ispoljili svoj ljudski vrhunac: i akcioni, i politički, i
moralni, i — životni.
Istovremeno, iz Pariza, stiže pismo od Danila Kiša, u njemu i
rukopis Eršijeve pesme-zapisa *Romansa o vitezovima negdašnjeg
kartaškog razbojišta*. U post skriptumu Kiš kaže: „Evo ti jedan
novi Erši. Ja sam pred tim bespomoćan".
A pesma-zapis, vidim, upravo je *omaž* drugarima iz 1956.
godine, baš onima o kojima je reč u *Sećanjima na stara dobra
vremena*: Pišta Anđal, Joška Gali, Olaf Per Čongovai... Da li se
bez Eršijevih uspomena iz zatvora može razumeti ovaj zapis i shva-
titi njegova potresnost? Ne znam!

361

Znam, međutim, pouzdano znam da stiže vreme Ištvana Eršija, pesnika, pripovedača, dramskog pisca, publiciste. On je živa moralna savest jednog doba. Nedavno se još nije moglo ni zamisliti da se u Mađarskoj izvode Eršijeve drame; stiže vest da je u Kapošvaru već izvedena njegova drama *Saslušanje*, drama o životu u robijašnicama, vest koja je gotovo neverovatna: jedan režim je dozvolio prikazivanje drame o njemu samom i to kroz život u robijašnicama!

Isti dan, zajedno s pismom D. Kiša, stigla je i pošiljka iz Budimpešte, knjiga od 500 strana, *Devet drama* Ištvana Eršija; sve njegove dosadašnje drame, sem najnovijih, za koje kaže da ih još doteruje i nisu zrele za objavljivanje.

Krenulo je: Erši se vraća čitaocima i gledaocima svoje domovine, Mađarska otkriva rane i ožiljke svoje nedavne istorije. Biće i leka!

Prevod Eršijeve pesme-zapisa *Romansa*... pokušaj je da ona stigne do našeg čitaoca bar kao snimak preko koga se može naslutiti smisao i vrednost tog dela.

Sr. Kamenica, 1. 12. 1988.   Sava Babić

SADRŽAJ

Predgovor

Moralna savest zvana Ištvan Erši — — — — — — 5

I Poruka živima

II Dnevnik

V Romansa

RAD
Beograd
Moše Pijade 12

*

Glavni urednik
Dragan Lalkićević

*

Za izdavača
Milovan Vlahović

*

Lektor
Jelka Milišić

*

Tehnički urednik
Jarmila Avdalović

*

Korektori
Milica Stambolić
Miroslava Stojković

*

Štampano
u 2.000 primeraka

*

Štampa
GRO »Kultura«
OOUR »Slobodan Jović«
Beograd
Stojana Protića 52

CIP — Каталогизација у публикацији
Народна библиотека Србије, Београд

894.511-821

ЕРШИ, Иштван

Valcer sa stvarnošću / Ištvan Erši, izbor, prevod sa
mađarskog i predgovor Sava Babić. — Beograd: Rad, 1989. —
364 стр.; 21 см. — (Biblioteka Dijalog)
Moralna savest zvana Ištvan Erši: стр. 5—12.
ISBN 86-09-00203-9
894.511.09
ПК:a. Ерши, Иштван (1931—)

ISBN 86-09-00203-9

www.ingramcontent.com/pod-product-compliance
Lightning Source LLC
Chambersburg PA
CBHW060930030726
47503CB00003B/538